어디사세요?

부동산에 저당 잡힌 우리 시대 집 이야기

어디사세요?

경향신문 특별취재팀 지음

| 서 문 |

　부동산에 대한 욕망은 지난 수십 년 간 한국사회 도처에 넘실거렸다. 땅을 사고팔아 짭짤한 차익을 남겼다는 이야기와 집값 상승으로 앉은 자리에서 몇 억을 벌었다는 성공 신화는 사람들의 욕망을 부채질했다.
　이 과정에서 '거주'라는 집의 본래 기능보다 투자재 또는 '화폐'의 기능이 강해졌고 주택시장은 투전판으로 변질됐다. 1997년 외환위기를 계기로 부동산 보유 여부에 따른 재산 격차가 급속히 확대되면서 사회문제로도 비화됐다. 하지만 이를 종합적으로 성찰한 언론보도를 찾아보기 힘든 것이 우리의 현실이었다. 특히 이례적인 가격 상승을 거듭하던 부동산이 과거의 일본처럼 일시에 폭락할 수도 있다는 우려가 높아지는 상황에서 정책의 종합적인 검토가 요구되어 왔다.
　이에 따라『경향신문』은 2010년 2월 주택 문제를 본격적으로 다룰 기획취재팀을 꾸렸고, 2010년 3월부터 5월까지 석 달 간 총 4부 19회에 걸쳐 한국사회의 주거 문제를 다각도로 심도 있게 살펴보았다. 이 책은 기획 시리즈를 단행본에 맞추어 재구성한 것으로 당시 연재 분량과 지면 사정으로 미처 싣지 못했던 일부 내용을 덧붙이고 확인하며 다듬은 것이다.
　이 책의 첫 부분은 집값 상승으로 주택 수요자들이 어떤 어려움을 겪는지 현장의 이야기를 확인하고 있다. 세입자들은 소득보다 빨리 오르는 주거비용을 감당하기 어려워 점점 수도권 외곽으로 밀려가거나 옥탑이나 지하방처럼 열악한 주거시설로 밀려나고 있다. 지난 5년간 뉴타운 정책과 강남권의 고급아파트 붐이 견인한 땅값은 기존의 주택가를 일괄적으로 수익성이 높은 아파트로 다시 짓는, 경제논리만이 앞세워진 재개발로 나타났다. 이 과정에서 지역 공동체는 설 자리 없이 파괴됐다.

오른 집값에 전셋집도 마련하기 힘들어진 청년층은 결혼과 출산을 부담스러워 하고, 저임금 비정규직의 '88만원 세대'들은 고시원으로 쏠리고 있다. 또 해마다 전 인구의 20%가 이삿짐을 싸는 통에 지방자치는 무관심으로 시들고 있다. 집값 상승이라는 기대에 취한 중산층은 무리한 은행 차입으로 인해 긴축 가계를 꾸리고 있었다.

집을 가진 이도, 집을 갖지 못한 이도 쉽지 않은 게 한국에서의 삶이다. 취재진은 이 같은 현실을 재개발 지역인 서울시 서대문구 가재울의 상가 세입자 30여 명의 삶이 개발 전후로 어떻게 달라졌는지 전수 추적 조사해 실제로 어떤 피해를 입었는지 확인했다. 또 재개발로 대규모 아파트 단지가 들어선 길음 뉴타운 지역 가운데 길음 5구역 '길음동 1282번지 ㄹ아파트'의 주소지 560가구의 등기부등본을 전수 조사함으로써 기존에 집을 갖고 있던 가옥주 다섯 명 중 네 명이 억대의 분담금을 내지 못해 다른 지역으로 이주했음을 확인했다.

이러한 문제는 세간의 잘못된 믿음처럼 단순히 개인의 경제적 능력이나 부동산 투자 능력 때문이 아니다. 건설업계와 비자금으로 긴밀한 관계를 맺어온 역대 정부는 정치 성향과 무관하게 '보유 중심'의 주택정책과 건설업계에 대한 각종 규제 완화로 부동산 가격을 부풀리는 정책을 거듭해 왔다. 이는 기존 부동산 보유자들과 건설업계에는 유리하지만 실수요자와 세입자에게는 불리한 것이었다.

생산부문에서 주요 수익을 거두던 대기업마저 부동산 가격 상승에 따라 국제 경쟁력이 떨어지자 제조업 시설을 해외로 이전한 뒤 그 자리에 아파트를 지어 막대한 수익을 챙겼다. 아파트들은 '브랜드'와 각종 화려한 광고를 통해 '뻥튀기' 된 가격으로 팔려 나갔고, 이 같은 현실을 감시하고 비판해야 할 언론들은 높은 부동산 광고 수익의 유혹에 눈을 감았다. 이미 1997년 외환위기 당시 부동산으로 인해 휘청였던 한국은 다시 달콤한 '부동산 불패 신화'에 빠져들었던 것이다.

또한 아파트 위주의 재개발이 서울과 경기도의 정치 지형을 바꾸고 있다는 정치권과 학계의 가설을 현장 취재로 확인할 수 있었다.

서울 도봉구, 관악구, 노원구, 구로구, 성동구의 경우 1991년부터 2010년까지 아파트 개발사업 전후로 야당 지지 성향이 실제로 여당 지지 성향으로 바뀌었던 것이다.

　이 기획물은 문제점들을 지적하는 데 그치지 않고 생산적인 대안을 제시하는 데에 큰 비중을 할애했다. 독일 현장 취재를 통해 시민이 참여하는 도시 재개발의 모델을 소개함으로써 현재 한국에서 이뤄지는 재개발 문화가 얼마나 폭력적이고 일방적인지를 환기했다. 또 소득 수준에 부담을 주지 않는 임대 주택을 공급함으로써, 삶의 질을 보장하기 위한 '주거 복지'의 방편으로 삼고, 전체 주택 가격도 안정화시킬 수 있음을 확인했다. 이 같은 독일의 주택문화는 기존에 한글로 된 자료를 찾아보기 어려울 정도로 국내에 많이 알려져 있지 않았다. 한국의 주택정책이 '소유' 중심의 미국 주택정책을 편식한 영향이다.

　또 일본 현지 취재를 통해서 부동산 버블 붕괴 이후 일본인들의 주택 의식이 '소유'에서 '임대'로 크게 변화했음을 알 수 있었다. 이는 현재의 '보유' 중심의 한국 주택정책에도 시사하는 바가 크다.

　현재 정부가 각종 부양책으로 떠받든 부동산 가격은 경기 침체로 인해 하락으로 돌아설 수밖에 없다는 것이 많은 전문가들의 진단이다. 이는 한국의 왜곡된 주택시장을 바로잡을 기회이기도 하다. 또한 서민 개개인이 집으로 인해 겪는 고통을 감안할 때에도 '투전판'이 된 현재의 주택시장은 공정 사회와는 거리가 멀다. 앞으로 우리나라의 주택정책이 과연 어떤 방향으로 가야 하는가. 이 책 『어디 사세요?-부동산에 저당 잡힌 우리 시대 집 이야기』는 이와 관련한 중요한 해답을 우리 사회에 제시하고 있다고 자평한다.

기획 시리즈를 진행하면서 아쉬웠던 점도 떠오른다. 기획 연재 초반에 천안함 침몰 사건이 정국을 뒤흔들면서 지방선거를 앞두고 주택 문제를 의제로 제안하려던 당초의 계획이 이뤄지지 못했다. 원래 20부로 예정했던 기획이 19부로 줄어들게 된 것은 지방선거 후보들의 주택 및 재개발 공약을 점검하려던 한 회가 천안함 사건으로 빚어진 정책선거 실종 여파로 사라졌기 때문이다.

정치, 사회 분야에 집중하느라 한국 경제에 미치는 폐해가 적지 않은 부동산 거품과 이에 따른 국제 경쟁력 하락 등 경제 문제를 집중해서 다루지 못한 점도 아쉽다.

이 같은 한계에도 저널리즘에 바탕한 충실한 기획과 꼼꼼한 취재로 일반 독자와 전문가들로부터 '한국 부동산 문제에 새로운 획을 그은 기획보도'라는 찬사를 받은 것은 특별취재팀에 큰 보람으로 남았다. 시리즈 게재 이후에는 여러 방송과 신문에서 같은 문제의식에 바탕한 주택시장과 정책에 대한 문제점을 보도하기도 했다.

또 한국기자협회가 주관하는 제273회 '이달의 기자상' 기획보도 부문에서 "특별하지 않은 소재를 특별한 깊이와 넓이로 다뤘다. 서울의 주택가격 상승이 서울을 안고 있는 경기도의 사회구조적 변화로 연결되는 과정까지 취재보도한 점이 높이 평가된다"는 심사평과 함께 수상하기도 했다.

도움을 준 많은 분들이 없었다면 이 기획은 불가능했을 것이다.

우선 재개발로 내몰린 힘든 상황에도 취재에 기꺼이 응해주신 가재울 주민들과 답십리 세입자 주민들, 경기도 남양주시 화도읍 묵현리 주민들, 그리고 주거에 관한 고민을 인터뷰에서 솔직하게 이야기해 주신 많은 분들께 감사드린다. 이 분들의 이야기가 있었기에 주거 문제가 사회적 공감대를 얻을 수 있었다.

깊이 있는 분석은 많은 전문가들의 조언이 있었기에 가능했다. 경제정의실천연합의 김헌동 국책사업 감시단장과 윤순철 정책실장, 김성달 시민감시국 부장, 손낙구 『대한민국 정치사회 지도』 저자, 선대인 김광수경제연구소 부소장, 이정전 서울대 환경대학원 명예교수, 김용창 서울대 지리학과 교수, 박배균 서울대 지리교육과 교수, 변창흠 세종대 행정학과 교수, 김수현 세종대 부동산학과 교수, 김성홍 서울시립대 건축학부 교수, 민변 김남근 변호사, '나눔과 미래' 이주원 지역사업국장, 백두대간보존회 김경한 사무국장, 인천환경운동연합 조강희 사무국장, 전진삼 건축평론가, 도시건축학자 테오도르 폴 김 박사, J&K도시정비 백준 대표, 독일 현지 취재를 도와준 문기덕 씨와 베를린 시청 관계자들, 일본 현지 취재를 도와주신 일본 희망제작소 하야시 야스요시 이사장, 깃카와 준코 국장, 강내영 씨와 김민혜 씨, 오사카시립대 전홍규 교수 등께 감사의 말씀을 전한다. 특히 시간을 내서 대담에 참석해주신 박철수 서울시립대 건축학부 교수, 신진욱 중앙대 사회학과 교수, 조명래 단국대 도시계획학과 교수, 홍헌호 시민경제사회연구소 연구위원께 다시 한번 감사드린다. 지면 사정으로 모두 싣지 못했던 알찬 대담은 이번 책에 그 전문을 실었다.

이 기획팀의 숨은 보석인 김설아, 황성호 인턴기자는 현장의 목소리를 취재하는 데 큰 도움을 줬다.

시리즈를 묶어 책으로 낸 사계절출판사는 첫 번째 기사가 게재된 날 아침에 1회 분량 기사와 목차만을 보고 출판 계약을 제안해 특별취재팀원들에게 큰 응원이 됐다. 기사를 책으로 곱게 엮어준 조건형 편집자에게도 감사의 마음을 전한다.

마지막으로 특별취재팀에 지원을 아끼지 않으신 박노승 『경향신문』 편집국장께 감사드린다. 기획 시리즈의 총괄을 담당한 김봉선 정치·국제 에디터는 온화한 리더십으로 후배들을 이끌어 주셨다.

팀원들에게 이번 시리즈 취재보도는 기자로서 귀한 경험이었다. 한계단씩, 한계를 넘어서도록 서로 격려한 넉 달이 이렇게 책으로 빛을 보게 되어 무척 기쁘다. 평범한 사람들이 '집' 문제로 마음고생 하지 않게 되는 세상을 만드는 데 이 책이 조금이나마 보탬이 됐으면 하는 바람이다.

2010년 12월
『경향신문』 특별취재팀
최민영, 이주영, 김기범, 임아영

Contents

서문 · 4
프롤로그 · 14

Part One | 뿌리 없는 삶

Chapter 01 신유랑시대 · 18
Chapter 02 가재울 사람들 · 36
Chapter 03 길음의 풍경 · 52
Chapter 04 집에 발목 잡힌 사람들 · 68

Part Two | 토건 공화국

Chapter 05 건설 불패의 신화 · 86
  건설 천국 | 오직 팔기 위한 집
Chapter 06 토건 동맹의 지배 · 104
  토건 세력 키우기 | 투전판을 부추기는 주택제도
Chapter 07 토건 사회의 그늘 · 134
  집값 펌프질하는 언론 | 건설 투전판 | 마구잡이 개발에 병드는 환경

Part Three | 집의 정치학

Chapter 08 아파트 사회학 · 164
  아파트 정글 사회 | 아파트에 대한 시선

Chapter 09 주거와 계급사회 · 180
　　현대판 호패 | 주거란 우리에게 무엇인가 – 설문조사
Chapter 10 우리 안의 욕망, 강남특별시 · 204
Chapter 11 서울의 재구성 · 214
Chapter 12 경기는 지금 · 232

Part Four | 다시, 집을 생각한다

Chapter 13 부동산 무용담을 넘어서 – 기고　246
Chapter 14 부동산 불패 신화 이후 – 전문가 대담 · 256
Chapter 15 도시를 함께 만든다 – 독일 · 278
　　주민이 디자인하는 도시 | 세입자를 위한 나라
Chapter 16 과오로부터 배운다 – 일본 · 300
　　무너진 부동산 불패 신화 | 분별 있는 일본의 개발 문화
Chapter 17 미래의 집을 위하여 · 318

참고문헌 · 331
미주 · 333

| 프 롤 로 그 |

　서울 동대문의 '답십리 뉴타운 16구역'. 골목길이 동네 사이를 휘저으며 다세대주택들을 핏줄처럼 잇고 있다. 한때 가족들을 품었던 단독 주택들도 올망졸망 들어서 있다. 지금은 유리창과 문짝이 깨지고 뜯겨나간 채 주택도, 골목길도 온기를 잃었다. 벽과 지붕의 뼈대만 남았다. 철거가 시작되자 주민들이 시나브로 떠나 빚어진 살풍경이다.

　"여기 헐리면 유명 건설회사가 고층 아파트를 올린답니다. 브랜드 중에 제일 비싸다는 그 아파트 말입니다. 세입자만도 1000가구가 넘던 동네인데 이제는 마흔 가구만 남았어요. 지난해 10월, 머뭇거리다간 보증금도 못 받을 수 있다는 풍문이 돌자 주민들이 피난 떠나듯 급하게 짐을 싸서 떠났죠." 세입자 대표인 김영수 씨 전언이다.

　김 씨를 따라 유리 파편과 벽돌 부스러기가 밟히고, 담벼락에는 철거 구호가 난무하는 골목 모퉁이를 돌자 확 트인 언덕배기가 나왔다. 맞은 편 배봉산 자락에는 스무 동 남짓한 고층 아파트가 병풍처럼 산을 둘러싸고 있다. 산은 제 모습을 잃었고, 아파트 군락은 서서히 죽어가는 이쪽 마을을 굽어보고 있는 듯 했다.

　2010년 3월 현재, 이곳의 철거 작업은 '백지동의서로 설립된 조합은 무효'라는 법원 판결에 따라 중단됐다. 헐다 만 철거현장이 더욱 을씨년스럽다. 답십리에서 50년을 살았다는 신 모 할아버지(79세)처럼 영세 가옥주나 세입자들은 두 배 이상 뛴 주변의 전세값을 감당하지 못해 규모를 줄이거나 경기 남양주 등지로 옮겨갔다. 신 할아버지는 "딸한테 2000만원을 빌려 남양주 빌라로 이사를 갔다"며 "내 한 몸 뉘일 수 있는 공간이면 그만인데……" 하고 한숨을 지었다.

동네를 떠나지 못하고 있는 한 청년이 끼어들었다. "집을 가진 조합원들도 딱하긴 마찬가지죠. 분담금이 처음보다 평당 500만원까지 올랐대요. 그 정도 비용을 감당할 사람은 아마 없을 거예요." 재개발이 끝나면 집값이 뛸 것이라는 주민들의 희망과 기대는 꺼지지 않았지만 청년의 말처럼 가옥주라 하더라도 정착률은 20% 안팎인 게 현실이다.

'집'은 이제 주거 이상이다. 정치, 경제, 사회 각 분야의 모든 문제를 농축하고 있다. 선거 때마다 당락을 가르는 토건공약, '사는 집'이 아닌 '파는 집'에 매달려온 건설업체, 여기에 편승해온 우리 안의 욕망이 유착한 결과다. 세입자의 경우 2년마다, 집이 있더라도 5년마다 이사를 가는 '신(新)유목민' 사회의 주원인이다. 정치·사회의 지형까지 바꿔 놓은 악순환의 3각 고리는 깨지기는커녕 갈수록 공고해지고 있다.

우리는 사는 지역과 집 소유 여부, 주택 형태에 따라 계급과 신분이 정해지고, 삶의 질마저 저당 잡히는 시대를 살고 있다. "어디 사세요?"라는 질문은 '현대판 호패'인 양 우리를 불편하게 한다. 이 책은 그 불편한 질문을 정면으로 던지려 한다. 세계 2위의 집값 상승률, 소득 대비 세계 최고 수준의 주택 임대료에 허덕이는 우리에게 집은 무엇인가. 그 집을 욕망하고, 그 욕망에 좌절하는 우리는 어디로 가고 있는가.

Part One
뿌리 없는 삶

신 유 랑 시 대
가 재 울 사 람 들
길 음 의 풍 경
집에발목잡힌사람들

CHAPTER 01
신 유 랑 시 대

한국사회에서 세입자로 산다는 것은 녹록지 않다. 소득보다 더 빨리 오르는 전셋값을 감당하지 못하는 어려움이나 집주인의 변덕과 횡포에 이리저리 떠밀리는 설움은 셋방살이하는 이들에게는 익숙한 경험이다. 보통 2년 단위인 임대계약 기간을 채울 수 있다면 그나마 다행이다. 집을 가진 사람이라고 해도 돈이 될 집, 보다 큰 집, 아니면 자식 교육에 필요한 집을 찾아 5년이 채 안돼 이사를 하는 것이 다반사다. 뿌리 없는 삶은 한국사회에서 일종의 풍토병이라 할 만하다. 자신이 속한 동네와 사회에 관심조차 없어진다. 무관심이 우리 사회의 주된 정서가 된다. 주거는 더 이상 '살아가는 집'만의 문제가 아니다. 삶의 문제다.

끝나지 않는 타향살이

"늘 '타향살이' 하고 있는 것 같죠. 서울에 정착하려고 올라왔지만 20년이 지난 지금도 서울이 내 땅이란 생각이 안 들어요."

모상만 씨(가명·44세·택배업)는 스무 살이던 1986년 서울로 올라왔다. 기자와 인터뷰한 2010년 3월 현재까지 그는 24년간 여덟 번 이사했다고 말했다. 평생 세입자인 그는 집을 가져본 적이 없다. 장안동, 신길동, 면목동, 답십리동 등지의 주택에서 전세와 월세를 번갈아 살았다. 현재 그의 세 가족이 사는 곳은 동대문구 답십리1동의 42.9㎡(13평) 크기 옥탑방이다. 대한민국 전체 가구의 4%이자 수도권에 94% 이상이 몰려 있다는 '옥탑 또는 지하' 거주 63만 8000가구[1] 중 1가구인 셈이다.

갓 상경했던 24년 전 그는 남들 말처럼 착실하게 15년쯤 아껴 쓰고 저축하면 집을 장만할 목돈이 생길 것으로 기대했다. 어림없는 일이었다. 그에게 '내 집'은 단지 '꿈'에 지나지 않았다. 임대 보증금이 오르는 속도는 대부분 임금이 오르는 속도를 앞질렀다. 아파트 보유가 한국사회 중산층의 필수적인 자격조건쯤으로 여겨질 때, 평범한 서민인 그는 아파트가 견인한 집값 상승 때문에 어려움을 겪어야 했다.

"집주인이 옆동네 재개발했다더라, 아파트가 들어섰다며 그쪽 집값이 올랐으니 우리도 월세를 올려야 한다는 데 세입자 입장에서는 그 말이 그렇게 겁나더라고요. 재개발이 아니더라도 연립주택 3~4개동을 밀고 그 자리에 아파트를 지으면 그 주변에 금세 여파가 오거든요. 세입자들이 한꺼번에 밀려나니까 인근 월세가 5%쯤 오르는 식이죠. 집주인들끼리 '옆동네는 그 평수면 얼마씩 받는다'며 집세 인상을 부추기기도 하죠."

주먹구구식 전월세 시세는 주변 시세에 따라 춤추기 일쑤다. 몇 m²에 얼마 이상은 받을 수 없다는 상한선이 아예 없다. 그렇다고 세입자로서 권리를 제대로 보장받는 것도 아니다. 반지하인 집이 폭우로 침수되어 누전되었을 때 '자연재해 때문인데 왜 나한테 집을 고쳐달라고 하냐'는 집주인의 말에 울컥했고, 계단 오르락거리는 발소리가 크다며 집주인에게 아이들이 타박당할 때는 속이 상했다. "건물주는 주인으로 되어 있지만 전세로 계약했으면 2년 동안은 나도 공동 공간을 사용할 권리가 있는 것 아닌가" 하고 따지고 싶었지만 입에 올리지는 못했다. 집주인 앞에서 한사코 약해질 수밖에 없는 것이 세입자의 설움이다.

모상만 씨 이사 경로

1966 충남 서산 출생

1986 서울 장안동에서 **월세**
       (보증금 300만원/월세 10단원)

1996 결혼해서 장안동 **전세**
       (보증금 1500만원)

2001 신길동 **월세**
       (보증금 1000만원/월세 25만원)

2001 면목동 **월세**
       (보증금 1000만원/월세 20만원)

2002 장안동 **전세**
       (보증금 2000만원)

2003 장안동 **전세**
       (보증금 2000만원)

2003 장안동 **월세**
       (보증금 1000만원/월세 30만원)

2005 답십리1동 **전세**
       (보증금 4000만원) 19평

2008 답십리1동 **월세**
       (보증금 1000만원/월세 35만원)
       옥탑 13평

개발 바람도 세입자들을 고달프게 한다. 그가 살던 답십리1동의 62.8㎡(19평)의 빌라 전셋집은 2008년에 2차 뉴타운 계획에 포함되면서 갑작스레 비워야 했다. 원래 갖고 있던 보증금 4000만원에다 친척에게 3000만원을 빌려 7000만원짜리 집을 구해보려 발품을 팔았다. 면목동, 용답동, 장위동, 사근동 일대를 뒤졌다. 방이 없었다. 재개발 여파로 인근 지역의 전셋값까지 함께 뛰었다. 전에 살던 집과 같은 넓이의 집은 1억~1억 2000만원이었다. 7000만~8000만원을 대출받기에는 이자 부담이 너무 컸다. 결국 모 씨 가족은 2008년 재개발지역이 아닌 답십리1동의 현 옥탑방으로 이사했다. 그는 "앞으로 또 집값이 오르고 보증금이 더 오른다면 어디로 가야 할지 막막하다"고 하소연했다.

이웃인 이종섭 씨(가명·40세)도 사정이 어렵기는 마찬가지였다. 2000년부터 보증금 7000만원짜리 전세에 살던 이 씨의 네 가족은 전셋값이 오르면서 반지하방으로 밀려났다. 2008년부터 인터뷰가 이뤄진 2010년 3월 현재까지 답십리1동에서 보증금 500만원에 월세 30만원짜리, 방 두 칸이 있는 42.9㎡(13평) 집에서 살고 있다. 지하 또는 반지하에 산다는 서울시 전체 330만 9890가구 중 10.7%인 35만 5427가구[2] 중 1가구에 해당한다.

인터뷰차 집에 들어서니 늦은 겨울인데도 습기로 축 처진 장농 뒤 벽지에 검은 곰팡이가 얼룩덜룩하다. 집안에 해가 드는 날이 없어 한낮에도 형광등을 켜야 한다. 환기도 잘 되지 않고 비 오는 날이면 하수구 냄새가 흘러든다. 폭우라도 내리면 침수 걱정에 잠이 안 온다. 하지만 '지상'에 방을 얻을 여윳돈이 없다. 요리사인 그는 요즘 일마저 쉬고 있다. "서민 사는 동네가 다 비슷하죠. 정규직이라고 하면 은행에서 대출이라도 받아서 집 마련이라도 하겠죠. 하지만 비정규직이 어디 은행 문턱을 넘겠어요. 그렇다고 가진 집이 있어서 주택담보 대출을 받겠어요. 집이 없으면 평생 집 없이 사는 세상 같아요. 전세 살다가 임대료가 오르면 월세로 밀려나고, 땅 위에 살다가 반지하나 옥탑으로 떠밀려 가는 거예요."

두 이웃은 서로의 처지를 자조하며 "'반지하' 이 씨는 햇빛을 못 봐 얼굴이 떴고, '옥탑방' 모 씨는 햇빛을 너무 받아 말라간다"며 웃었다.

이종섭 씨 이사 경로

1970 강원도 영월 출생

1981 서울 개포동에서 부모님과 함께 **월세**로 살기 시작

1990 개포동이 재개발되자 부모님은 강원도로 다시 내려가시고 이 씨는 형이 살던 전농동 (27평짜리 **자가 주택**) 입주

1991 결혼하면서 월곡동 **월세** (보증금 500만원/월세 25만원)

1995 답십리2동 **월세** (보증금 500만원/월세 25만원)로 0사 왔으나 재개발됨

1995 정릉동 **전세** (보증금 3500만원)

1998 답십리5동 **월세** (보증금 100만원/월세 20만원)

2000 답십리1동 **전세** (보증금 7000만원)

2008 답십리1동 **월세** (보증금 500만원/월세 30만원) 반지하방

따라잡기 어려운 집값

세입자들이 안정적으로 주거하는 것은 쉬운 일이 아니다. 「2005

년 인구주택총조사」자료를 보면 우리나라의 총 1589만 가구 중 전세는 333만 가구, 월세는 305만 가구에 달한다. 전체 가구의 40%가 셋방살이를 하고 있다.

게다가 한 동네서 오래 사는 경우는 많지 않아서 월세 사는 사람 열 명 중 여섯 명이 한곳에서 거주하는 기간은 2년 미만이다.[3] 월 소득이 179만원 이하인 저소득층일수록 '집세가 비싸서', '집주인이 나가라고 해서' 집을 옮기는 경우가 많다. 국토연구원의 「2008년 주거실태조사」에 따르면 비자발적 이동 비율은 저소득층이 8.62%로 고소득층 3.46%의 두 배가 넘는다. 월 소득 179만원~350만원인 중소득층도 7.12%가 자기 뜻과 상관없이 떠밀려 이사했다. 이 같은 비자발적 이동 비율은 실제로는 더 높을 것이라는 게 전문가들의 지적이다.

임대료는 성큼성큼 오르는데 소득은 거북이 속도로 느는 게 주원인이다. 국토연구원의 「2008년 주거실태조사」를 보면 '월 소득 대비 임대료 비율'(RIR: Rent to Income Ratio)이 수도권은 2006년 19.9%에서 2008년에는 22.3%로, 같은 기간 광역시는 18.5%에서 19.3%로 상승했다.

"1억원짜리 빌라에 전세 사는데 집주인이 계약 만료를 앞두고 2000만원을 올려달라고 해 목돈 구하기 힘들다"(서울 강북구 한모 씨)거나 "출산을 앞둔지라 집주인이 8500만원짜리 전세 보증금을 2000만원씩이나 갑자기 올려달라는 요구를 거절하기 힘들었다"(경기도 구리시 이모 씨)는 이웃들의 하소연은 우리 주변에서 어렵잖게 접하는 얘기다.

그렇다면 임대 가격은 얼마나 올랐을까. 국민은행 주택가격지수 자료에 따르면 2000년 1월부터 2010년 1월까지 아파트 전세금은 전국적으로 76.6%, 그중 서울은 81.3%(강북 75.7%, 강남 84.9%) 올랐다.[4] 불과 10년 사이에 두 배 가까이 치솟았다. 그동안 임금 수준이 오른 만큼 당연하다는 주장이 나올 수도 있다. 통계청이 2008년 펴낸 『한국통계연감』을 보면, 전 직종 평균 임금은 1994년 82만 7625원에서 2008년 225만 8684원으로 약 세 배 가까이 늘어났다. 하지만 이 같은 수치는 직종 간 심화된 임금 격차를 반영하지 않은 평균치이고, 물가상승분을 반영한 실질소득 수준이 아니다. 게다가 수천~수억원의 주택임대 보증금은 변동폭이 임금상승폭보다 미약

▼주택가격 상승률 (단위: %, 2000년 1월~2010년 1월 비교, 자료: 국민은행)

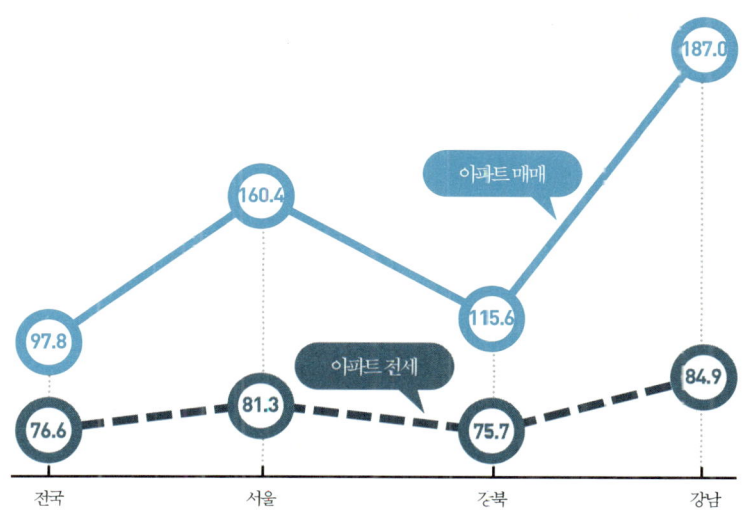

CHAPTER 01 신유랑시대

하더라도 가계에 큰 부담이 된다는 점을 감안하면, 이 기간 동안 무주택자들이 겪은 어려움은 적지 않다.

서민이 많이 사는 연립주택의 경우도 같은 기간 전국적으로 52.3%, 서울의 경우 55.6%가 올랐다. 평균 잡아서 10년 전 1억원짜리 아파트 전세가 1억 7000만~8000만원, 연립주택은 1억 5000만원이 된 셈이다.

서민은 울상이다. 2006년에서 2008년 2년 사이만 해도 수도권 전셋값이 꿈틀거리면서 8.2%가 올랐다. 1999년에서 2001년 사이에 아파트, 연립주택, 단독주택 모두 임대료 상승률이 해마다 두 자릿수였던 적도 있다. 서울에서 '싼 전세'는 찾아보기 어렵다. 부동산 정보업체 '닥터아파트'에 따르면 수도권 안의 1억원 이하 전세 아파트가 2010년 3월 기준으로 전년 대비 10만 237가구가 줄어든 109만 199가구로 조사되었다.[5]

세입자가 '주택 보유자'가 되기는 점점 어려워지고 있다. 1997년 외환위기 이후 일자리의 저임금 비정규직화가 심화[6]된데다 물가 상승, 집값 상승이 겹치면서 내 집 마련을 위해 돈 모으기는 갈수록 힘들어지고 있다.

연 가구소득 대비 주택가격 비율(PIR: Price to Income Ratio)을 봐도 마찬가지다. 통상 PIR이 10을 넘어서면, 그러니까 연소득의 10년치를 모아도 주택을 장만할 수 없을 때 주택가격에 거품이 끼었다고 평가하는데, 우리나라는 2010년 현재 평균적으로 서울에서 집 한 채를 마련하려면 약 14년 동안 한 푼도 안 쓰고 소득을 꼬박 모아야 한다. 부동산정보업체 '부동산뱅크'에 따르면 2010년 8월 현재 강

남구에서 집을 장만하려면 소득을 한 푼도 안 쓰고 25.9년어치를 모아야 한다.[7]

저소득층의 고통도 심각하다. 서울에 사는 1분위 저소득층이 주택시장에서 가장 저렴한 1분위 가격의 주택을 구입하려 할 경우 안 먹고, 안 쓰고, 안 입고, 꼬박 소득을 모아도 무려 19.3년이 걸린다.[8] 유엔 산하기관인 인간정주위원회(UN HABITAT)는 3년에서 5년 정도 연 수입을 모으면 집을 살 수 있어야 한다고 권고하고 있으나 우리나라는 그 권고치의 서너 배를 웃돌고 있다.

그간 정부와 시장에서는 뛰는 전셋값과 주택가격을 잡을 처방으로 주택공급 증가를 택해왔지만 집값은 떨어지지 않고 투기가 활성화되는 '주택 버블'이란 부작용이 심화되어 왔다. 결국 전세 살던 세입자들이 허리띠를 졸라 집세를 더 내거나, 집을 줄이거나, 외곽으로 이사하거나, 월세로 내려앉거나, 반지하나 옥탑방 등 열악한 주거로 밀려나는 현상이 벌어진다.

손낙구는 『부동산 계급사회』에서 "2000~2005년에 셋방 사는 가구 비율이 43%에서 41.4%로 1.6%가 줄어들었지만, 셋방 사는 가구 수는 615만에서 657만으로 42만 가구가 더 늘어났다"면서 "같은 기간 주택이 175만 채가 늘었지만 셋방 사는 가구는 증가한 것"이라고 지적했다. "셋방 가구 중에서 전세 가구가 48만이 줄어든 반면, 월세 가구가 90만이나 늘어난 것"이라는 그의 진단은 주거비용 상승으로 겪는 서민의 어려움을 고스란히 대변한다.[9]

모두가 이방인

사실 세입자와 주택 보유자를 불문하고 우리나라는 인구의 19%가 해마다 이사를 다닌다.[10] 전 인구 다섯 명에 한 명꼴, 1년에 약 870만여 명이 이삿짐을 싸고 푼다는 얘기다. 산술적으로 볼 때 5년이 지나면 한 동네가 낯모르는 이방인으로 채워진다는 의미이기도 하다. 우리나라에서 연간 '읍·면·동'의 경계를 넘어 이사하는 비율인 17.8%라는 숫자는 일본(4.3%)의 네 배에 달한다.[11]

집 가진 사람들도 5년에 한 번꼴로 이사한다. 여러 이유가 있겠지만 집을 옮길 때 주택의 가격을 고려한다는 점은 공통적이다.

경기도 김포시 풍무동에 거주하는 주부 윤모 씨(38세)는 지난 10

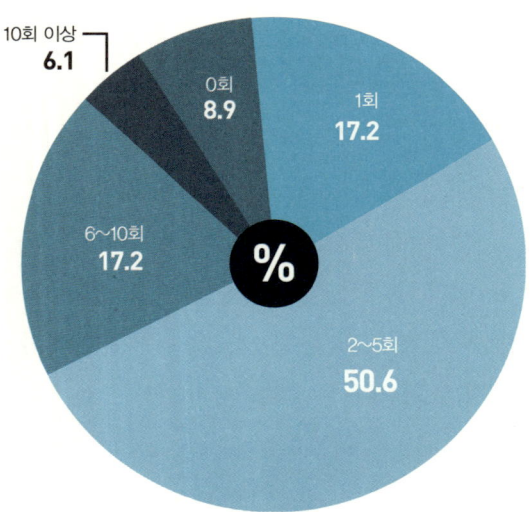

▲주택 마련까지 총 이사 횟수
(단위: %, 자료: 통계청, 2008년, 조사대상: 1616명)

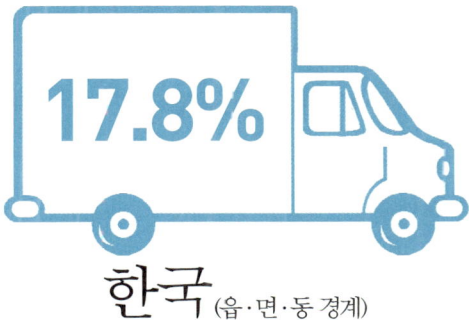
한국 (읍·면·동 경계)

미국 (거주지 경계)

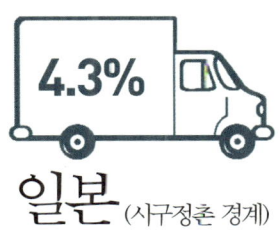
일본 (시구정촌 경계)

▲이동인구 비교 비율 (자료: 통계청, 2008년)

년간 네 번 이사했다. 목돈 만지는 데 부동산만한 것이 없다고 여겼다. "1999년에 결혼하면서 오피스텔 전세로 신혼을 시작했는데, 집을 못 사면 평생 전세를 전전할 것 같아서였죠." 그는 2년 뒤인 2001년 경기도 평택에 32평짜리 아파트를 7250만원에 매입했다. 2005년에는 이 집을 되팔아 두 배 가까운 이윤을 남기고 서울로 이사했다.

아이 학교와 남편 통근거리도 감안했지만 "부동산으로 한번 큰 돈을 벌고 나니 서울에서 더 큰 이윤을 남길 수도 있겠다는 생각"이 들었다. 서울 구의동에 25평짜리 아파트를 대출 7000만원을 끼고 산 뒤 2008년에는 경전철 확정 발표가 난 김포 풍무동에 다시 대출을 끼고 2억 5000만원짜리 아파트를 구입했다.

서울 강남구 논현동의 '1가구 2주택자'인 한모 씨(49세)도 "집만큼 좋은 투자대상이 없다"며 4년에 한 번꼴로 이사했다. 1996년 논현동의 30평짜리 아파트에서 시작해 같은 아파트의 50평형, 그 다음에는 대치동의 50평대 아파트를 5억원 은행 대출을 받아 구입했다. 그는 "이자로 한 달에 몇 백만원이 나가지만 손해 보는 장사는 아니라고 생각한다"고 말했다. 인터뷰 당시인 2010년 3월, 강남의 주택가격이 하락세로 돌아서기 전이었다.

이처럼 '뿌리 없는 삶'이 만연한 한국사회는 자의든 타의든 '이방인'들을 낳고 있다. '재테크'로 돈을 벌었다고 생각하는 윤 씨는 "한편으로는 잃은 것을 무시할 수 없다"고 말했다.

"새 동네에 이사 갈 때마다 마트와 약국, 빵집을 찾는 사소한 일까지 적응하는 것은 스트레스예요. 아이의 경우 유치원에서 '친구하자'는 또래의 말에 울음을 터뜨리기도 하고, 초등학교 때는 이사 가기 싫다고 엉엉 울기까지 해서 미술심리치료를 받기도 했죠. 사실 한 동네 살면서 이웃과 친하게 지내본 적이 없어요. 반상회에 가도 무관심해지게 되는데, 또 언제 이사 갈지 모르잖나 싶어서 그러거든요. 그런 태도가 저도 모르게 몸에 밴 것 같아요."

답십리 주민인 모 씨는 "주거 안정이라는 게 (임대계약이) 2년으로 정해져 있는데, 이후 어디 갈지도 모르는 상황에서 애향심이라는 게 생기겠느냐'고 물었다. "이런 상황에서 내 동네 정치를 누가 하든 무슨 상관이겠습니까. 속된 말로 '해처먹든지' 국회에서 싸움질을 하든지 의미가 없다니까요. 내 표가 귀중한 표라고 느껴본 적이 없어요."

고시원 쪽방에 몰리는 88만원 세대

'투전판'이 된 주택시장에서 가장 큰 피해자는 주택시장에 진입할 기회조차 갖지 못한 '88만원 세대' 청년층이다. 이미 천정부지로 치솟은 주택가격이나 임대료와 비교할 때 이들의 소득 수준이나 직업 안정성은 과거 세대에 비해 불안하기만 하다. 최근 떠오르는 '고시원' 임대사업은 88만원 세대의 증가와 궤를 같이한다. 고시원 시설이 예전보다 고급화했다지만 알고 보면 수요자들이 달라진 데 따른 변화다. 1980~1990년대 고시생과 소외계층을 위한 '도시형 쪽방' 고시원은 이제 직장인과 학생들이 주요 고객으로 바뀌고 있기 때문이다. 주거비가 이들의 소득 수준에 비해 큰 부담이 되면서 나타난 현상이다. 현재의 저임금, 비정규직 일자리로는 기존의 전월세를 감당하기가 힘들다. 2010년 1~3월 평균으로 비정규직의 월평균 급여는 125만 3000원. 정규직(228만 9000원)의 절반 수준이다. 그 달 벌이로 그 달 먹고사는 생활을 벗어날 수 없다.

서울 영등포구 당산동에서 만난 회사원 전모 씨(가명·31세)는 현재 고시원에서 5개월째 살고 있다. 전 씨는 고시원 생활에 대해 "좁은 것에 대한 답답함을 감수한다면 고시원이 단칸방보다 훨씬 낫다"고 말했다.

"보증금과 공과금이 필요 없고, 출퇴근 교통비가 절약되는 데다 월 35만원에 쌀밥과 김치, 라면을 제공하니 사는 데 무리가 없어요." "그래도 너무 비좁은 게 아니냐"는 질문을 받자 잠시 머뭇거리던 그는 "적응하면 괜찮다"며 웃었다. 그런 그도 자신의 삶을 단 두 평의 공간에 압축해 놓은 듯한 고시원 생활을 하다 보면 가끔 "'관'(棺)에 들어온 느낌을 받는다"고 말했다.

현재 기거하는 고시원은 처음 생활한 고시원보다는 반 평(1.65㎡) 남짓이 넓다. 샤워가 가능한 화장실까지 갖춰져 있다. 좁디좁은 취업문에 몇 차례나 좌절했던 끝에 그가 2009년 말부터 홍보대행사에서 수습사원으로 근무하면서 누리는 '호사'다. 그가 2007년부터 1년 6개월간 서울 신촌에서 거주한 월세 24만원짜리 고시원은 "건넌방의 기침 소리, 옆방의 알람 소리에 잠을 깨는 곳"이었다. 그는 앞으로 전월세 보증금을 모을 때까지는 고시원에서 계속 거주할 계획이다. 자신을 '88만원 세대'로 부르는 그는 서울에서 '집과의 전

▼**청년실업률** (단위: %, 자료: 통계청)

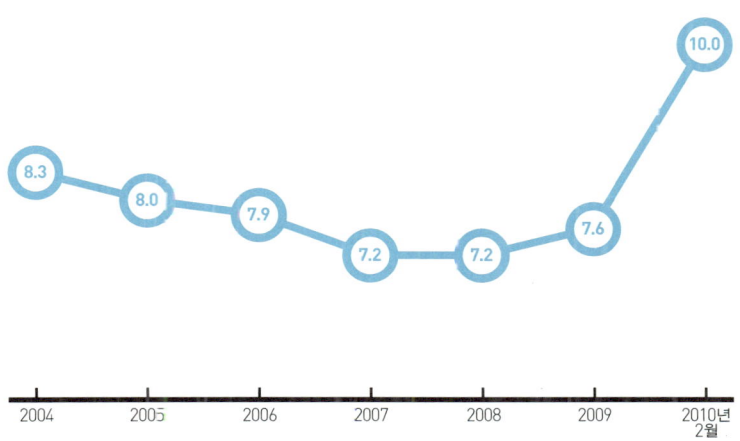

▼**고시원 증가 추이** (단위: 곳, 자료: 통계청)

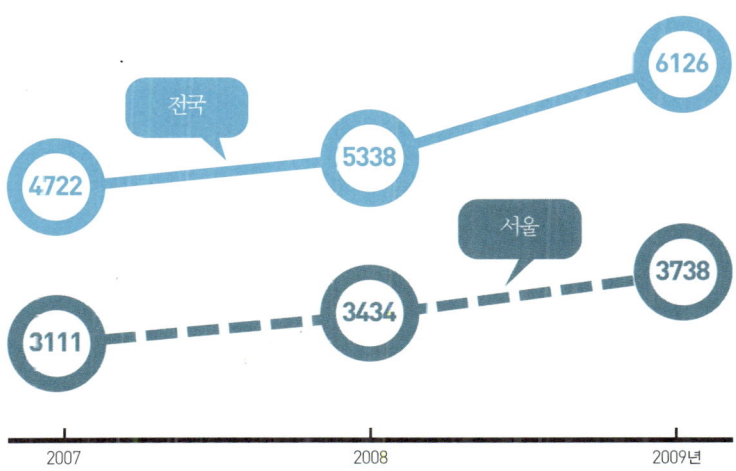

쟁'을 치르는 중이었다.

"63빌딩 스카이라운지를 가본 적이 있어요. 불빛이 가득한 도시를 보면서 저 많은 불빛 중에 내 집이 하나 없나 싶은 생각이 들더군요. 서울이라는 도시는 밖에서 보는 것과 온도차가 참 크구나 싶었어요. 만약 연애를 하게 되더라도 여자친구에게 내가 고시원에 산다는 말을 하기 망설이게 될 것 같아요."

실제로 비정규직과 고시원의 상관관계는 통계에서 추론 가능하다. 비정규직은 2009년 8월 575만명으로 1년 전에 비해 5.7%가 늘었다. 서울시 자료에 따르면 고시원 역시 2007년 3111곳에서 2년 만에 3738곳으로 늘어나 20% 증가했다. 강남·서초·동작·구로·송파구 등 직장인이 몰리는 곳에 43%가 밀집해 있다. 서울에서 고시원에 사는 사람은 약 10만 8000명. 이중 순수 '숙박형'이 6만 2000명에 달한다. '고시텔', '원룸텔', '레지던스' 등 이름만 다를 뿐 고시원은 경제 위기를 거치면서 직장인을 위한 숙박촌으로 자리잡아가는 추세다.

한국고시원협회 김두수 이사는 "1997년 금융위기 이후 크게 늘어난 비정규직 근로자들은 은행권에서 전월세 보증금을 대출 받기 어렵다. 이들이 주거비용을 최소화하면서 지낼 수 있도록 '틈새' 시장에 맞춰 진화한 숙박 시설이 고시원"이라고 말했다. 그는 "고시원에 거주하는 직장인은 대부분 20대 후반에서 30대 초반의 비정규직"이라며 "고시원 수요는 앞으로도 증가할 것"이라고 내다봤다.

서울 광진구에서 원룸텔을 운영 중인 한 건물주는 "예전에는 형편이 좀 어렵더라도 아껴 쓰며 집을 장만해야 한다는 정서가 강했지만, 요즘 들어서는 집값은 천정부지로 치솟고 젊은 층의 소득 수준은 크게 떨어지다 보니 아예 포기한 것 같다"고 말했다. 사정이 이렇다 보니 정부가 1인 가구를 대상으로 공급 예정인 '도시형 생활주택'의 전망에 대해서도 부정적이다.

"몇 천만원씩 들여 도시형 생활주택을 마련할 수 있겠어요? 정부가 정책을 추진하면서 실제 서민들 살림살이를 참 모르는 것 같아요. 도심지역에 그 정도 건물을 지으려면 땅값이 상당하다는 얘기인데, 실제 그걸 감당할 수 있을지도 잘 모르겠구요."

더욱 우려스러운 것은 '88만원 세대'의 추락이 미래에 끼칠 영향이다. 김수현 세종대 교수(부동산학)는 "중대형 주택을 매입하는 것은 40대에 가장 왕성한데, 젊은 세대의 소득이 불안정하면 주택 구매력이 떨어지기 마련이다. 88만원 세대의 현 상황은 자신들의 미래는 물론 장기적으로 부동산 시장의 불황 등 국가 경제에도 영향을 미칠 것"으로 전망했다. 주택시장의 불황이 단순히 저출산 등의 문제뿐만 아니라 낮은 노동임금에서부터 시작되고 있는 것이다.

CHAPTER 02
가 재 울 사 람 들

1980년대부터 기존의 마을을 불도저로 밀고 고층 아파트를 짓는 '주택 재개발'은 한국사회의 도시화 과정에서 익숙한 공식이다. 하지만 사라지는 촌락과 그곳에 머물던 사람들에 대해서 우리는 얼마나 알고 있을까. '가재울 뉴타운'으로 개발되고 있는 서울 서대문구 남가좌동과 북가좌동에 걸친 '가재울' 사람들을 만나 봤다. 이곳은 서울시 4대 시장 가운데 하나인 모래내시장과 다가구·다세대주택에 2만 1662세대의 서민을 품은 곳이었다. 그러나 2003년 2차 뉴타운으로 지정되면서 많은 이들이 터전을 떠나야 했다. 대가로 손에 쥔 것은 몇 푼 되지 않는 보상비뿐으로 앞으로 살아갈 일이 막막하기만 하다. 법이 그렇다니 영세 가옥주와 주거 세입자, 상가 세입자들은 마땅히 항의할 곳조차 없다. 2013년까지 10~15층 높이의 149개동, 2만 541세대의 아파트가 들어설 예정이나, 돈 없는 이들에게는 방 한 칸 허락되지 않는다. 누구를 위한 재개발인가.

▲ 가재울 뉴타운 사업을 위해 철거 공사가 진행되고 있는 서울 남가좌동 118번지 일대의 모습. ⓒ서울역사박물관

세입자 30인의 그 후

"지긋지긋해서 다시는 재개발하는 데로 이사 안 가려고 지난 3월에 일산으로 이사 왔어요. 여기는 신도시잖아요."

가재울에서 10년 넘게 편의점을 운영했던 허모 씨(47세)는 한 달에 600만원 벌이를 했지만 현재는 계약직으로 일하고 있다. 편의점에서 50m쯤 떨어진 전세 5000만원짜리 다세대주택에서 살았지만 2003년 재개발과 함께 상권이 무너지기 시작했고, 장사는 하향세로 접어들었다. 더구나 집과 가게가 모두 재개발 지역에 포함되었다. 보상금은 턱없이 낮았다. 권리금 5000만원, 보증금 7000만원, 월세 50만원인 가게에 대한 감정가액은 불과 1800만원. 주거 이전비도 4인 가족을 기준으로 1300만원이 다였다. 1년 6개월 넘게 투쟁한 끝에 상가에 대한 영업손실 보상액 3600만원을 받았지만 같이 장사를 하던 여동생과 절반씩 나눈 뒤 월세와 생활비로 날렸다.

그렇다면 다른 상가 세입자들은 어떤 상황일까. 재개발로 가재울을 떠나야 했던 상가 세입자 30명의 근황을 2010년 2월에 개별 인터뷰를 통해 확인한 결과 '수평 이동'이 불가능한 것으로 확인되었다. 대부분이 소득이 낮아졌고 일자리를 찾지 못한 경우도 허다했다. 그나마 허 씨의 경우가 상황이 좋은 편이었다.

주점을 운영했던 이모 씨(55세)는 현재 손을 놓고 있다. 보상금은 2년 넘게 싸우면서 생긴 빚을 갚느라 모두 써버려 다시 가게를 열 형편이 아니었다. 이 씨는 "허무한 상태를 벗어나지 못하고 있다"면서 "싸우면서 힘의 논리 앞에 사람들이 무너질 수밖에 없다는 걸

알았고 내가 스스로를 방어하지 못하면 그 누구도 지켜주지 않는 사회 구조라는 걸 깨달았다"고 말했다. 이렇게 일을 쉬고 있는 사람이 전체 30명 중 9명이나 되었다. 23명이 수입이 없거나 가게를 열었어도 적자를 내고 있었다.

근본적인 문제는 현실성 없는 보상금이다. 16년 동안 벽지 가게를 하던 백모 씨(61세·여)는 보상금 3000여만원에 흩의, 그 돈으로 트럭을 사서 용달업을 하고 있다. 백 씨는 "권리금이 너무 비싸서 다른 가게를 구할 수가 없다"며 "보상도 많이 못 받았지, 권리금을 마련할 돈은 없지, 이 나이 먹어서 할 게 뭐가 있겠냐"고 한탄했다.

주거단체 '나눔과미래'의 이주원 지원사업국장은 "권리금을 어떻게 산출할 것인가에 대해 우리 사회 안에서 합의가 없는 상태"라며 "위헌적 요소 없이 적용할 수 있는 게 시설투자비이지만 궁여지책으로 이 제도를 도입하더라도 결국 개발비용 증가로 연결되기 때문에 누군가는 피해를 볼 수밖에 없다"고 말했다.

특히 나이가 많을수록 다시 시작하는 것은 어려워지고 개발의 피해를 더 크게 받고 있었다. 박모 씨(63세·여)는 가재울에서 노래방을 6년 넘게 했지만 보상금으로는 다른 곳에서 가게를 열 수 없고 나이가 들어 새로운 시작은 어렵다고 허탈해했다. 박 씨는 "뉴타운 안 했으면 한 달에 200만원 벌이는 되었어. 이 나이에 어디 가서 뭐 해서 벌겠어. 이 정부 때문에 짜증이 나 죽겠어. 누구하고 싸우라면 머리끄댕이 잡고 싸우고 싶은 심정"이라고 하소연했다.

주민들은 이웃들이 뿔뿔이 흩어지는 뉴타운 재개발을 몸으로 겪고 있었다. 가재울 뉴타운 3구역은 원래 가구수가 9700여 세대였는

가재울 3구역 상가 세입자들의 어제와 오늘 («경향신문», 전화 설문조사 결과)

이름(나이·성별)	상호명(장사 기간)	현재 직업
조모 씨(78·여)	ㅊ여관(10년) ────▶	여관 관리
김모 씨(46)	ㅇ호프집(17년)	속옷 제조업
허모 씨(47)	ㅌ마트(10년) ────▶	계약직 비서
이모 씨(55)	ㅇ주점(6년)	무직
박모 씨(63·여)	ㅇ노래방(6년) ────▶	무직
홍모 씨(43)	ㄷ식당(8년)	국수 가게
이모 씨(52)	ㅌ공사(13년) ────▶	설비업
안모 씨(50)	ㅅ트랜스(10년)	수출입업
박모 씨(46)	ㅅ족발(3년) ────▶	사무직
김모 씨(56)	ㄷ설비(16년)	설비업
서모 씨(54)	ㅇ우유(19년) ────▶	우유 대리점
이모 씨(56)	ㅇ갈비(30년)	무직
복모 씨(51)	ㅇ중고(6년) ────▶	중고 가게
김모 씨(52)	ㅇ부동산(3년)	부동산
성모 씨(39)	ㅂ미용실(6년) ────▶	호프집
이모 씨(36)	ㄱ치킨(6년)	치킨집
강모 씨(51·여)	ㅂ까페(6년) ────▶	카페
송모 씨(52)	ㄷ유리(10년)	설비업
최모 씨(57)	ㅇ설비(5년) ────▶	무직
유모 씨(54)	ㅇ설비(3년)	무직
장모 씨(45)	ㄱ자원(3년) ────▶	고물상
최모 씨(55·여)	ㅇ주점(8년)	호프집
신모 씨(48)	ㄱ렌터카(4년) ────▶	렌터카
박모 씨(54·여)	ㄱ호프(7년)	무직
홍모 씨(55)	ㄱ탁구장(16년) ────▶	무직
염모 씨(49)	ㅎ공업사(12년)	설비업
성모 씨(68)	ㅈ순대국(9년) ────▶	무직
이모 씨(37)	ㅍ마트(7년)	간판 청소업
백모 씨(61·여)	ㅂ벽지(16년) ────▶	트럭 택배
이모 씨(43)	ㄱ상회(30년)	무직

단위: 원

개발 전 한 달 순수익	현재 한 달 순수익	권리금/보증금/월세	감정가액
100만 ➔	30만	없음/3000만/80만 ➔	1200만
150만~200만	적자	8000만/3000만/154만	4800만
600만 ➔	200만	5000만/7000만/50만 ➔	1800만
300만~400만	없음	4500만/2000만/80만	2500만
200만 ➔	없음	6500만/2000만/80만 ➔	2600만
500만	적자	5000만/2000만/90만	1400만
700만 ➔	없음	1500만/1000만/35만 ➔	1500만
300만	없음	없음/500만/50만	150만
700만~800만 ➔	200만	3000만/무응답/무응답 ➔	2400만
500만	없음	없음/500만/15만	250만
같은 업종, 매출 30% 감소		없음/1500만/40만 ➔	1300만
700만~800만	없음	2500만/1000만/80만	1850만
500만 ➔	적자	1000만/1300만/70만 ➔	1185만
1000만	적자	1500만/300만/30만	1300만
300만~400만 ➔	적자	8000만/2000만/60만 ➔	1500만
2000만	가게 유지	1억2300만/2000만/70만	1895만
300만 ➔	적자	2500만/700만/55만 ➔	1220만
400만~500만	200만원씩 적자	1500만/1000만/40만	1170만
300만~400만 ➔	없음	200만/2500만/(전세) ➔	195만
500만~600만	없음	없음/500만/35만	200만
500만~600만 ➔	적자	없음/1000만/70만 ➔	1640만
300만	적자	7000만/1000만/80만	2170만
500만 ➔	적자	100만/200만/30만 ➔	330만
300만	없음	1850만/1500만/50만	1190만
200만~300만 ➔	없음	없음/4500만/77만 ➔	1400만
700만~800만	가게 유지	2500만/1000만/50만	1610만
250만 ➔	없음	300만/800만/15만 ➔	1400만
800만~900만	가게 유지	없음/3500만/170만	1700만
300만 ➔	100만	2000만/2000만/50만 ➔	1400만
300만~400만	없음	없음/무응답/40만	1040만

데 입주 후 세대가 3300세대밖에 되지 않는다. 6300여 세대 이상이 어디론가 이삿짐을 싸야 했다는 얘기다. 치킨집을 하던 이모 씨(35세)는 가끔 가재울을 지날 때면 '서울특별시 뉴타운 사업' 그림이 그려져 있는 걸 본다면서 "그림만 보면 동네가 너무 좋아질 것처럼 보이지만 그 그림이 사실 서민들 재산 다 빼앗아서 그렇게 만들겠다는 것 아니냐"며 "그걸 볼 때마다 쓴웃음만 나온다"고 말했다. 가재울에서 부동산을 하다가 다시 봉천동으로 이사해 부동산을 열었지만 계속 적자가 난다는 김모 씨(52세)는 가재울에 가보지 않느냐는 물음에 "아픈 사람들끼리 만나서 뭐하겠나"고 퉁명스럽게 대답했다. 가재울 4구역 가옥주인 김모 씨(70세)는 2011년 새 아파트를 분양할 때 돌아오고 싶지만 분양가가 비싸면 들어올 수 없다며 "그때 아파트에 들어갈 수 있는 사람이 10%나 되겠는가. 서민들 다 흩어지게 만들고 아파트만 '딸랑' 생기면 거기서 뭐하겠는가. 주위 환경 좋아진 것 빼고 남는 게 없다. 그 주위 환경조차 누가 누리게 되는 건가"라고 반문했다.

서모 씨(54세)는 "헌법에 기본권이 보장되어 있다지만 19년씩 생활한 사람을 단돈 1300만원에 나가라고 하는 게 실정법"이라며 "이 나라는 업자들을 위해 법을 적용하고 구청장과 공무원들은 수수방관하고 있다"고 분통을 터뜨렸다. 실제로 2010년 2월 당시 현동훈 서대문구청장은 기획부동산업자의 청탁을 들어주고 집무실에서 상습적으로 떡값을 챙긴 혐의로 구속되었다. 주민들의 삶을 보호해야 할 지방정부가 개발업자들과 결탁한 것이다.

삶터를 잃어버리다

가재울 재개발로 집과 일터를 모두 잃은 박규남 씨(가명·50세)는 재개발 문제로 힘들었던 기억을 다시는 꺼내고 싶지 않다며 인터뷰를 고사하다가 "나 같은 사람이 더 이상 없었으면 좋겠다"며 마음을 바꾸고 기자의 인터뷰 요청에 응했다.

가재울의 상가 세입자 겸 주거 세입자였던 그는 한때 한 달 평균 300만원 벌이의 세탁소를 운영했지만 2020년 3월 인터뷰 당시에는 강원도 강릉의 한 선착장에서 일용근로자로 일하고 있었다. 아내는 인근 서울 북가좌1동에 남아 보증금 500만원에 월세 35만원짜리 반지하 집에서 두 아들을 키우고 있었다. 그는 "다시 시작할 수 있을까 하는 생각이 들 때 가장 힘들다"며 한숨 섞인 담배 연기를 내뿜었다.

박 씨가 가재울 3구역으로 이사 온 것은 2005년 2월. 보증금 500만원에 월세 50만원짜리 가게를 차렸다. 집을 따로 구할 돈이 없어 가게에 달린 비좁은 방에서 네 식구가 숙식을 해결했다. 당시 개발 얘기가 떠돌았지만 적어도 8년간은 아무 일 없을 것이라는 얘기를 믿었다. 그러나 석 달 후인 그해 5월 도로 위에 플래카드가 걸렸다. '증축 가재울 뉴타운 확정.' 가슴이 철렁했다.

2006년은 폭우 직전의 짧은 햇살과도 같았다. 세탁소가 자리잡으면서 한 달에 500만~600만원을 벌었다. 불경기라는 여름과 겨울에도 한 달 평균 300만원 정도가 들어왔다. 네 식구가 먹고살기에 부족하지 않았다. 입춘을 지나 두꺼운 겨울 코트가 세탁소로 몰릴 때면 한 달에 1000만원 장사도 너끈했다. 신이 났다. 그해 여름 월세 25만원짜리 옥탑방을 얻었다. 아비 역할을 잘하고 있구나 생각하니 뿌듯했다.

2008년 초부터 재개발이 본격화하면서 수입이 급전직하했다. 사람들이 하나둘 가재울을 떠나면서 주변 상권이 무너지기 시작했다. 4~5월부터는 장사가 거의 안됐다. 월세조차 낼 수 없었다. 보증금도 모두 깎아먹고 말았다. 결국 그해 8월 세탁소 문을 닫았다. 보증금과 별도로 권리금을 4000만원이나 주고 들어온 가게였다. 여기저기서 돈을 빌려 인근에 다시 세탁소를 차려볼까 했지만 권리금을 포함해 1억원은 필요하다고 했다. 그럴 돈이 없었다.

불운은 겹쳤다. 가게 바로 옆 건물에 있던 옥탑방도 재개발 구역에 포함된 것이다. 박 씨는 주거이전비를 달라고 요구했으나 허사였다. 자격 기준에 미달된다는 것이었다. 사연은 이랬다. 국토해양부는 보상금을 노리고 재개발 지역에 이주·전입하는 것을 막으려고 정비사업계획이 공표된 2006년 6월 '공람공고일'을 기준으로 3개월 이상 거주한 세입자에게만 주거이전비를 주도록 2009년 11월 규정을 바꿨다. 그는 집주인이 전입 신고를 못하도록 말리는 통에 공람공고일을 넉 달이나 넘긴 2006년 10월에 전입 신고를 할 수 있었다. 먹고사느라 재개발에 관심을 갖지 못했던 탓에 '날벼락'을 맞은 것이다. 후회가 막심했다.

그냥 포기할 수 없었다. 옥탑방에 남아 보상을 요구했다. 하지만 새벽 여섯 시부터 철거에 나선 포크레인이 땅을 울리고 귀를 찢었다. 아내는 "사람들이 이사를 가서 골목 안 집들이 다 비었는데 어떻게 우리만 이 소음을 견디냐"며 불안해했다. 겨울인데도 용역들은 유리를 깨고, 조합은 수도를 끊었다. 갈수록 '철거', '공가' 등의 '빨간 글씨'가 쓰인 빈집들이 늘어났다. 박 씨도 아이들의 고통을 마냥 외면할 수 없어 지난 3월 지금의 반지하 집으로 이사했다.

그나마 2009년 3월 세탁소 영업손실 보상액으로 2500만원을 받았지만 주변 사람들한테 빌렸던 돈을 갚느라 2000만원을 썼다. 형제들에게 빌린 돈은 아직도 갚지 못했다. "형제들에게 빌린 돈 때문에 서로 서먹해져서 마음이 아프다"는 그는 지난 설에도 고향에 내려가지 못했다. 놀 수만은 없어 작년 6월부터 희망근로를 했다. 남가좌동과 북가좌동 일대를 다니며 하수구를 청소했다. 한 달에 80만원씩 벌었지만 한시적인 일자리인지라 마음은 늘 불안했다.

박 씨는 아이들한테 미안할 따름이다. 초등학교에 다니는 큰 아들은 "(아빠가) 졸업식에 안 왔으면 좋겠다"고 말했다고 한다. 서운함보다 아들의 마음이 헤아려진다. "아버지가 되어서 일자리도 없으니 창피했겠죠. 그 말을 듣고 슬펐지만 아이한테는 부모 잘못 만난 죄밖에 더 있겠습니까." 용역들이 집을 철거하는 과정을 눈으로 보며 자란 아들은 1년 사이에 부쩍 어두워지고 말수도 줄었다.

그의 아내는 어려워진 살림 때문에 오전 아홉 시부터 오후 다섯 시까지 식당에서 일을 하고 오후 여섯 시부터 열한 시까지 병원에서 야식을 배달한다. 박 씨는 빨리 일자리를 구하고 싶다. 네 가족이 먹고살려면, 아이들 교육비를 마련하려면, 집을 구하려면 일이 필요하다. 지난 2월 말 박 씨는 일자리를 찾아 강릉으로 떠났다.

"재개발 과정에서 사람에 대한 실망감이 제일 컸어요. 다들 세탁소에 오는 손님들이었는데, 서로 과일 한 개도 깎아 나눠 먹던 사람들이 재산 때문에 고개 돌리는 걸 보면서 괴롭더군요. 화목하던 동네 분위기를 삭막하게 만든 건 과연 누구입니까."

뿔뿔이 흩어진 이웃들

젊은 시절부터 반평생 이상을 보낸 삶의 터전이 개발로 사라지는 것은 주민들에게 자신의 일부인 기억이 사라지는 것과도 같다. 2010년 2월 22일 저녁, 모래내 시장 안의 '신광갈비'에서 열린 신사회(辛巳會) 회원 열세 명의 월례모임은 기자의 방문에 잠시 어색한 분위기였지만 옛날 이야기를 묻는 질문에 이내 화기애애하게 이야기꽃을 피웠다. 신사회는 시장 내 41년생 뱀띠들이 만든 모임이다. 시장에서 알고 지낸 지 40년쯤 되는 '형제나 다를 바 없는 사이'들이다. 1991년 결성해 20년째가 되었다.

회원들의 나이는 벌써 일흔. 송춘식 씨는 "경기 좋을 때는 계모임이 여덟 개나 되었는데 다 깨졌고 '신사회' 하나만 지키고 있다"고 말했다. 고길웅 씨는 시장이 '잘나가던' 시절을 떠올렸다. "80년대 초에 전성기였어. 모래내시장이 재래시장 1위였지. 김장철 되면 신문에 나고 방송에 나고……. 손님들이 경기도 일원, 파주에서까지 왔어. 그때 돈 엄청 벌어서 집 장만했어."

소근섭 씨가 맞장구를 쳤다. "잠도 안 자고 시장에서 물건 가져오자마자 바로 장사했어. 새벽 세 시에 일어나도 피곤한 줄 몰랐지."

김창환 씨도 "옛날에 포대에 넣어둔 돈을 세다가 졸려서 포대 잡고 자다가 다시 깨서 세고 그랬지"라며 웃었다. 1970년대 시장 입구에서 연탄불을 팔았던 송춘식 씨는 "하루 500장을 팔았어. 얼마나 돈을 많이 벌었는지 딸 다섯을 키웠지"라며 웃었다.

상인들끼리 어울리는 멋도, 맛도 있었다. "시장 골목을 잘라서 이쪽은 코끼리 팀, 저쪽은 황소 팀으로 나눠서 윷놀이하고……. 15년 전만 해도 정월 대보름에는 한복 입고 장구 치고 북 치고 지신밟기하고 그랬어. 그런데 지금은 그런 게 하나도 남아 있지 않아. 그때는 노점도 얼마나 많았는지 셀 수가 없었어. 지금은 금방 다 셀 수 있어. 몇 개 되지를 않으니." 고길웅 씨의 회상이다.

2003년에 가재울이 2차 뉴타운으로 지정되고 3구역과 4구역 철거가 본격화되면서 시장은 움츠러들었다. 현재까지 3·4구역에서 이주한 세대는 8500여 가구. 집을 떠나야 했던 회원들은 뉴타운과 재개발 얘기가 나오자 목소리를 높였다. 경기도 파주의 전셋집으로 이사한 임범택 씨는 "이제 나이가 일흔인데 뉴타운 재개발 때문에 다 같이 망하고 있다. 전부 백수가 되어버렸다. 집도 멀어져서 경기도에서 오고 간다"고 말했다. 회원 중에는 결국 장사를 접고 아파트 경비일을 하거나 일용직을 전전하는 사람도 있다고 했다.

2010년 2월 가재울 뉴타운 4구역 조합은 법원 항소심에서 재개발 사업에 반대하는 주민들에게 패소했다. 서울고등법원은 박모 씨 등 여섯 명이 재개발 조합을 상대로 낸 '관리처분계획 무효확인' 소송에서 1심과 같이 관리처분계획을 취소하라는 판결을 내렸다. 공사비와 총 사업비가 통상적인 예상 범위를 초과했는데도 조합원

3분의 2 이상의 동의를 거치지 않았다는 이유다. 사업은 더 미뤄졌고, 주로 4구역 가옥주인 회원들은 갈 곳조차 없어졌다.[12]

김영조 씨가 분통을 터뜨렸다. "뼈가 곯도록 장사를 했던 늙은이들이 조그만 집을 세 놓아 생활했는데 지금은 정부가 개발한다고 해서 다들 뿔뿔이 흩어졌어. 경기도로 가고 시골로 가고 생활이 막막해졌어. 30평 살던 사람들이 다시 30평 들어가려면 1억 얼마씩을 더 내라는데 늙은이들한테 1억이 어디 있어? 갈 데가 없는 거야. 늙어서 새끼들한테 손 안 벌리고 세라도 먹고 살려고 했는데……."

2009년 9월에는 한 회원이 세상을 떠났다. 경비원으로 일하다 과로로 숨졌다고 했다. 처음 신사회를 시작했을 때 회원이 22명이었는데 세상을 떠난 이가 벌써 일곱 명째다. "큰일났어. 앞으로 20년 더 살아야 되는데 새끼들 돈 다 주고 정부에서 노후대책이 없으니 어떻게 살까. 전부 못 믿겠어. 정책을, 사람을, 세상을 못 믿겠어."

송춘식 씨의 장탄식이 이어졌다. "이렇게 한 달에 한 번 만나 회포를 푸는 게 낙이야. 외로워서 경기도에서 지하철 공짜로 타고 그냥 와서 낮부터 모래내에 있어. 여기가 내 고향이나 마찬가지. 죽도 못 먹던 시절부터 일해서 박정희 정권 말년에 돈 벌고, 전두환 때 집 샀어. 그런데 지금은 다 팔아먹고 거지된 사람이 많아. 우리가 나라를 이끈 주역이었는데……."

예전 같으면 새벽 한두 시까지 술 마시고 얘기하고 함께 있었다지만 지금은 경기도 일산, 파주 등지로 멀리 떠난 사람들의 귀갓길을 고려해서 빨리 자리를 파해야 한다는 회원들. 오후 10시, 신사회 모임은 두 시간 만에 끝났다.

가재울은 어떤 곳?

가재울은 빈손으로 들어온 서민들이 삶을 일구고 가꾼 곳이다. 해방 직후 일본에서 송환되어온 재일교포들이 먼저 남가좌동에 자리잡았고, 1959년에는 사라호 태풍으로 수재를 입은 한강변 이촌동 주민들이 옮겨 왔다. 남가좌동의 수재민 정착지는 현재 뉴타운 3구역에 속한 활시위길 일대와 남가좌동 삼성아파트 지역이다. 당시 이주 인구가 2200여 명으로 수재민 정착은 원주민 몇 가구가 살지 않던 동네의 주민이 크게 늘어나는 계기가 되었다.

1960년대 초반에는 서울시가 도심 정비를 하면서 철거민들을 강북구 미아동과 가재울의 남가좌동 152번지 일대에 마련한 정착촌으로 이주시켰다. 후암동이나 도동 일대 판잣집에 살던 사람들도 이때 이곳으로 들어왔다.

사람들이 모여들고 지역이 활기를 띠면서 쓰레기 매립지로 활용되던 곳에 1966년, 1973년 각각 모래내시장과 서중시장이 들어섰다. 시장이 사람들을 끌어들였고, 사람들은 시장을 키워갔다. 경의선 가좌역 중심으로 발달한 교통은 시장을 더욱 번창하게 하는 요인이 되었다. 또 수색로가 확장되면서 일산과 능곡 등 경기도 서북부 지역의 값싸고 싱싱한 농산물이 시장으로 몰려들었다. 특히 모래내시장은 품질 좋은 고추와 참깨, 들깨로 유명해 고추방앗간, 기름집이 번성했다. 모래내는 일산, 수색 등지를 아우르는 서북지역의 중심 시장으로 자리잡아 갔다.

가재울에 사람이 모여든 또 하나의 계기는 1962년 사천교 개통이다. 다리가 수색과 신촌을 이으면서 경기와 서울이 하나의 생활권으로 묶였다. 신촌이나 아현동처럼 서울 시내와 가까운 곳보다 상대적으로 집값이 싼 가재울로 '서울 입성'의 꿈을 안은 사람들이 몰려온 것이다. 당시 원주민들은 밭농사를 지어 아현동이나 수색에 내다 팔았고, 농사를 지을 기반이 없던 이주민들은 서울역 주변에서 지게품을 팔거나 건축 현장의 막노동으로 생계를 유지했다.

가좌동 재개발은 1980년대 중반부터 시작되었다. 서울시는 1984년 6월 서대문구 북가좌동 145번지 일대 불량주택 밀집 지역을 주민이 땅을 대고 건설업체가 아파트를 짓는 방식으로 개발했다. 가재울은 2003년 2차 뉴타운으로 지정되면서 소용돌이 속으로 빠져들고 있다.

조선시대부터 10대째 가재울에 살았다는 홍기윤 씨(58세)는 "어릴 적 생각하면 옛 모습이 없어지는 게 슬퍼지고 안타까워. 할아버지 산소가 3구역에 있었는데 할아버지 모시러 올라갔다 내려갔다 했던 추억들이 생각나고……. 이제 능선, 동산이 다 없어졌어. 앞으로는 이런 즈건의 도시들이 다 없어질 건데 참 아쉬워. 소통하고 인간의 정을 나눌 수 있던 사람들이었는데 그게 사라진 것 같아서……"라며 말끝을 흐렸다.

CHAPTER 03
길 음 의 풍 경

주택 재개발의 현실은 "헌 집 줄게, 새 집 다오"라는 노랫말과는 딴판이다. 헌 집을 주고서도 억대의 분담금을 감당하지 못하고 집주인들은 밀려난다. 재개발·뉴타운 지역 주민들은 "원주민들을 세입자로 내쫓고 투기꾼과 건설사 배만 불린다"며 "재개발·뉴타운 정착은 사기·강도행위나 다름없다"[13]고 목소리를 높인다.

대표적인 예로 서울시가 뉴타운[14] 사업의 홍보를 위해 '강북 미니 신도시'라고 명명한 성북구 길음 뉴타운이 꼽힌다. 이곳은 2002년 10월 왕십리, 은평과 함께 뉴타운 시범지구로 지정되었다. 이 중 길음 5구역의 경우 길음2동 586번지 일대 2만 8250㎡ 규모의 단독주택지구를 헐고 아파트 11개동과 임대아파트 1개동이 들어섰다. 2006년 6월 입주가 완료되고 3년여가 흐른 현재 그곳에는 누가 살고 있을까. 『경향신문』은 길음 5구역에 들어선 아파트의 소유권 변화를 추적해 봤다. 그 결과 뉴타운 사업이 주거환경 개선이라는 당

▲ 길음의 어제. 뉴타운 시범지구로 개발되기 전인 2002년 10월 다세대 주택이 밀집한 성북구 길음동의 모습. ⓒ경향신문

초 목적과 달리 돈 없는 서민들을 몰아내고, 집값 상승을 부추긴 세태를 확인할 수 있었다.

집주인도 내쫓기는 재개발

『경향신문』이 2010년 2월 16~21일 길음동 래미안 2차 아파트 560가구 중 과거 등기가 남아 있는 조합원 분양 249개 가구를 분석한 바에 따르면 이 지역에 집을 가졌던 '원주민' 비율은 21.7%(54가구)에 불과했다. 78.3%인 195가구가 외지에서 유입된 것이다. 여기

▲ 길음의 오늘. 뉴타운 개발로 고층 아파트가 빼곡히 들어서 있다. ⓒ경향신문

서 원주민은 조합설립 인가 시점인 2001년 9월 24일 이전 이 지역 내 토지나 건축물을 소유하고 있던 사람들을 말한다. 길음 5구역에 거주하던 세입자 308가구는 조합 해체 등으로 자료를 확보하기 어려워 제외했으나, 세입자를 포함할 경우 원주민 정착률은 훨씬 낮아질 것으로 추정된다. 세입자는 물론이고 영세한 가옥주까지 내몰리는 개발을 '서민 주거 안정'을 위한 사업이라고 보기는 어려운 일이다.

 2001년 당시만 해도 이곳에 살던 주민의 71%가 향후 이 지역에 거주하겠다는 의사를 밝혔으나 현실은 냉혹했다. 7년이 지난 현재, 가옥주의 재정착률이 다섯 명 중 한 명에 불과한 것이다. 현재 남은 가옥주 가운데 '원주민'(54가구)들은 주로 1980년대(20가구)와 1990년대(22가구)에 이곳에서 땅이나 집을 구입해 보유해온 사람들이다. 가장 오래된 가옥주는 강북구의 미아동에 살다 1965년 길음 5구역 내 62㎡(약 19평)의 필지를 매입한 이모 씨(70세)이다. 이 씨는 뉴타운 개발 당시 조합원 분양을 받아 현재 108.9㎡(33평형) 아파트를 소유하고 있다. 이 씨처럼 1960~1970년대에 들어와 30년 넘게 이 동네에 거주하는 원주민은 모두 9가구다.

외지인들은 언제 이곳으로 들어왔을까. 현재의 가옥주 중에서 외지인(2001년 9월 24일 이후 소유권 등기가 된 가구)이 가장 많이 들어온 시기는 2002년이다. 195가구 중 56가구가 2002년 1년 동안 길음 5구역에 있는 토지나 건축물을 구입했다. 이듬해인 2003년에는 32가구가 들어왔다. 길음 5구역의 재개발을 통해 아파트를 마련하고 부동산 가격 상승의 이익을 얻을 목표로 들어왔다는 해석이 가능하다. 2002년은 사업시행 인가(3월 21일)가 나고 서울시가 길음 등 세 곳을 뉴타운 시범지구로 발표(10월 23일)한 해로, 2001년 조합설립 인가 이후 재개발 사업에 대한 기대감이 최고조에 달한 시기다. 외지인 195가구의 절반에 가까운 46.7%가 2001년 10월~2003년 말 사이에 들어왔다.

이들은 어디서 왔을까. 외지인 195가구의 등기 기록을 살펴본 결과 서울 시내의 다른 구에서 이동해온 경우가 97가구였다. 경기도에서 전입한 사람들은 23가구였고 대전 3가구, 충남 2가구, 경북·인천·부산이 각각 1가구씩이었다. 24가구는 길음동 내 다른 곳에서 유입되었고, 43가구는 전 주소지 기록이 없었다.

구체적으로 살펴보면 서울 시내에선 노원구 20가구, 성북구(길음동 제외) 18가구, 강북구 16가구, 도봉구 9가구, 동대문구 5가구 등으로 인접 지역에서 온 전입자들이 주를 이뤘다. 강남권에서 온 경우는 3가구(서초구 1가구, 송파구 2가구)에 불과했다. 경기에선 고양시 7가구(덕양구 5가구, 일산구 2가구), 남양주시·의정부시·부천시 각 3가구, 성남시 분당구 2가구 등 순으로 유입되었다. 거주지 이동이 일자리 등 생활권과 맞물리면서 기존 거주지에서 크게 벗어나지 않는 흐름을 보여주는 대목이다.

길음 5구역 뉴타운에 입주한 이들은 부동산 가격 상승의 이익을 누렸다. 이곳의 래미안 2차 아파트의 가격은 몇 년 사이 급등했다. 시공사인 삼성물산은 2004년 1월 일반 분양 때 3.3㎡(1평)당 분양가가 780만~960만원이라고 밝혔다. 6년이 지난 현재 시세는 최고 두 배 오른 가격에 형성되어 있다. 부동산정보업체 '스피드뱅크'에 따르면 당시 2억 1800만원에 분양된 79.2㎡(24평형)의 경우 2010년 3월 현재 3억 4750만원으로 1억 2950만원(59.4%) 올랐고, 분양가가 2억 7800만원이던 108.9㎡(33평형)는 두 배 가까이 오른 5억 5250만원이다. 135.3㎡(41평형)도 현재 7억 4350만원으로, 6년 전(4억 200만원)보다 3억 4150만원(85%) 띄었다. 한 부동산 중개업자는 "인근이 모두 뉴타운으로 개발되어 대규모 아파트촌이 형성되면서 재개발 전에 비해 가격이 두 배씩 오른 곳이 많다"고 말했다.

하지만 현재의 개발 구조에서는 그만한 분양가 또는 분담금을 낼 수 있는 중산층 이상만이 아파트를 차지할 수 있었다. 뉴타운 지정의 혜택은 원주민들에게 돌아오지 않았다. "재개발 자체가 원주민들 다 쫓아내는 거야. 투자자들만 왕창 몰렸어. 외지인들이 전부 다 사서 (평당) 400만원짜리를 2000만원짜리로 만들었어. 여기 집주인들은 이 동네사람들이 아니라 전부 다 투자자야. 원주민들은 다 나갔지. 나갈 땐 몇 푼 갖고 나갔는데 들어올 때는 싸갖고 들어와야 되니까 거기서 그냥 사는 거지. 수유리, 삼양동, 돈암동까지도 갔어. 하나 들어오는 거는 하나 헐고 그래야 되는데 여기저기 막 다 해버리니까 전셋값도 올라가 의정부까지 가서 사는 사람도 있어. 이건 보통 전쟁이 아니야." (길음동에서 3대째 거주하는 김영식 씨)[15]

세입자를 거부하는 임대아파트

집을 가진 가옥주의 사정이 이렇다면 세입자들은 어떨까. 아파트 단지가 들어서기 전 길음 5구역에는 1699명의 주민들이 살고 있었으며 이 중 땅이나 건물을 갖고 있는 주민은 311가구, 세입자는 308가구였다.

뉴타운 사업이 진행되자 서울시는 구역 내에 임대아파트 1개동을 함께 지어 세입자의 주거대책을 마련하기로 했다. 서울시 산하 SH공사가 관리하는 '길음SH빌'은 2004년 9월 착공해 래미안 2차 아파트 단지 뒤편에 90가구 규모로 들어섰고, 2007년 12월부터 입주가 시작되었다. 임대아파트를 건설한 것은 재개발시 임대주택을 짓도록 한 '도시 및 주거환경 정비법'에 따른 것이었다. 그러나 당시 관련법은 임대주택에 대한 의무 규정만 있을 뿐 구체적인 의무 비율(전체 가구수의 17%)이 없었다. 길음 5구역 내 임대주택 비율이 13.8%(전체 650가구 중 90가구)에 불과한 이유다.

임대아파트가 충분히 공급되지 못한 데에는 법·제도적 미비도 문제였지만 사업성 저하와 집값 하락을 우려한 조합원들의 반대도 작용한 것으로 분석되었다. 서울시는 2004년 발행한 『뉴타운 만들기 과정의 기록 - 길음 뉴타운』 책자에서 "임대아파트와 관련해서 구역 내의 반대 의견과 더불어 인접 지역에서의 반대 입장도 파악할 수 있었다"고 기록했다. 책자는 또 "임대아파트가 인접한 지역에 조성될 경우 기존 아파트 값에 부정적 영향을 미칠 수 있기 때문에 반대한다는 의견도 제시되었다"고 적었다.[16] 좀 더 일찍 재개발 사업이 추진되었던 인근 구역의 임대주택 비율도 길음 2구역 12%, 길음 4구역 14.7% 등으로 극히 낮다. 길음 1·6구역은 임대주택 건설에 대한 규정이 느슨한 도시재개발법이 적용되면서 임대주택을 아예 짓지 않았다.

길음 5구역의 경우 90가구의 임대아파트가 공급되었지만 이것마저 세입자 308가구 모두의 몫이 아니었다. 그때는 서울시 조례 개정 전이라 세입자들은 임대아파트와 주거이전비 둘 중 하나만 선택할 수 있었다. 그 규정에 따라 주거이전비를 선택한 139가구는 임대아파트 입주 대상에서 제외되었다. 여기에다 129가구는 거주 기간이나 소득 등이 법적 기준에 미달해 세입자 주거대책 대상에 포함되지 못했다. 결국 이들을 제외한 40가구만이 임대아파트에 들어갈 수 있었다. 길음 5구역 세입자의 임대주택 정착률은 12.9%로 308가구 중 40가구에 불과했다.

▼길음 뉴타운 구역별 임대아파트 비율 (자료: 성북구청)

- 길음 1구역: 1125가구 중 0가구 **0%**
- 2구역: 2350가구 중 282가구 **12.0%**
- 4구역: 1881가구 중 276가구 **14.7%**
- 5구역: 650가구 중 90가구 **13.8%**
- 6구역: 977가구 중 0가구 **0%**
- 7구역: 548가구 중 99가구 **18.1%**
- 8구역: 1617가구 중 120가구 **7.4%**
- 9구역: 1254가구 중 242가구 **19.3%**
- 역세권: 276가구 중 62가구 **22.5%**

이는 당초 길음 뉴타운 세입자들이 원했던 수준에 한참 못 미치는 수치다. 서울시가 본격적인 뉴타운 계획 수립에 착수하기 전인 2003년 2~3월 길음 뉴타운 구역 전체를 대상으로 한 주민의식 조사 결과에 따르면 이 지역 세입자의 75%가 임대주택 입주를 희망했다. 임대아파트의 적정 규모에 대해선 세입자의 45%가 18~25평형을 원했다. 18평 미만의 아파트를 원하는 세입자는 31%, 25평 이상은 24%였다.[17] 그러나 실제 길음SH빌에 들어선 90가구는 모두 15평의 단일평형으로 지어졌다. 수요자의 요구와 상관없이 일괄적으로 가장 비용이 적게 드는 작은 평수로 결정한 것이다. 위 조사 결과는 길음 뉴타운 9개 구역 전체를 대상으로 하긴 했지만 임대아파트에 대한 세입자들의 수요와 실제 공급 간의 괴리를 가늠해볼 수 있는 지표다. 결국 저렴한 전셋집은 개발로 사라지고, 세입자들은 집 한 칸을 빌리려 더 높은 임대가격을 지불해야 하는 상황이 된다.

개발의 풍경

2010년 4월 현재, 고층 아파트 11개동이 빼곡하게 들어선 길음 5구역 주변 도로는 보수공사가 한창이다. 인접한 길음 8구역에는 주상복합 건물, 9구역에는 아파트를 짓는 공사가 이뤄지고 있다. 공사장과 포장 덜 된 도로에서 먼지가 뿌옇게 흩날리는 가운데 초등학생들이 고장 난 신호등이 걸린 도로 좌우를 살피며 조심스럽게 건너고 있었다. 해 질 무렵 도로변에서 마스크를 쓴 채 운동 중이던 한 주민은 "밤에는 공사가 끝나 돌아다닐 만하지만, 낮에는 분진과 먼지 때문에 대부분 차량으로 이동한다"고 말했다.

길과 동네 풍경이 변하듯, 사람의 구성도 변하고 있음을 동네 토박이 영세상인들은 느끼고 있다. 길음 5구역의 해맑음길에서 12년 동안 수퍼마켓을 운영해온 상인은 "개발 때문에 동네 주민들이 다 떠나고 이제는 지나다니는 사람도 별로 없어서 장사가 안된다"고 한숨을 쉬었다. 40년간 이 지역에서 미용실을 꾸려온 이모 씨는 기자가 가게 문을 두드렸을 때 낮잠을 자고 있었다. "예전에는 단골손님이 꽤 있었는데 다 떠나고 나니 가게가 한산해요. 예전에는 파마 손님이 많았는데 요즘은 간간히 커트 손님만 있어요. 가겟세 내기도 힘들어요." 기존 주민의 삶이 '다세대주택-시장-동네가게-대중교통'이었다면, 새로운 삶은 '고층아파트-마트-상가-자가용'으로 바뀌었다. 기존의 낡은 1980~1990년대 풍의 가게들은 점차 잊혀지는 양상이다.

길음 뉴타운 9개 구역 중 가장 규모가 작은 길음 5구역은 1997년 10월 정비구역으로 지정, 2001년 9월 조합설립 인가가 나면서 토지·건물소유주들이 조합원이 되었다. 영세 가옥주들이 많았다. 조합원들이 갖고 있던 땅은 총 386필지로, 1인당 평균 면적 63.52㎡(19.2평)의 땅이나 건물을 갖고 있었다. 386필지 가운데 평균 면적에 못 미치는 필지 비율은 58.55%에 달했고, 면적이 10㎡(3평)도 안 되는 필지도 34개나 되었다.

원래 길음동 일대는 무허가 간이주택들이 밀집한 대규모 달동네였다. 1958년 미아리 공동묘지 이장 후 각지에서 모여든 사람들이

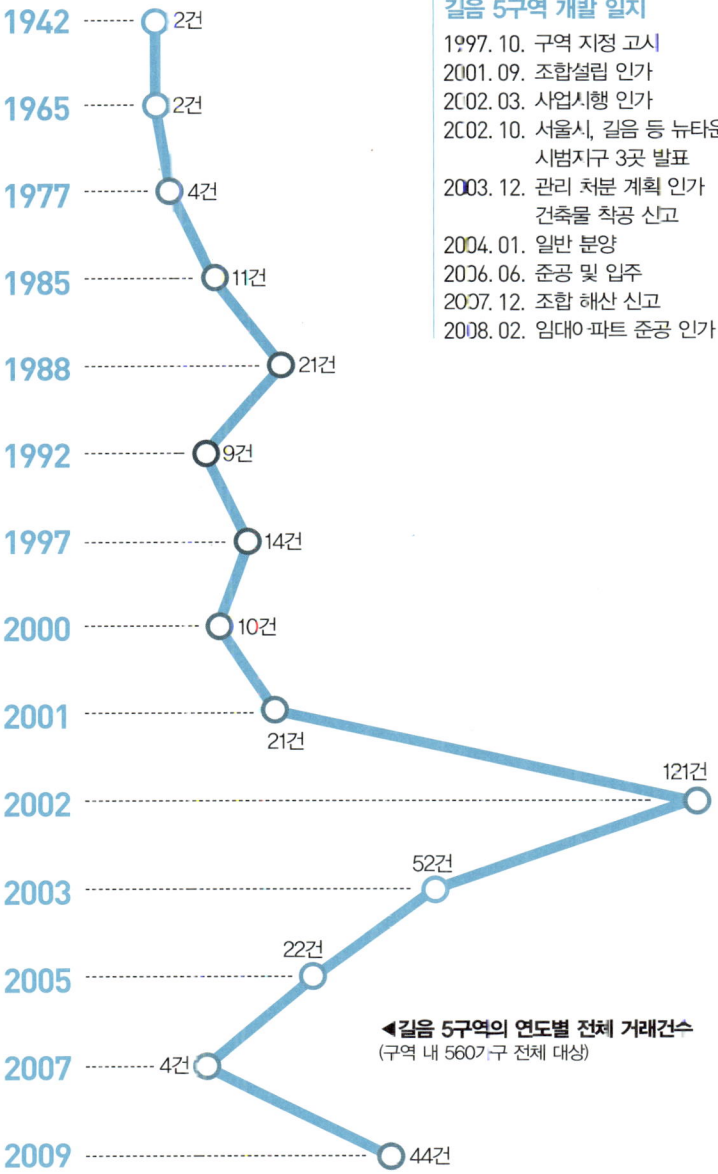

◀길음 5구역의 연도별 전체 거래건수
(구역 내 560가구 전체 대상)

길음 5구역 개발 일지
1997. 10. 구역 지정 고시
2001. 09. 조합설립 인가
2002. 03. 사업시행 인가
2002. 10. 서울시, 길음 등 뉴타운 시범지구 3곳 발표
2003. 12. 관리 처분 계획 인가 건축물 착공 신고
2004. 01. 일반 분양
2006. 06. 준공 및 입주
2007. 12. 조합 해산 신고
2008. 02. 임대아파트 준공 인가

무허가로 정착했고 도심지 일대의 철거민, 수재민 등이 정착하면서 서민의 주거지를 형성했다. 1980년대 중후반부터는 여러 채의 간이주택을 합쳐 다세대 주택이나 빌라 등이 옹기종기 모여 있었다.

 2010년 현재, 과거의 기억들은 동네 주민들과 함께 사라지고 있다. 길음 1구역과 5·6구역에는 삼성 래미안, 2구역에는 대우 푸르지오, 4구역에는 대림 e편한세상 아파트가 각각 들어서 입주를 마쳤다. 두산 위브 아파트가 지어진 7구역은 7월 말, 삼성 래미안 아파트가 들어선 8구역과 9구역은 각각 6월 말과 9월 말 입주가 이뤄졌다. 길음 뉴타운이 모두 완성되면 총 1만 4000가구가 공급된다. 이 가운데 길음의 원주민들이 살게 되는 집은 몇 가구나 될까. 과연 다른 곳의 뉴타운은 길음과는 다른 개발의 풍경을 만들어낼 수 있을까.

길음 뉴타운
어떻게 분석했나?

뉴타운 아파트들 중 어느 곳을 들여다보느냐를 놓고 고민했다. 서울 시내 수십 개의 뉴타운 지역 가운데 입주 후 3~4년 정도 지나 생활권이 안정되었고, 첫 시범지구로 지정되어 상징성이 있는 길음 뉴타운을 선택했다. 그중에서도 분석의 신속성과 편의성을 감안, 비교적 세대수가 적은 5구역을 분석 대상으로 삼았다.

취재팀과 『경향신문』 부설 '지속가능사회를 위한 경제연구소(ERISS)'는 2010년 2월 현재 길음 5구역 삼성 래미안 2차 아파트의 가옥주들이 언제, 어디에서 들어온 사람들인지를 추적하는 데에 초점을 모았다. '길음동 1282번지 래미안 아파트 501~511동'의 주소지를 갖고 560가구의 등기부등본을 모두 확인했다. 2006년 12월 이 일대 386개 지번이 1282번지 하나로 합쳐지면서 현행 등기부등본의 소유권 이전 현황을 확인하는 한계가 있어 지번 통합 전의 폐쇄·멸실 등기부등본까지 모두 열람했다. 총 1000통 정도의 등기부등본 확인 작업이 이뤄졌다.

이 중 지번 통합 전 매매 기록이 남아 있는 조합원 총양 249가구를 최종 분석대상으로 추렸다. 조합 설립 인가 시점(2001년 9월 24일)을 기준으로 그 이전에 땅 혹은 건물을 산 사람(원주민)과 그 이후 매입한 사람(외지인)을 엑셀 프로그램을 통해 구분했다. 원주민 여부를 구별하는 시기로는 정비구역 지정고시(1997년 10월), 사업시행 인가(2002년 3월) 등도 가능하나 길음 5구역의 경우 구역 지정 후 몇 년간 사업 진행이 없었고 2002년 유입 가구가 급등한다는 점에서 2001년을 기준으로 잡았다.

현재 재개발 지역의 원주민 재정착률을 계산할 때 기준 시점을 어디로 잡는지는 법적·행정적으로 정해진 것이 없다. 만일 정비구역 지정고시일을 재정착률을 따지는 기준으로 삼는다면 길음 5구역의 경우 현 가옥주 중 원주민 비율은 18.5%로 더 낮아진다.

재개발 지역에 외지인이
들어오는 시기는 언제일까?

J&K도시정비 백준 대표는 2002년 성균관대 경영대학원 석사학위 논문으로 「서울시 재개발아파트 사업단계별 거래추이분석 연구」를 내놨다. 논문에서 백 대표는 서대문구 냉천 구역과 마포구 현석 구역의 사례를 중심으로 재개발 단계별 거래량을 조사했다.

논문에 따르면 서대문구 냉천 구역은 단지 규모가 237가구로 작고 지리적 조건 등이 열악해 초기엔 큰 주목을 받지 못했지만 재개발이 본격화되면서 거래량이 급증했다. 냉천동 72번지 일대 1만 3087㎡(약 3600평)을 대상으로 한 냉천 구역은 토지 등기가 기록되기 시작한 1922년부터 재개발 구역 지정을 검토하기 전인 1992년까지 거래량은 135건이었다. 71년간 한 해 평균 거래량이 1.9건으로 거래가 거의 없던 지역이다.

그러나 재개발 소문이 돌기 시작한 1993년부터 구역 지정이 확정된 1994년까지 거래량은 10건, 사업계획이 결정된 1995~1996년에는 25건으로 늘어났다. 사업시행 인가를 받고 이주가 시작된 1997년부터 착공이 이뤄진 1998년까지 거래량은 39건으로 뛰었다. 공사가 한창 진행되던 1999년과 2000년에도 24건이 거래되면서 조합원이 꾸준히 바뀌었다. 이후 입주가 이뤄진 2001년 한 해에는 43건이 거래되면서 사상 최고 거래량을 기록했다. 1993년부터 8년간 거래된 물량은 143건으로, 이는 종전 71년간 거래량(135건)을 웃도는 규모다.

백 대표는 "냉천 구역은 재개발 지역으로서의 조건이 여러 면에서 열악함에도 전체 토지 244건 중 58.6%가 재개발로 인해 거래되었고, 원주민 입주율이 41.4%였다"며 "이는 당시 서울시 국감보고서에서 제시한 원주민 입주율 45.9%보다 낮은 수치"라고 말했다.

한강변에 위치해 2001년 서울시 동시 분양에서 최고 142 대 1의 경쟁률을 보이는 등 큰 인기를 얻었던 마포의 현석 구역도 비슷한 양상을 보였다. 현석동 190번지 일대의 현석 구역은 1945년부터 재개발 구역이 지정되기 전인 1998년까지 거래량이 연평균 5.7건에 불과했다.

그러나 구역 지정이 이뤄진 1999년 한 해에만 22건이, 주민 비용 부담을 확정(관리처분 인가)하고 분양을 한 2000년에는 무려 39건이 매매되었다. 재개발이 추진된 1999년부터 논문이 작성된 2002년까지 4년간 총 104건이 사고팔린 규모다. 이로써 전체 251필지 중 41.43%가 외지인에게 넘어갔다.

재개발되지 않는
삼선 4구역

"6년간 제자리걸음인 걸 보면 지자체의 주거정비 사업 목적이 저소득층의 열악한 주거환경 개선이나 삶의 질 향상에 있지 않다는 게 분명하죠. 최근 주민들끼리 자주 하는 말이 가까운 곳에 있던 동사무소까지 통폐합으로 없어지면서 이 동네는 완전히 버려진 땅이 되어버렸다는 겁니다."(삼선 4구역 장수마을의 한 주민)

장수마을은 서울 성곽을 등지고 미아리 방향의 가파른 비탈에 자리잡은 달동네다. 주택 대부분이 40~50년 된 노후주택으로 3평 미만의 쪽방 가옥들도 많다. 언덕배기라는 지리적 특성 때문에 도로는 좁고 가파르고 위험하다. 천과 돌로 엉성하게 얹힌 지붕, 갈라진 외벽의 붕괴 위험성, 도시가스도 들어오지 않는 환경 등이 한눈에 봐도 주거지 정비 사업이 절실한 곳이다.

이곳은 2004년 서울시 도시 주거환경 정비계획에 따라 재개발 예정지역으로 지정되어 있었지만 6년째 진척이 없다. 2008년부터 녹색사회연구소, 주거권운동네트워크 등이 다안개발 프로젝트를 추진 중이지만 그마저도 난관에 봉착한 상황이다.

왜일까. 민간 주도의 아파트 재개발 방식으로는 수익이 나지 않기 때문이다. 북동향의 급경사 구릉지인데다 서울 성곽, 삼군부 총무당 등 문화재 보호구역이 있어서 용적률과 층수 제한 등 제약조건이 많다. 기초공사 비용도 만만치 않은데다 일반분양분이 거의 나올 수가 없으니 재개발에 참여할 민간투자자가 없는 것이다.

이 지역의 또 하나의 난제는 체납된 국공유지 변상금이다. 주민들은 1960~1970년대에 빈 땅, 싼 집을 찾아 이곳으로 흘러들어온 사람들이다. 산비탈 빈터에 집을 짓다 보니 구역 내 64.3%가 국공유지 불법점유 상태이고 1992년부터 사용료 부과정책에 따라 변상금이 부과되고 있지만 주민 대부분이 체납 상태다. 주민 김모 씨(59세)는 "좁은 집에서 어머니를 모시고 살고 있는데, 1년에 변상금이 몇 백만원씩 나온다. 그마저도 안 내면 집으로 딱지가 날아오는 데 미칠 지경"이라고 말했다. 건축물은 등기가 되어 있어서 불법은 아니지만 토지 소유자가 아니므로 주택의 신축, 개축, 증축은 불가능하고 개·보수 역시 제약이 많다. 때문에 대안개발을 추진하는 시민단체들에서 서울시와 성북구청에 공공 주도의 주거환경 개선사업을 제안했지만 추진이 어렵다는 답변만 돌아온다. 무허가 건물에 기반시설과 주택개량 지원비를 내주기는 곤란하고, 변상금 미납 상태에 저소득층이 대부분이라 주민들이 자력으로 개발할 수도 없다는 점이 이유다. 이러지도 저러지도 못하는 사이에 주택은 점점 더 낡고 위험해지고 있다.

CHAPTER 04
집에 발목 잡힌 사람들

임금에 비해 지나치게 비싼 주택비용은 소득과 고용의 불안정과 더불어 미래 세대에 어두운 그림자를 드리운다. '88만원 세대'는 일자리 부족과 낮은 임금 때문에 내 집 마련이 어려워 결혼에서 갈수록 멀어지고, 기혼자들은 버거운 주택 대출 비용에다가 양육비를 감안하면 아이 낳기가 무섭다고 말한다. 실제로 경기불황이 심해진 2009년 혼인은 8년 만에 가장 많이 감소해 전년보다 1만 6000건(-4.5%)이 줄어들었다. 통계청에서 발표한 「2009년 출산통계 잠정 결과」에서 우리나라의 합계 출산율은 1.15명으로 세계 최저 기록을 또다시 갱신했다. 결혼하자니 집값이 부담이고, 아이를 낳자니 양육비와 집값의 이중 부담에 허덕이게 되는 구조다. 집값은 우리의 미래를 잠식하고 있다.

전셋집에 짓눌린 신혼의 단꿈

2010년 1월에 결혼한 유영민 씨(가명·33세)는 신접살이 할 아파트 전세 구할 때의 고생을 잊지 못한다. 결혼을 6개월 앞둔 2009년 7월부터 인터넷으로 정보를 뒤지고 서울 마포, 영등포, 강서, 양천, 용산, 서대문부터 경기 일산까지 부동산 스무 군데를 넘게 들락였지만 집이 없었다. 중개업소에서는 "1억 미만으로는 어림도 없다"며 핀잔을 줬다.

우여곡절 끝에 현재 서울 강서구 가양동에 82.6㎡(25평), 방 세 개 짜리 아파트 전세를 구했지만 1억 6000만원의 보증금 중 부모로부터 1억 이상을 빌렸다. 계산해 보니 총 결혼비용에서 주거비가 80%를 차지했다. 2000년에 8278만원이던 신혼부부 평균 결혼비용이 주택비용 때문에 10년 만에 두 배(1억 7245만원)가 되었다는 얘기[18]가 남의 말이 아니었다. 유 씨는 "우리나라 신혼부부들은 부모님 도움 없이 집을 얻을 수가 없다. 집값이 너무 비싸서 도리가 없다"며 고개를 저었다. 한국결혼문화연구소에 따르면 신혼부부가 주택 마련을 위해 지출한 전체 비용 중에서 본인들 저축이 약 50.1%, 양측 부모님으로부터 도움 받은 게 43.1%인 반면 금융기관 대출은 6.8%에 불과하다.[19]

게다가 요즘 수도권 전세시장에 수요는 많고 공급은 부족하다. 재개발·재건축 사업이 대규모로 한꺼번에 이뤄지면서 싼 아파트 전세가 많이 사라졌다. 수도권에서 1억원 이하의 전세 아파트가 1년 사이에 10만 가구나 줄어들었다는 집계도 있다.[20] 기존 세입자들

▼결혼비용 중 집값 비율
(2001~2002년 주택가격 급상승 · 2006년 주택가격 급상승, 자료: 한국결혼문화연구소)

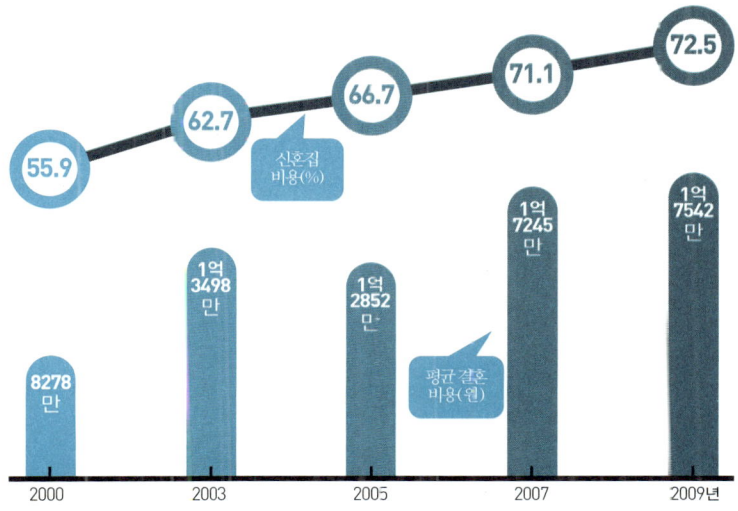

은 원래 살던 보증금으로는 같은 크기의 집을 구할 수 없어 보증금을 더 주고서라도 눌러앉는다. 신혼의 단꿈과 2세 계획은 전세보증금 대출의 무거운 그림자에 눌린다.

"아이요? 능력만 되면 네 명도 낳고 싶죠. 형제로 자랐는데 둘은 좀 아쉬웠거든요. 하지만 지금 집값과 교육비를 생각하면 아무래도 불가능한 일인 것 같아요. 결혼하고 쏨쏨이가 확 줄었어요. 애 하나 기르는 데 고등학교 졸업 때까지 1억원이 든다잖아요."

국민은행의 주택금융 관련 자료를 보면 결혼 후 주택 마련 소요기간은 2008년 기준으로 '14년 이상' 걸린다는 응답이 전국 20.7%, 서울 22.6%에 달한다. '10년 이상' 걸린다는 응답은 전국

34.3%, 서울이 36.5%였다.[21]

그나마 전세라도 마련할 수 있으면 운이 좋은 편이다. 서울 소재 중소기업에서 5년째 비정규직으로 근무 중인 한모 씨(32세)는 지난해 말 결혼을 전제로 만 2년 넘게 사귀던 여자친구와 헤어졌다. 여자친구의 아버지가 "결혼을 한다면 아파트 전세를 마련해올 것"을 기대했지만 한 씨는 그럴 여력이 없었다. 한 씨의 월급 실 수령액은 약 150만원. 허리띠를 졸라매도 모을 수 있는 돈에 한계가 있는데다, 몇 년간 쌈짓돈을 부은 펀드는 2009년 금융위기를 거치면서 반토막이 났다. 그의 부모 역시 1997년 금융위기를 거치면서 집을 잃은 터라 여력이 없다. 한 씨는 "대학등록금을 대느라 고생한 부모

▼연도별 혼인건수 및 1000명당 출산율 (자료: 통계청)

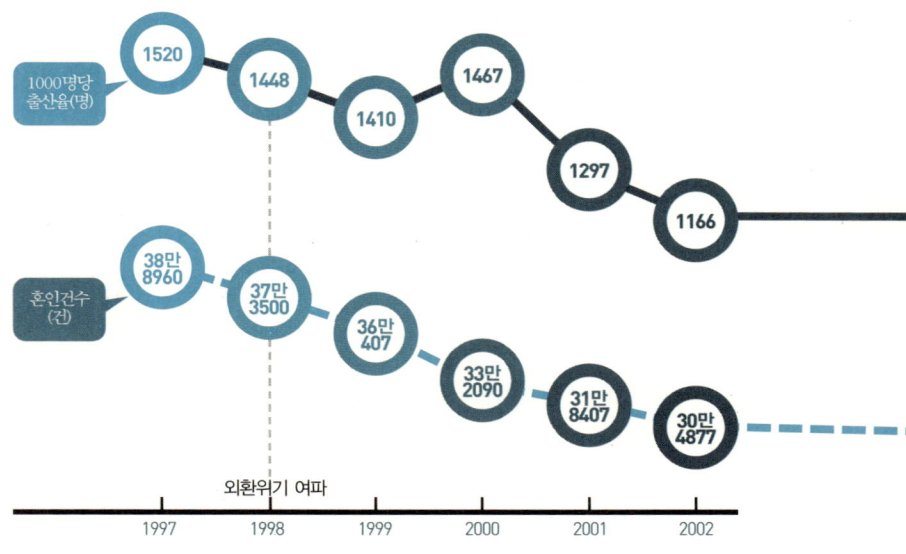

에게 집을 마련해달란 얘기를 차마 못 하겠다"며 "아버지도 아파트 경비원으로 근근이 생활하는 상황"이라며 한숨을 쉬었다. 지금도 경기가 좋지 않아 회사의 앞날이 불안한데, 앞으로 소득 수준이 얼마나 더 나아질지 알 수 없으니 "가난한 자에게 결혼은 사치가 된 게 요즘 세상"이라는 게 그의 생각이다. "안정적인 취업 전까지 애인과 결혼을 미루겠다", "돈 없는데 연애는 사치"란 청년들의 얘기가 드물지 않다.

불안정한 직장과 소득 감소는 젊은 층이 결혼을 망설이게 되는 큰 이유다. 결혼 문제는 돈 문제고, 돈은 곧 주택 문제와 직결되기 때문이다. 보건복지가족부가 2009년 말 전국 미혼남녀 약 6900명을 대상으로 조사한 결과, 경제위기에 따른 고용불안의 영향으로 결혼의사를 가진 미혼남성은 전체의 75.7%로 2005년(82.5%)보다 6.8%포인트 낮아졌다. 결혼 희망연령도 남성이 평균 32.1세, 여성은 30.6세로 2005년(남 31.8세, 여 29.7세)보다 거의 1년 늦춰졌다. 결

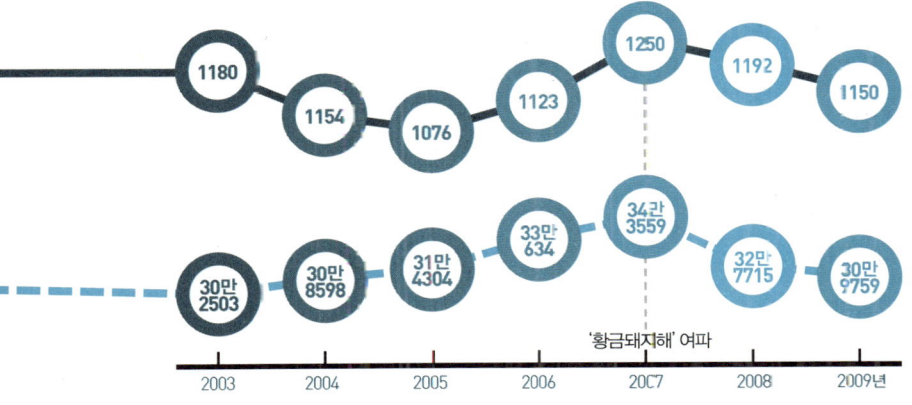

혼 후 "자녀가 반드시 필요하다"는 응답도 남성이 24.3%, 여성이 24%에 불과했다.[22]

결혼문화도 경제위기 이후 '경제력'을 강조하는 추세가 되고 있다. 문화체육관광부에서 실시한 「한국인의 의식·가치관 조사」에 따르면 "배우자 선택 시 가장 중요한 것"에 대해 '성격'은 1996년 73%에서 2008년 55%로 감소한 반면, '경제력'은 5.4%에서 17.3%로, '장래성'은 5.4%에서 9.9%로 비중이 커졌다. 1997년 팍팍한 외환위기를 겪으면서 물질적 능력이 결혼생활의 중요조건으로 부상하고 있다. 미혼인 딸 둘을 둔 김모 씨(55세)의 말이다. "예전 같으면 둘이서 열심히 일하고 모으면 집 한 칸 살 수 있었겠죠. 성실함 하나 믿고 딸 보낼 수 있었어요. 그런데 요즘 세상이 집 값은 천정부지로 뛴 데다 임금은 쥐꼬리만 하지, 구조조정을 불쑥불쑥하지. 솔직히 딸자식을 전세 아파트 한 칸 마련하지 못하는 남자한테 고생하라고 보낼 부모가 어디 있겠습니까."

주택 문제는 전세, 자가비용이 큰 폭으로 상승하면서 부모 세대의 노후 대비와 자녀 세대의 주택 마련에까지 영향을 미치고 있다. 통계청의 「저축목적 1+2순위」 2008년 자료에 따르면, 자기 소유 집에 거주하는 경우 절반 이상이 노후 대비를 하고 13.2%가 자녀 주택, 결혼 자금 마련에 돈을 붓는 반면, 세입자의 경우 33%가 노후 대비를 하고 7.8%만이 자녀 주택에 대비하고 있었다. '무주택자'라는 주택시장의 지위가 대물림될 가능성이 있는 셈이다.

대출금에 허덕대는 하우스 푸어

젊은 세대가 대출을 받아 주택 보유자로 출발하더라도 고민되기는 마찬가지다. 2009년 초 결혼한 임상윤 씨(가명·35세) 부부는 집이 있고 두 사람의 월 소득을 합치면 400만원이 조금 넘는다. 하지만 늘 쪼들린다. 한 푼이라도 아껴보려고 즐겨 마시던 원두커피를 끊고, 좋아하는 술은 한 달에 한 번 날을 잡아서 마신다. 월급통장에 돈이 들어오기 무섭게 모기지론 상환금으로 월 160만원씩 빠져나가기 때문이다. 경기 고양시 행신동에 장만한 85.95㎡(26평) 아파트를 구입하기 위해 받은 대출금이 1억 2000만원. 원래 갖고 있던 전세방 보증금과 직장생활을 하며 모은 돈을 합쳐서 2억 6000만원이 들었다.

모기지론 상환금에다 건강보험료와 연금보험료 80만원을 빼면 통장 잔액은 180만원이다. 중소기업에서 일하는 임씨와 국책연구소의 비정규직 연구원인 아내의 교통비와 점심값, 휴대전화료, 식비, 관리비, 수도요금 등 각종 공과금을 빼면 여윳돈이 없다. 극장 가본 기억이 흐릿하고, 점심 후 커피전문점에서 입가심하던 습관은 접은 지 오래다.

부부가 무리해서 집을 산 것은 셋집살이를 벗어나고 싶어서다. 대학교 1학년 때부터 12년 동안 이삿짐을 싸는 데 질린 데다가 전셋값 오를 때마다 속을 끓이느니 차라리 싼 이자로 대출을 받아 내 집 한 칸을 장만해보고 싶었다.

어렵사리 '내 집 장만'의 꿈을 이루고 나니 또 다른 현실이 그들을 기다리고 있었다. 대출금 상환이다. 집값은 1년 사이에 오히려 2000만원이나 떨어졌다. 집값 최정점에 물건을 사는 '상투 잡은 꼴'이 된 것 같아 내심 불안하다. 비정규직인 아내는 재계약이 불투명한 상황이다. 혼자 벌어서는 영락없는 마이너스 인생인데 어떻게 해야 할까. 남들이 속도 모르고 "아이 언제 갖느냐. 아기는 자기 밥숟가락 갖고 태어나니까 쑥 하니 낳으라"며 참견해올 때면 임 씨는 말 없는 웃음으로 응대할 뿐이다.

또 다른 신혼부부인 박영한 씨(가명·34세)의 경우 주택구입 대출을 받았다. 원금 상환은 엄두도 내지 못하고, 매달 이자만 갚아나가고 있다. 월세를 내야 할 대상이 집주인이 아니라 은행인 '은행 월세'의 신세다. 2008년에 서울 관악구 봉천동에 76.33㎡(23평)짜리 아파트를 2억 4000만원에 사면서 은행 대출을 1억원 받았다. 부모에게 9000만원, 직장생활로 모은 돈 5000만원을 합쳐 봐도 집을 사기에는 턱없이 부족했다. 시중은행에서 연리 5.77%로 돈을 빌렸다. 이자가 비싸다고 해도 어차피 집값이 오르면 충분히 상쇄가 가능하다고 주판알을 튕겼다. 주변에서도 "앞으로 집값이 더 올라서 이번에 못 사면 영영 무주택자가 될 것"이라고 충고했다.

신혼 초에는 상황이 나쁘지 않았다. 유통회사에 근무하는 박 씨와 학원강사인 아내 소득이 적지 않았던 탓이다. 아내가 임신으로 학원을 그만두면서 사단이 났다. 월수입은 절반으로 줄고, 매달 이차 50만원에다 양육비까지 생기면서 남는 돈이 없다. 저축은 꿈도 못 꾼다. 아내는 이웃들이 육아 강좌를 들으러 문화센터에 같이 가자고 채근할 때도 적자 상태인 통장 잔액 숫자를 생각하면 쉽게 발

대출금 허덕 (1)

2009년 1월
경기도 고양시 행신동 26평 아파트
2억 6000만원 구입.
은행 대출 1억 2000만원

2010년 3월
시세 2000만원 하락.
현재 2억 4000만원

월 수입	410만(원)
대출 상환금	160만
건강보험, 연금보험	80만
점심값 및 용돈	70만
교통비	20만
식비	20만
관리비, 수도요금 등	18만
통신비	15만
각종 경조사 및 문화생활	30만
총 지출	413만(원)

향후 재산 예상
(출산 포기·직업 안정 경우, 2010년 현재의 집값·소득·소비수준을 고정하고 대출 상환 완료 시점. 단위: 원)

대출금 허덕 (2)

2006년 12월
서울 관악구 봉천동 23평 아파트
2억 4000만원 구입.
은행 대출 1억원

2010년 3월
현 시세 3억 2000만원

월 수입	250만(원)
이자	50만
양육비	35만
보험료	25만
점심값 및 교통비	30만
식비	50만
관리비 등 공과금	20만
통신비	10만
경조사	30만
총 지출	250만(원)

향후 재산 예상
(대출 원금 상환 불가능, 2010년 현재의 집값·소득·소비수준을 고정했을 때. 단위: 원)

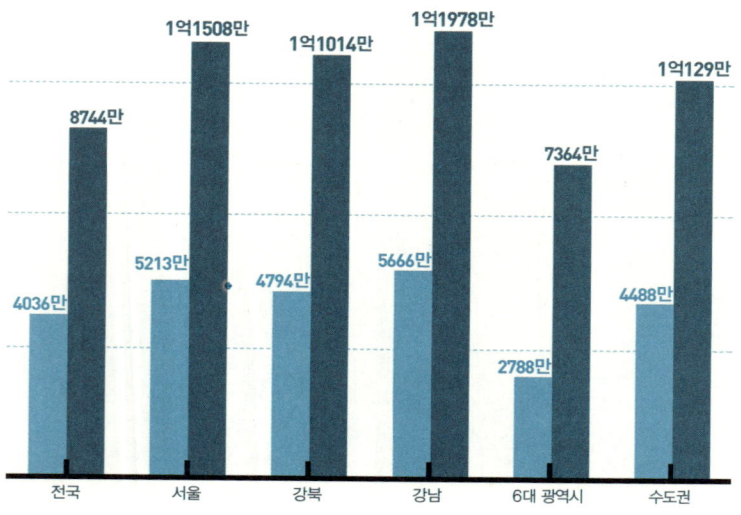

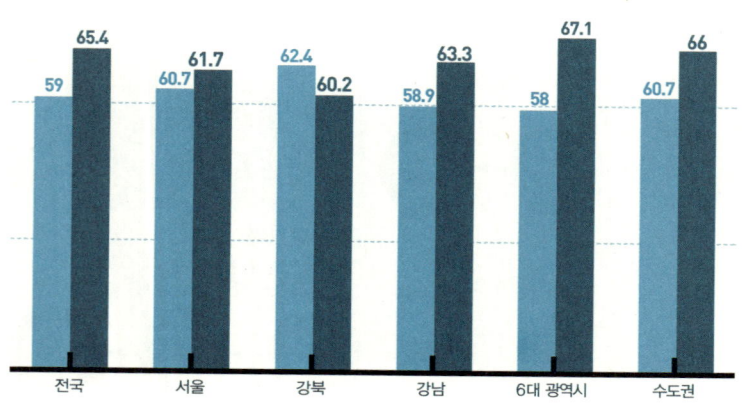

을 뗄 수가 없다. 아내는 다시 학원강사로 나설까 고민 중이다.

아이는 친정어머니에게 맡기거나 베이비시터를 고용할 생각이다. 그렇지 않고서는 내 집 마련과 아이의 교육 모두 무너질까 두렵다. 이들 부부의 희망은 집값이 다시 오르는 것이다. 중대형 집값은 떨어져도 소형 아파트는 강세라는 뉴스를 들으면 왠지 기대가 된다. 집값이 오른다면 지금 사는 집은 팔고 근처의 30평형대 아파트로 옮길 계획이다. 하지만 장래 계획을 세울 때마다 '집' 문제가 가장 큰 변수다. 집값이 떨어진다던, 집이 '돈 먹는 하마'가 된다던, 전 재산이 허공으로 날아간다면 어떻게 될까. 앞날은 불투명하기만 하다.

결국 부모가 자식에게 집을 사줄 여력이 없다면, 우리나라의 젊은이들은 집 마련 문제로 결혼과 미래마저 어려운 현실로 내몰리는 셈이다. 또는 '무주택자'라는 주택시장의 하위 지위가 대물림되거나, 결혼에 있어서 불리한 지위가 될 수도 있다. 이에 대해 전상인 서울대 교수(환경대학원)는 저서 『아파트에 미치다』를 통해 젊은이에 대한 국가의 주거 복지를 마련해야 한다고 강조한다. '20~30대 초반의 사회 신참자들로 하여금 자신의 땀과 노력으로 살 집을 마련할 수" 있어야 하며 "임대아파트에서 큰 부담 없이 자력으로 인생을 출발하고, 모기지 혹은 저당대출제도를 이용해 자기가 살 집을 평생에 걸쳐 장만할 수 있게 하는 제도적 장치를 안정적으로 마련해줄 필요가 있다"[23]는 것이다.

무주택자의 보이지 않는 미래

주택가격이 지속적으로 오름세를 보여온 2000년대에 소위 재테크 전문가들은 "20대에 20평, 30대에 30평, 40대에 40평을 마련하겠다는 목표를 세워야 한다"고들 얘기했다. 나이와 비례해서 집을 키워야 성공한 삶이라는 얘기다. 하지만 현실에서는 꿈같은 얘기에 불과하다. 20대에 취업전쟁을 치르고 30~40대에는 내 집 마련에 허덕이다 50대에 일자리를 잃는 게 필부필부(匹夫匹婦)의 삶이다.

이 같은 '아파트 투전판'에서 무주택자로 40대를 맞이한다는 것은 오르는 임대료에 자녀를 위한 사교육 비용 지출까지 부담해야 하는 이중고로 이어진다. 이들은 사실상 노후대책을 마련하지 못한 채 노년기에 접어들 가능성이 있다.

1994년 봄에 결혼한 중소기업 직원 이모 씨(43세)는 서울 은평구의 2600만원짜리 전셋집에서 결혼생활을 시작했다. 큰돈이 들어가는 일을 겪은 것도 아니고, 지난 17년 동안 성실하게 살아왔지만 셋방살이에서 벗어나질 못했다.

내 집 마련의 기회가 없었던 것은 아니다. 직장생활을 하면서 한 푼 두 푼 모은 돈으로 1997년 4월 대형 건설사가 경기도 구리시에 짓던 조합아파트에 분양 신청과 함께 계약금 500만원, 중도금 3000만원을 냈다. 그런데 그해 12월 외환위기로 건설회사가 부도가 났고 아파트 완공은 기약할 수 없는 일이 되었다. 엎친 데 덮친 격으로 이 씨가 다니던 회사의 연봉도 크게 삭감되자, 이 씨는 결국 처음이자 마지막이던 내 집 마련 기회를 포기했다. 계약금 500만원도

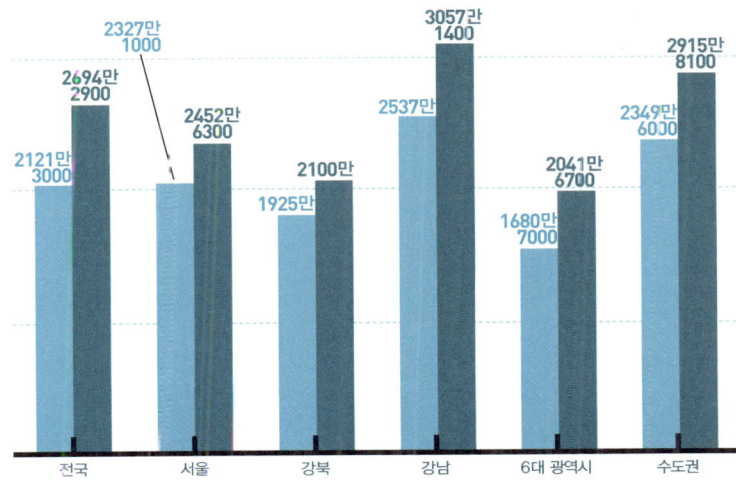

▼전월세 가구의 금융기관을 통한 평균 대출금액
(단위: 원, 자료: 국민은행 주택금융수요실태조사)

■ 2004년
■ 2008년

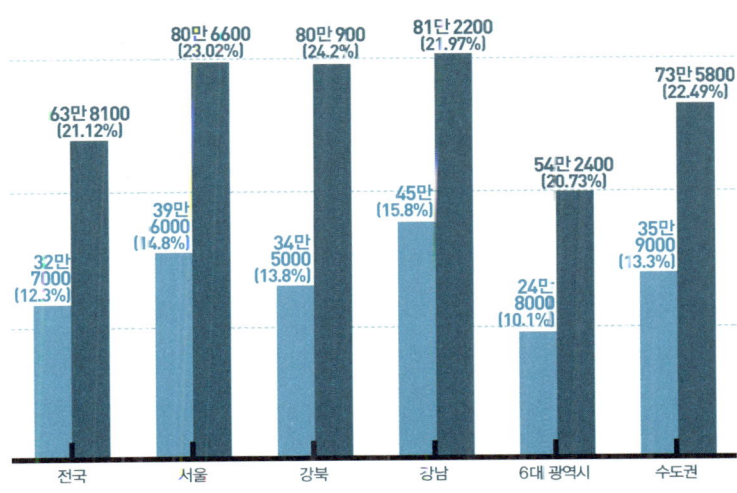

▼월 평균 상환액 (월평균 소득 대비 대출상환금 비율,
단위: 원, 자료: 국민은행 주택금융수요실태조사)

■ 2002년
■ 2008년

40대 무주택자

1994년 3월 결혼, 서울시 은평구 홍제동 다가구주택 2600만원 전세
1997년 4월 경기도 구리시 아파트 분양 신청
1997년 12월 건설회사 부도, 중도금 납입 및 입주 포기
2005년 3월 은평구 전세가격 상승 보증금 5000만원 + 월세 40만원으로 전환
2008년 4월 은평구 응암동 다가구주택 1억 2000만원 전세, 모친으로부터 5000만원, 은행 대출 2000만원
2009년 2월~현재 은평구 응암동 다가구주택 전세

월 수입 **350만**(원)

대출 상환금	40만	이 씨 교통비 및 식비	80만
마이너스 통장 이자	7만	가스료, 전기료 등	20만
보험료	12만	식비	40만
두 아들 교육비	108만	어머니 용돈	20만
(수학+과학학원 70, 수학+영어학원 35, 참고서 3)		통신비	20만
		총 지출	347만(원)

향후 재산 예상
(2010년 현재의 집값·소득·소비 수준을 고정하고 대출 상환 완료 시점. 단위: 원)

위약금 명목으로 떼였다. 부동산 가격 폭락이라는 뉴스가 연일 나왔지만 삭감된 월급으로는 어림도 없었다. 그는 아내에게 "서울에서 집을 사는 건 우리에게 불가능한 일인 것 같다"고 말했다.

그나마 전셋집에서 별 탈 없이 8년간 살아온 이 씨 가족의 생활이 쪼들리기 시작한 것은 지난 2005년. 집주인의 사업이 망하면서부터다. 살던 집이 경매로 넘어갔고, 새 집주인은 다른 집들보다 싼 편이던 보증금 5000만원을 9000만원으로 올려달라고 했다. 목돈이

없던 이 씨는 보증금 5000만원을 올리지 않되 월세 40만원씩을 더 내게 되었다.

2008년 집주인은 급기야 재건축을 하겠다며 이 씨에게 나가줄 것을 요구했다. 보증금 5000만원만으로는 네 식구가 살 만한 집을 찾지 못하다 보니 빚에 의존하게 된 것도 이때부터다. '마이너스 통장'을 만들었고, 상해보험과 아이들 앞으로 들었던 보험도 대부분 해약했다. 모자란 돈은 모친의 도움을 받아 응암동 단독주택 1층에 1억 2000만원짜리 전셋집을 얻을 수 있었다.

여기서도 1년을 채우지 못했다. 집주인이 좀 더 넓은 1층과 자신들이 살던 2층을 바꾸자고 요구한 것. 사실상 집세를 올리겠다는 얘기였다. 하지만 고등학생과 중학생 두 아이들과 지내기에는 턱없이 좁았다. 이 씨 가족은 다시 이삿짐을 꾸렸다.

다행히도 지금 살고 있는 다가구주택 5층의 24평짜리 전세방을 같은 가격에 얻었다. 그간 전세 시세가 3000만원 이상 오른 것을 감안하면 운이 좋았다 싶었다. 이사를 하고 나서야 비밀이 풀렸다. 차 한잔하자는 아내의 초대를 거절하던 이웃은 망설이던 끝에 말했다. "그 집이요, 사실 불 나서 사람 죽은 집이에요."

대출금과 아이들 학원비 부담이 커지면서 부인 김 씨는 지난해부터 대형 마트에 나가서 파트타임으로 일을 하고 있다. 하지만 이 씨 가족의 형편은 좀처럼 나아질 기미가 없다. 두 사람의 수입은 350만원. 이 중 매달 통신비, 가스비 등 생활비가 40만원, 대출금 상환액 40만원, 보험료 12만원, 모친의 빚 탕감 겸 용돈 20만원 등이 고정적으로 지출된다. 여기에 두 아이의 학원비를 포함한 사교육비가 월 108만원이 들어가고, 이 씨의 교통비와 점심값 80만원을 제외하면 식비만으로도 빠듯한 상황이다. 노후대책은 생각도 못한다. 그저 지금보다 나빠지지 않기를 희망할 뿐이다.

이 씨는 지인들에게 우스갯소리처럼 "나는 2년에 한 번씩 경기도 쪽으로 2km씩 가까워지고 있다"고 말한다. 어떻게든 이 도시에서 살아나가지 못하겠느냐고 스스로를 다잡는다. 하지만 아이들을 생각하면 머리가 먹먹해진다. 이 가난이 대물림되는 것은 아닐까. 아이들 장가는 보낼 수 있을까. 아이들도 이 씨처럼 세입자로 이리저리 떠돌게 되지는 않을까. 생각이 여기에 미치자 이 씨는 담배를 한 대 빼내 문다.

Part Two
토건 공화국

건설불패의신화

토건동맹의지배

토건사회의그늘

CHAPTER 05
건 설 불 패 의 신 화

건설 천국

사례 1. 2008년 4월 대한주택공사는 경기도 고양 풍동지구 2·3블록과 화성 봉담지구 5·6블록에서 분양한 주공아파트의 분양원가를 공개했다. 주민들이 낸 분양원가 공개 소송에서 대법원이 "입주민들의 원가 공개 요구는 정당하다"고 판결한 데 따른 것이다. 사상 첫 공개였다. 결과는 건설사들이 그동안 분양원가 공개를 꺼려온 이유를 짐작케 했다. 주공은 풍동 2블록에서 원가(1310억원)보다 500억원 높은 분양가를 책정해 38%의 수익을 거뒀다. 3블록에서는 원가보다 23.3% 높은 분양가를 받았다. 2·3블록 전체로 치면 1가구당 평균 5120만원의 폭리를 취한 셈이었다.

사례 2. 한화그룹은 화약 공장부지인 인천 소래·논현지구가 2004년 도시개발사업지로 지정되자 '꿈에그린' 아파트 1만 2000여 가구를 지어 분양에 나섰다. 수도권에서 민간기업이 이처럼 대규모 아파트 분양사업을 하는 것은 유례가 없던 일이다. 국정감사에서도 특혜 논란이 불거졌으나 한화 측은 "개발수익은 3500억원에 불과하며 모두 공장 이전과 기반시설 조성에 쓸 것"이라고 주장했다. 하지만 경실련 분석 결과 지가 상승, 건축비 거품 등으로 개발이익은 2조 170억원에 달할 것으로 추산되었다.[24] 정작 한화는 법률 미비로 개발 부담금은 한 푼도 낼 필요가 없었다.

우리나라에서 건설업과 부동산은 '불패 신화'를 거듭했다. 건설사들은 아파트를 짓기만 하면 100% 분양에 성공했다. 소비자들도 청약에 당첨되기만 하면 집값이 뛰어 마치 '로또'라도 맞은 듯했다. 이 과정에서 부동산 시장의 거품은 눈덩이처럼 불어났고, 결과적으로 한국 경제의 최대 불안 요인으로 자리잡았다. 그럼에도 불구하고, 건설 불패 신화는 기세가 꺾이지 않고, 앞으로도 그럴 기미는 보이지 않는다.

건설사의 낙원

국내 등록된 건설업체는 2010년 초 현재 1만 2228개. 이 중 5281개사가 주택사업 면허를 갖고 있다. 대기업들도 최소 하나씩은 건설사를 계열회사로 거느리고 있다. 현대그룹은 모태인 현대건설을 비롯해 현대산업개발, 한라건설, 현대엠코, KCC건설 등을 고(故) 정주영 회장의 친인척 일가가 갖고 있다. 삼성그룹은 삼성물산 건설부문과 삼성중공업 건설사업부에서 주택·토목사업을 한다. 포스코·SK·GS·롯데·두산·금호·한화그룹 등도 예외 없이 건설 계열

▼범현대家 건설 계열사 계보
(1999년 현대그룹 계열쿠리로 지금은 계열사 관계가 아님)

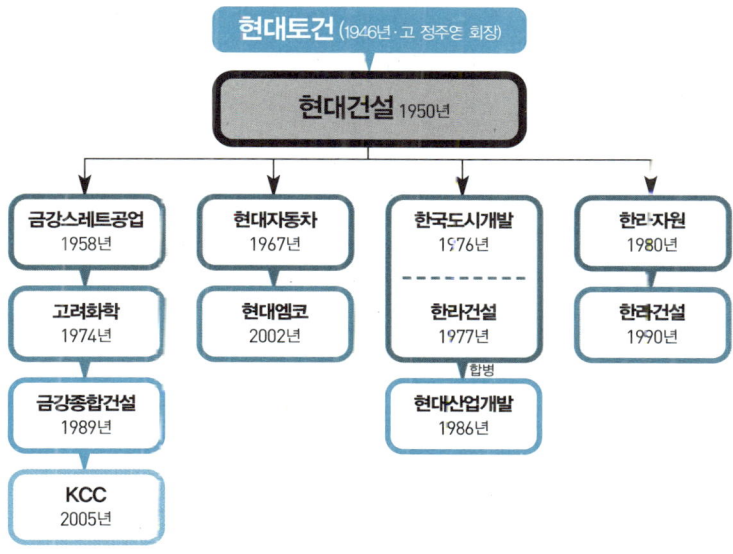

▼삼성그룹 건설 계열사 계보

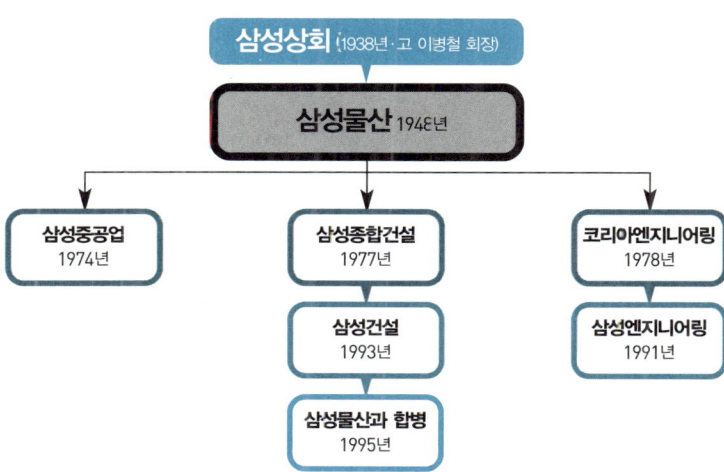

사를 보유하고 있으며, 효성그룹은 효성건설을 두고도 2008년 중견 건설사인 진흥기업까지 인수했다. 이들은 모두 주택 사업을 한다.

김헌동 경실련 국책사업 감시단장은 "1997년 외환위기 이후 재벌들은 아파트를 팔아 내수로 돈을 벌었다"며 "재벌이 아파트 사업을 하는 이유는 건물이 완공되기도 전에 분양해 이익을 챙길 수 있고, 설비투자가 따로 필요 없는데다 노동조합조차 결성되지 않기 때문"이라고 말했다.

국내 건설사들은 소비자보다는 공급자 위주의 제도인 아파트 선분양제를 활용해 막대한 수익을 남겨 왔다. 아파트를 다 짓기도 전에 분양하면서 분양가를 주변 시세에 맞춰 수익을 남긴다. 택지는 금융권에서 돈을 빌려 구입하고, 건축비는 분양대금을 미리 받아 충당한다. 여기에다 공사기간에 발생하는 세금과 이자는 모두 분양가에 반영한다. 선분양제는 원래 '분양가 규제'와 맞물려야 제 기능을 한다. 하지만 정부가 1998년 외환위기 직후에 경기부양책의 일환으로 수도권의 분양가를 완전 자율화[25]하면서 선분양제를 그대로 유지시켜 건설사들만 이중 삼중의 특혜를 누리는 기형적인 제도가 되었다.

건설사들은 택지비와 건축비, 간접비용(설계·감리비, 보상비 등)을 부풀려 분양가를 높이고, 이윤을 축소 신고하는 행위를 버젓이 해 왔다. 경실련이 2006년 화성 동탄 신도시의 건설비용과 이윤을 분석해보니 건설업체들은 택지비를 거짓 신고하고 건축비와 간접비를 부풀려 숨김으로써 얻은 이익 규모가 1조 2229억원에 달한 것으로 드러났다. 분양가도 원가보다 20% 높게 책정했다.[26] 건설업은

▼화성 동탄 신도시 사례를 통해 본 건설사 들의 분양가 폭리 구조
(단위: 원, 금액은 각각 반올림한 수치임, 자료: 경실련, 경실련 추정치는 성실 신고 업체 및 공공부문 분양원가 공개 내용을 토대로 산출한 적정 가격임)

택지비	건설사 신고 내용	토지공사 판매가	차액 (폭리 규모)
평당	441만	369만	72만
총액	1조 7882억	1조 4975억	2908억

거짓 신고 택지비 이윤 2908억

건축비	건설사 신고 내용	경실련 추정	차액 (폭리 규모)
평당	355만	284만	71만
총액	2조 6193억	2조 984억	5210억

부풀려진 건축비 이윤 5210억

간접비	건설사 신고 내용	경실련 추정	차액 (폭리 규모)
평당	126만	71만	55만
총액	9324억	5213억	4111억

부풀려진 간접비 이윤 4111억

총 폭리 규모
1조 2229억

동탄 신도시의 건설사 전체 이윤 규모

	건설사 공개 이윤	숨겨진 이윤	전체
평당	36만	198만	234만
총액	2693억	1조 2229억	1조 4922억

이처럼 공사비를 부풀리는 방식으로 다른 업종에 비해 비자금을 조성하기 쉽다. 관료와 정치인의 뇌물 통로로 활용하는 등 유착 고리를 형성하는 경우가 많다.

한 중견 건설업계 관계자는 "건설사들은 아파트를 지어도 남는 게 별로 없다고 하는데 그건 장부상일 뿐이지 공사비 부풀리기 등을 감안하면 비공식적으로는 남는 돈이 훨씬 많다고 보면 된다"며 "재개발사업 수주 전에 대형 건설사들이 돈 봉투를 뿌려가며 덤벼드는 것도 분양가로 모두 뽑아낼 수 있기 때문"이라고 말했다.

정부는 각종 정책 지원을 통해 건설경기를 부양하고 있다. 2008년 말 미국발 금융위기 여파로 국내 부동산 경기가 침체되자 정부는 규제 완화와 재정 조기 집행에 나섰다. 대한주택보증이 2조원을 들여 건설사들의 미분양 아파트를 환매조건부로 사들이게 하고, 토지공사를 통해 민간건설사들이 분양받은 공공택지를 되사주도록 했다. 미분양 사태는 비싼 분양가, 과잉 공급 등으로 건설사들이 자초한 측면이 크지만 정부가 재정을 풀어 떠안은 것이다. 이 외에도 건설사를 위한 대책들이 줄을 이었다. 수도권 투기지역의 단계적 해제, 분양권 전매제한 완화, 재건축 후분양제 폐지, 기업 보유의 비업무용 토지 매입, 분양가 자율인하시 대출규제 완화 등이 대표적이다.

이명박 정부의 '국책사업'이라는 4대강 사업은 건설 측면에서 또 다른 비판에 직면해 있다. 가격담합과 로비에 취약한 턴키(설계·시공 일괄입찰) 방식으로 발주되면서 상위권 업체들이 공사를 독식, 대기업 배만 불린다는 것이다. 정부가 4대강 사업 등에 대규모 재정을 투입함에 따라 2009년 공공부문의 토목 수주액은 역대 최고치를 기록했다. 사정이 이런데도 공정위는 건설사들의 담합 혐의를 잡고도 청와대 눈치만 살피는 데 급급하고 있다.

부동산 거품은 한국 경제의 화약고

1970~1980년대 개발경제 시대에는 인위적인 건설경기 부양으로 인한 경제 활성화 효과가 있었다. 당시에는 별다른 산업이 없었고 사회간접자본(SOC)도 확충할 여지가 많았기 때문이다.

하지만 지금은 대규모 신도시 개발이나 SOC 확충 등의 수요가 크게 줄어든 데다 건설사업에 중장비가 많이 동원되는 바람에 예전처럼 고용 창출 효과도 크지 않다. 통계청 자료를 보면 2009년 건설업(-9만 1000명) 부문은 제조업(-12만 6000명)과 숙박·음식점업(-10만 7000명)에 이어 일자리가 많이 줄었다.[27] 한국건설산업연구원에 따르면 국내총생산(GDP) 대비 건설투자 비중은 1960년대 20%를 웃돌기도 했으나 외환위기 후 지속적으로 낮아져 최근에는 15% 안팎으로 떨어졌다. 10년 뒤에는 11%대로 낮아질 것으로 전망되고 있다.[28]

선대인 김광수경제연구소 부소장은 "건설업체의 미분양 물량을 정부 재정으로 매입하는 조치는 정상적인 시장경제를 운영하는 나라라면 생각하기 어려운 조치"라며 "정부가 나서서 투기를 조장하고 건설업계의 도덕적 해이를 부추기며 부동산 버블을 떠받치고 있다"고 비판했다.

무리한 건설경기 부양은 부동산 거품을 키우면서 결국 경제에 부담이 되고 있다. 가장 큰 문제는 주택담보대출을 중심으로 한 가계부채 급증이다. 금융권의 주택담보대출은 2009년 말 351조 2000억원으로 2008년 말에 비해 43조 4000억원 늘었다.[29] 비싼 아파트 분양가가 통하는 것은 시중은행들이 개인을 상대로 계약금부터 중도금, 잔금까지 무분별하게 부동산 대출을 해주기 때문이다. 이러한 구조는 부동산 가격이 급락하거나 금리가 급등할 경우 경제 전반의 위기로 이어질 수 있다. 미국의 서브프라임 모기지(비우량 주택담보대출) 부실 사태도 거품이 잔뜩 낀 상태에서 부동산 경기 침체와 대출금리 상승이 맞물리면서 비롯되었다.

국가 자산의 부동산 쏠림 현상도 심각하다. 통계청에 따르면 우리나라 국가 자산 총액(6939조 6000억원)의 70.4%를 부동산 자산(4885억 3000조원)이 차지한다. 우리나라 명목 GDP(2009년 1050조원)의 네 배가 넘는 규모다. 부동산 소유의 편중 역시 위험 수준이다. 전국 사유지의 57%를 상위 1%가 소유하고 있다.[30]

정부의 강력한 지원에도 불구하고 최근 건설업계에는 위기설이 나돌고 있다. 수도권에서 미분양 아파트가 속출하고, 공사대금을 회수하지 못한 중소형 건설사들이 자금난으로 부도설에 휩싸였다. 한 중견건설사 임원은 "각종 옵션을 붙여도 분양이 안 되고 입주율도 낮다 보니 요즘은 하루 종일 대출 알아보러 다니는 게 일"이라고 말했다. 한국 경제는 지금 당장의 고통을 감수하고 거품을 꺼뜨릴지, 아니면 거품을 방치하며 환부를 더 키울지 선택의 기로에 놓여 있다.[31]

오직 팔기 위한 집

지방의 미분양 사태는 미국발 서브프라임 모기지 사태의 여파로 국내 불황이 시작되기 이전부터 이미 심각한 문제였다. 1997년 당시 외환위기로 지방 건설사들의 줄부도가 이어진 것으로 알겨졌지만 사실 이전에도 대구를 중심으로 아파트를 과잉 공급한 건설사들의 체질은 허약하기 그지없었다고 전문가들은 말한다.

불 꺼진 지방 아파트

2010년 4월, 취재진은 대구광역시의 '강남'으로 불리는 수성구 범어동의 한 아파트 단지를 찾았다. 초저녁인데도 한밤중처럼 인기척이 뜸했다. 불 켜진 집은 아파트 한 동 약 90세대 가운데 네다섯 곳을 넘지 않았다. 2008~2009년 준공한 7개동 600가구의 ㅇ단지,

5개동 467가구의 ㄹ단지, 9개동 1494가구의 ㄷ단지의 상황은 비슷했다. 단지 내에서 마주친 주민은 경비원을 제외하면 열 명 안팎이었다.

"125㎡(38평) 아파트를 대출까지 끼고 샀는데 가격이 점점 떨어져요. 게다가 건설사가 미분양된 아파트를 할인해서 팔려고 한다니 실제로 저는 수천만원 손해를 보게 생겼어요. 집은 내 전 재산의 80% 이상을 차지하는데 말입니다.[32] 건설사 입장도 모르는 건 아니지만 먼저 입주한 사람들이 입는 경제적인 피해는 어떻게 하지요." 귀가 중이던 주민 박모 씨의 말이다.

아파트 큰길 맞은편에는 상가가 불을 밝힌 채 손님을 기다리고 있었다. 입주가 완료되었다면 찬거리를 사러 나온 사람들로 북적거렸을 시간이지만 슈퍼마켓, 빵집, 세탁소 등 어디에도 손님을 찾아보기 어려웠다.

대구광역시에는 2010년 2월 말 현재 전국의 미분양 아파트 11만 6438가구 중 1만 6053호가 몰려 있다. 경기도 다음으로 많다. 그러나 악성으로 불리는 '준공 후 미분양 아파트'는 전국에서 가장 많다. 2009년 정부의 취득세·등록세 감면 조치로 일부 미분양 물량이 해소되었고, 2010년 3월 감면 조치가 연장되었지만 상황은 크게 달라지지 않고 있다. 현재 남은 미분양 물량은 대부분 중대형 평형이다. 대구는 1990년대부터 고급 아파트가 빠른 속도로 공급된 지역이다.

이 동네의 공인중개업자 이모 씨는 수요와 어긋난 공급에 고개를 갸우뚱했다. "대구에서 흡수할 수 있는 중대형 주택에 대한 수요는

▼전국 미분양 주택 현황
(2010년 2월 말 기준, 단위: 가구, 자료: 국토해양부, 미분양 주택은 준공 후 미분양을 포함한 수치)

	미분양 주택	준공 후 미분양		미분양 주택	준공 후 미분양
서울	1813	697	강원	5416	4975
부산	7657	3099	충북	4671	1549
대구	1만 6053	1만 1031	충남	1만 3188	5760
인천	3046	732	전북	3172	1760
광주	3889	2869	전남	5238	3610
대전	2839	260	경북	1만 2324	5303
울산	6930	1014	경남	7474	4373
경기	2만 2467	2753	제주	261	255
			전국	11만 6438	5만 0037

이미 끝난 지 오래죠. 그러한 집들을 살 만한 여력이 되는 사람들이 많지가 않아요. 반대로 꾸준히 수요가 늘어나는 중소형 주택은 공급들이 얼마 되지 않습니다."

자연히 이 지역의 중소형 아파트 전세 매물은 품귀 현상을 보이고 있다. 동구 신천동에서 만난 박모 씨는 집 구하려 발품을 팔다 지쳤다고 했다. "지난해 말부터 전셋집을 구하려고 부동산만 수십 곳을 돌아다녔어요. 그런데 물건이 하나도 없어요. 대기 명단에 '등록하시겠냐'는 말만 들었죠." 실제 남구의 한 부동산업체에는 20~30평형대 아파트 전세를 구하려는 대기자 40~50명의 명단을 확인할 수 있었다.

매물이 나오면 한 시간 안에 일사천리로 계약이 이뤄진다. 전셋값은 일부 단지의 경우 매매가의 85~95%에 달하지만 사람들은 집

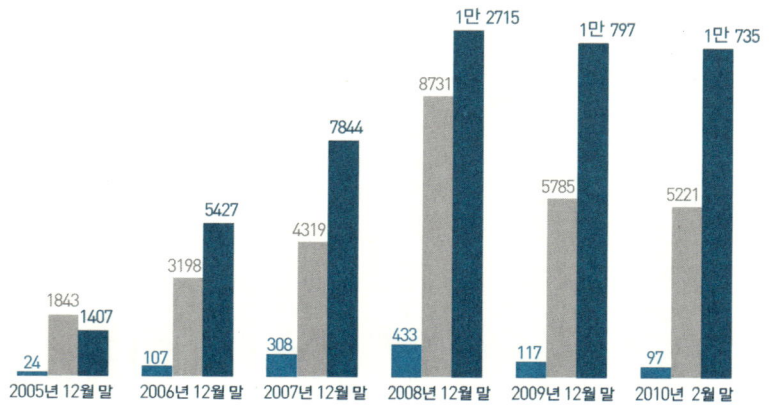

▼대구 미분양 주택 현황 (단위: 가구, 자료: 대구시·국토해양부)

을 사지 않는다. 미분양이 속출하다 보니 집값 하락을 우려해서다. '부동산114' 대구지사가 집계한 전세가 현황 통계에 따르면 대구지역의 전세가는 2009년 2사분기부터 상승하기 시작해 2010년 1사분기까지 지속적으로 상승세를 보이고 있다. 2009년 2사분기 0.34%로 소폭 상승한 전세가는 3사분기 2.87%, 4사분기 2.43%, 2010년 1사분기 1.28%로 수직 상승을 거듭하고 있다.

중대형 미분양 아파트가 대구에 많은 이유는 뭘까. 건설사들이 중소형에 비해 상대적으로 이익을 많이 남길 수 있는 중대형의 비율을 늘려 지었기 때문이다. 대구시에 따르면 2005년 12월 말 대구의 전체 미분양 주택 3274가구 가운데 85㎡(25평)를 넘는 주택은 1407가구였으나, 2008년에는 1만 2715가구로 아홉 배 가까이 늘어났다. 사람이 '사는' 아파트가 아니라 건설사가 '파는' 아파트만 잔뜩 공급한 것이다.

비슷한 시기에 아파트 건설이 동시다발적으로 이뤄진 것도 미분양 주택을 양산하는 원인이 되었다. 건설회사들의 아파트 건설 사업은 주로 부동산 경기가 절정에 달했던 2007년에 집중되어 있다. 대구시는 주택 건설 사업에 대해 2005년에는 한 건(566가구)을 승인했고 2006년에는 네 건(2586가구)을 승인했으나 2007년에는 무려 16건(9654가구)을 승인했다. 미분양 물량이 늘어나는데도 대구시는 신규 사업들을 추가 승인한 것이다.

대구 경제정의실천연합 조광현 사무처장은 "건설회사들이 투기적 수요를 노리고 중대형 주택 위주로 공급을 하면서 수요와 공급이 완전히 괴리된 상황"이라며 "그럼에도 불구하고, 대구시나 건설회사들은 중앙 정부에 미분양 해소를 위한 대책을 명목으로 특혜를 요구하고 있다"고 말했다.

대구시에 따르면 미분양 아파트 총액은 지역총생산 33조 4000억 원의 14~18%에 달한다. 지역 경제가 그만큼 몸살을 앓고 있다. 2009년에 이 지역의 중견 건설업체 태왕이 우방에 이어 두 번째로 대구지법에 기업회생절차 신청서를 냈다. 막대한 금액이 미분양 아파트에 묶이면서 경제는 침체를 벗어나지 못하고 있다. 직장인 김모 씨는 "아파트에 잔뜩 거품이 끼어 있고 대구 전체가 부동산으로 돈 벌려는 사람밖에 없다는 느낌이 드는데, 경제라고 잘 굴러갈 리가 있겠냐. 벌써 몇 년째 불경기인지 모르겠다"고 말했다.

부동산에 발목 잡힌 경기는 쉽게 살아날 기미를 보이지 않는다.

전강수 대구가톨릭대 교수(경제금융부동산학과)는 "최근 들어서야 미분양 주택 문제가 심각해진 수도권과 달리 대구, 부산 등 지역은 지난 몇 년간 미분양 문제가 지속되고 있다"며 "이러한 사태가 계속된다면 지역의 건설사나 금융권은 물론 지역 경제 전반에 악영향이 파급될 수밖에 없을 것"이라고 지적했다.

해법을 놓고는 주장이 엇갈린다. 대구광역시는 1가구 2주택 보유자에게 일정 금액 이하의 경우 양도소득세 중과세를 면해주면 서울이나 수도권 거주자가 지방 미분양 주택을 매입할 것이라고 주장한다. 다른 지역에서 판로를 찾겠다는 의미다. 반면 시민사회는 마구잡이로 아파트를 지어온 건설사들이 '자연도태'되도록 해야 아파트 거품이 빠지고 지역 경제를 되살릴 수 있을 것이라는 견해를 피력한다. 대구 경실련 조광현 사무처장은 "망할 수밖에 없는 건설회사들은 망하게 하고, 현재의 재개발 방식을 주거 약자인 원주민들의 터전을 보호하는 쪽으로 전환해야 장기적으로 대구 시민들의 삶의 질을 높이고, 대구 경제도 살아날 것"이라고 말했다.

하늘 높은 줄 모르는 초고층 아파트

지방이 고층 아파트를 중심으로 '거품'이 끼었다면, 서울과 수도권은 2000년대 들어서면서 고가의 초고층 아파트들이 주택 버블을 견인했다. 서울 삼성동 아이파크 46층, 자양동 더샵스타시티 58층, 도곡동 타워팰리스 55~69층, 목동 하이페리온 69층 등이 2000년대 들어 지어졌다.

도심의 초고층 주택은 서울 주변의 '베드타운' 형성에 따른 도심 공동화, 수도권 출퇴근난 등을 해결할 수 있다는 이점이 있다. 외환위기를 거치며 분양가 자율화, 양도세 감면 등 규제 완화에 따라 건설사들은 용적률 1000%에 달하는 초고층 주상복합을 지을 수 있었다. 그 후 높아봐야 15층~20층이던 아파트는 '하늘 높은 줄 모르고' 치솟았다.

김홍식 명지대 교수(건축학과)는 "서민 주택은 지어봐야 큰 이익이 남지 않으므로 대기업들이 고급 아파트와 초고층 건축을 통해 이익을 극대화했다"며 "초고층 건축을 허가받아 변두리 땅을 상업지구로 바꾸면 용적률을 200%에서 800%까지 올릴 수 있으니 땅값으로만 이미 네 배의 이익을 볼 수 있는 것"이라고 말했다.

건설사들은 초고층 건물을 지역의 '랜드마크'로 자리매김시켜 이미지 광고 효과를 얻고, 주택가격의 '프리미엄'도 챙길 수 있다. 경기 일산에 위치한 59층짜리 '두산 위브더제니스'가 "도곡동 타워팰리스, 목동 하이페리온에 이은 수도권 3대 랜드마크 주상복합단지"라고 선전하는 것도 그런 맥락이다. 고층 아파트에 거주하는 것이 '사회 상위계층'인 것 같은 환상을 생산하는 것이다.

하지만 '고밀도 수직개발'은 벌써 여러 문제를 낳고 있다. 서울시정개발연구원의 「초고층 주택의 보완과제와 개선방안」 보고서에 따르면 초고층 주택은 3개동 이상으로 병풍을 친 개발 사례가 많아 주변 주택의 일조권과 조망권을 침해한다. 40층 이상이 될 경우 10~20㎞ 밖의 도시경관에까지 영향을 끼친다. 대단지가 입주할 경우 주변 교통이 혼잡해지고, 대형 평형 위주의 고급주택으로 지어지면서 고분양가를 부추기는 측면도 있다.[33]

초고층 아파트가 입주자의 건강에 영향을 미친다는 지적도 나온다. 오피스 빌딩처럼 유리로 짓는 '커튼월' 방식이다 보니 창이 안 열리거나 비스듬히 열리는 구조가 많아 환기나 통풍이 잘 안되는 경우가 많기 때문이다. 실내에 별도의 강제 환기장치가 필요한 경우도 있다. 실제 「아파트 주거층수가 건강에 미치는 영향」이란 논문은 고층에 사는 사람이 저층 거주자보다 병원에 가는 횟수가 두 배 이상 많다는 조사 결과를 내놨다.[34]

또 다른 논문인 「초고층 아파트 거주자의 주거환경 스트레스와 건강」은 초고층에 사는 사람들이 소음과 승강기 사고에 대한 불안 등으로 평균 이상의 주거 스트레스를 받고 있으며, 이 같은 스트레스는 어른보다 어린이들에게 심하다고 고발했다.[35]

초고층 아파트의 경우 고층부에 화재가 발생할 경우 진압이 까다롭다는 점 역시 여러 차례 지적된 바이다.

하지만 이처럼 주거에 부적합하다는 정보는 쉽게 찾아볼 수 없다. 건설회사는 광고를 통해 언론사에 호의적인 기사만을 생산하도록 영향력을 행사한다. 전문가들은 외국의 경우 초고층 주택이 주거에 적합하지 못한 것으로 판단해 건축을 규제하는 반면, 우리나라는 '파는 집'으로서의 가치 때문에 일부러 적절한 정보 제공을 하지 않고 있다고 지적한다.

또한 해당 아파트의 거주민들로 집값 하락을 우려해 전기료와 외출에의 불편함, 환기가 잘 되지 않는 등 부정적인 정보가 확산되는 것을 꺼리는 것이 현실이다. 여러 조사에 따르면 13개 초고층 주택의 가구당 월 평균 전력 사용량이 943kWh이고, 이 중 상위 6개 단지는 평균 1140kWh에 달한다. 월 평균 1000kWh의 전력을 소비하는 가구가 전체 가구의 상위 0.3%에 불과하다는 점을 감안할 때 초고층 주택이 '에너지를 잡아먹는 하마'라는 얘기가 나온다. 타워팰리스의 경우 평당 전기세가 1만원 꼴로 일반 가구를 크게 웃돈다. 이처럼 초고층 주택이 많이 채용해온 '커튼월' 방식이 에너지 과소비가 심각함을 인식한 서울시는 2009년 6월부터 신축 규제를 강화한 바 있다.

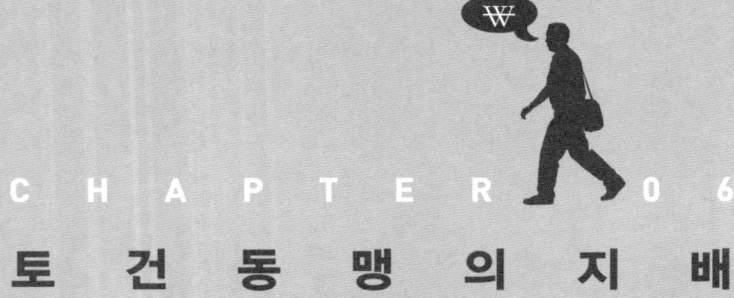

CHAPTER 06
토 건 동 맹 의 지 배

토건 세력 키우기

주택과 관련한 정부의 역할은 국민의 주거가 안정되도록 하는 것이다. 양질의 주택을 저렴하게 공급하고, 임대 거주가 제도적으로 뿌리내릴 수 있도록 보장해야 한다. 이는 넓은 의미에서 국민의 기본권인 주거 권리를 국가가 담보하는 것이다. 정작 우리의 주택 정책은 토건 세력들에 의해 점령당했다는 평가를 받아 왔다. 정부는 경기부양 수단으로 주택정책을 악용해 집값 거품을 키우기 일쑤였고, 정치권은 선거 때마다 민심몰이용으로 검증되지 않은 개발정책을 남발해 왔다. 원칙보다 이해관계에 얽힌 부동산 정책은 일관성 없이 흔들리고 결과적으로 '부동산 불패 신화'의 밑바탕이 되었다. 빈부격차와 주거 불안으로 인한 피해와 고통은 고스란히 서민들에게 지워졌다. 역대 정권이 너나없이 내세운 '서민 정치'의 맨얼굴이다.

투기 동맹

2010년 2월 11일, 대한건설협회·한국주택협회·대한주택건설협회 3개 단체가 합동으로 「긴급호소문」을 발표했다. "주택 미분양의 장기 적체와 공급물량 감소, 주택대출 규제 강화로 침체의 골이 깊어져 민간의 주택건설 투자가 악화되고 있다"는 내용이었다. 불과 열흘을 넘긴 22일, 국회 건교위 소위는 경제자유구역, 관광특구지역의 아파트 분양가 상한제를 폐지하는 법안을 통과시켰다. 토건 세력의 요구를 대폭 수용한 것이다. 이명박 정부는 2008년 9월 서브프라임 부실이 불러온 미국발 경제위기 때에도 미분양 아파트를 공공기관이 매입하도록 하는 등 주택건설 규제를 대폭 완화함으로써 국민의 세금으로 건설 경기를 떠받친 바 있다.

집이 안 팔리면 세금이 아니라 '가격'을 내리는 것이 정상 아닐까. 하지만 건설사들은 늘 가격은 유지하면서 세금 감면 등 규제 완화를 요구했고, 정부는 이를 수용하는 일을 되풀이해 왔다. 정권과 토건 세력의 짬짜미를 의심하게 하는, 낯설지 않은 광경들이다.

경실련이 1993년~2008년까지 15년간 분야별 부패실태를 조사한 결과 토건업자와 공무원, 정치인이 뇌물로 얽히고설킨 사건이 전체 건수의 55.1%를 차지했다. 뇌물 금액으로도 48%에 달했다. 건설사와 관료·정치인이 부패의 고리로 엮이고, 그 수혜는 결국 건설사에게 돌아가는 구조의 한 단면으로 해석될 만하다.

고위공직자가 퇴임 후 각종 친기업 성향 이익단체의 임원으로 '영전'하는 일도 허다하다. 정보공개 자료에 따르면 1995년부터

2004년까지 퇴직한 3급 이상 건교부 고위 공직자 177명 중 134명이 건교부 관련 단체와 산하기관 74곳에 자리를 얻었다.[36] 김헌동 경실련 국책사업 감시단장은 "전직 관료가 기업이익집단의 상근 부회장으로 지니면서 기업 이익에 부합하는 법안이나 정책 보고서를 작성해 후배 관료들에게 건네는 로비스트로 활동하는 경우를 많이 봐왔다"며 "2005년 활발하게 논의되었던 8·31 부동산 대책의 경우에도 당·정·청이 논의한 것과 별개로 건설 이익단체의 의견이 상당히 반영된 것을 확인했다"고 말했다.

토건 세력과 관료의 공생의 흔적들은 곳곳에서 발견된다. 2007년 고위 공직자 재산 변동 내역을 보면 입법부와 사법부, 행정부 등 국가권력 3부의 고위 공직자 중 절반 이상이 '버블세븐' 지역에 부동산을 보유하고 있다. 2009년 고위 공직자 재산 내역을 분석한 『조선일보』가 최근 우리나라 고위 공직자와 산하단체 기관장 5명 중 1명이 서울 강남과 과천시에 재건축 아파트를 한 채 이상 갖고 있고, 평균 2.4채의 주택·상가·오피스텔을 보유하고 있다고 보도한 것도 같은 맥락이다.

토건 세력과 정계의 '공생 관계' 역시 이만 못지않다. 일부 정치인과 선출직 공무원들은 선거 때마다 개발 공약을 내걸어 유권자들에게 땅값, 집값이 올라 부자가 될 수 있다는 환상을 부추긴다. 동시에 건설업자들에게는 인허가 과정에서 뇌물을 받아 챙기는 식으로, 자신의 권력을 유지하는 자금줄을 토건 세력으로부터 확보한다. 한 중견 정치인은 "돈 없이 정치한다는 것은 불가능하다. 정치를 하는 힘은 돈에서 나온다. 이 때문에 후원한다는 이익단체와 기

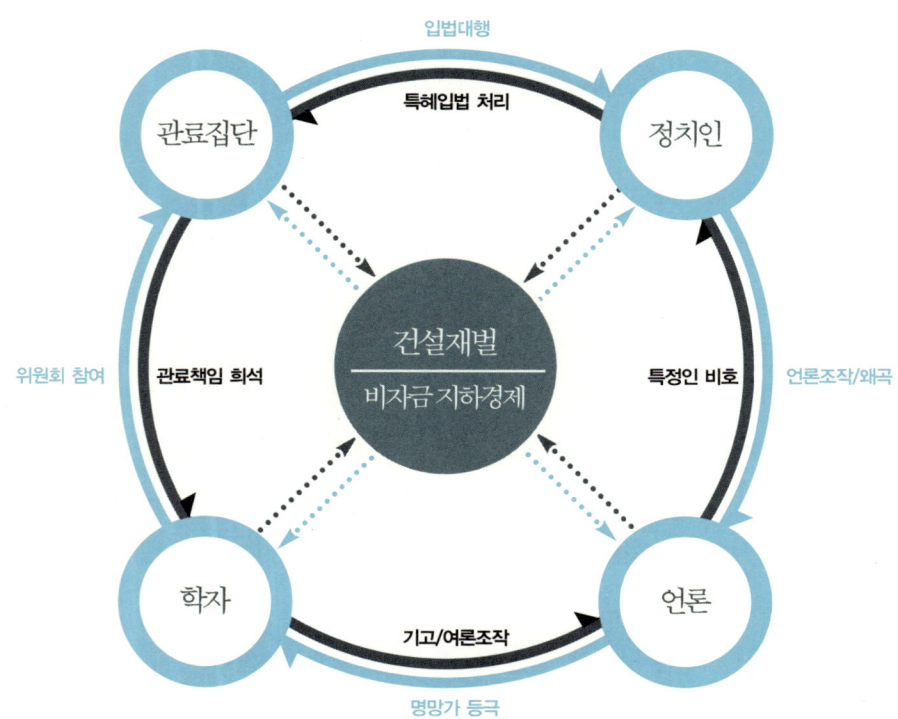

▲건설 담합구조

업이 제공하는 자금의 유혹을 버텨내기가 쉽지 않다"고 실토했다.

과거에 불거진 굵직굵직한 '토건 비리' 사건들은 이를 실증적으로 증언한다. 노태우 정권 당시 정치인에게 150억원이 건네진 수서택지 비리사건, 2002년 경기도·성남시청이 연루되어 뇌물을 수수하고 사전 특혜 분양·건축허가 등을 내준 '파크뷰' 아파트 비리사건 등 일일이 거론하기조차 힘들다. 2004년에는 집권당 원내대표가 한 재벌 그룹의 전 임원으로부터 1억원의 불법자금을 받아 국회윤리위 사상 처음으로 윤리 위반 결정을 받았다. 2005년 초반에는 교육부총리를 비롯해 경제부총리, 인권위원장, 건교부 장·차관, 헌법재판관 등이 줄줄이 부동산 투기 의혹으로 낙마하기도 했다.

건설 재벌, 부동산 관벌, 정치인, 보수언론, 일부 학자로 구성된 '부동산 5적'이 투기 동맹을 형성하고 있다는 지적이다. 이처럼 정치와 토건 산업이 유착되면 주거정책은 보통 사람들을 위한 '싸고 질 좋은' 집을 담는 그릇이 되기 어려워진다. 특히 수입으로 공급을 조절할 수 없는 주택이란 상품의 특성을 감안하면 국내 시장 질서의 혼란은 곧장 소비자의 피해로 이어질 수밖에 없다.

토건 세력을 부양하는 주택정책

역대 정부의 주택정책은 토건 세력의 이해관계에 좌지우지되었다 해도 과언이 아니다. 심지어 지난 10년간 진보성향의 정권에서조차 그랬다. 김대중 정부는 당시 DJP연합에 따라 경제부처 요직

▼역대 정권의 주요 주택·개발 정책

전두환
택지개발촉진법 제정 및 청약저축 제도 도입.
주택임대차보호법.
임대주택건설촉진법.

노태우
서해안 일대 개발.
새만금 종합개발사업.
인천국제공항 건설.
주택 200만 가구 건설(수도권에 분당·일산 등 5개 신도시).
공시지가제도 도입.

김영삼
부동산실명제.
점진적 분양가 자율화.

을 친기업 성향의 보수인사로 채움으로써 친토건 정책의 유혹을 떨치지 못했다. 외환위기 극복의 명분으로 부동산 관련 규제 200개를 완화했을 정도다. "토지공개념을 강화하겠다"는 일성과 함께 출범한 참여정부 역시 이헌재, 김진표 등 친기업 인사들이 경제부총리를 지내면서 부동산 정책기조를 토건족의 입맛에 맞췄다. 박태건은 저서 『참여정권, 건설족 덫에 걸리다』를 통해 "노무현 대통령은 2004년 8월 11일 부동산 정책 추진 주체가 불분명하다는 이유로, 대통령 자문 정책기획위원회(위원장 이정우)가 맡고 있던 부동산 정책 총괄 조정기능을 재경부가 맡도록 했다"며 "분배 기능을 중시한 이정우 위원장은 대표적 성장론자인 이헌재 경제부총리와 사사건건 충돌해 오다가, 노 대통령이 이 부총리 손을 들어주는 쪽으로 교통정리가 된 것"37) 이라고 적고 있다.

이들의 행태를 구체적으로 살펴보자.

첫째, 아파트 '공급부족론'은 모든 정권을 관통하는 화두였다. 2004년 열린우리당은 집값을 잡으려면 주택을 더 공급해야 한다며

▼역대 정권의 주요 주택·개발 정책

김대중
토지공개념 제도 완화.
양도소득세 면제(25.7평).
아파트 분양가 전면 자율화
→집값 상승.
부동산 시장 전면개방.

노무현
행정수도 이전.
혁신·기업도시 건설 등
지방개발 정책.
공공 임대주택 50만가구
건설 목표(35만가구 달성).

이명박
도심 재개발 규제 완화로
공급 확대.
임기 내 수도권 보금자리
주택 60만가구 보급 목표.

판교·파주·김포 신도시 건설 등을 주장했다. 노무현 정부는 집권 기간 동안 총 45만 호의 주택을 추가로 공급했으나 집값은 내려가지 않았다. 개발 광풍이 전국을 휩쓸었다. 경제자유구역, 기업도시 등 지방개발 정책이 줄을 이었고 동해안개발특별법 등 15개의 개발특별법이 무더기로 등장했다. 현 집권 세력인 한나라당은 시장 원리만을 앞세운 주택공급 확대 논리를 강화해 "중대형 아파트에 대한 잠재 수요, 강남 지역에 대한 대체 수요 만족 방안을 마련해야 집값이 안정된다"는 논리를 폈다.

반면 주택 건설과 신도시 개발로 시중에 풀리는 유동자금이 또 다른 투기를 부를 가능성에 대해서는 그닥 고려하지 않았다. 한 건설업계 관계자는 "집값이 얼마나 올랐는지, 소비자가 그 가격의 집을 살 수 있는지, 궁극적으로 누가 새로 공급되는 집을 사는지에 대한 면밀한 통찰이 없다"며 "주택보급률 100%라는 허깨비 같은 목표가 달성되면 집값이 떨어질 것이라고 주장했을 뿐 투기꾼이 몇 채씩 집을 사들이고 건설업체들만 배불린다는 사실은 간과했다"고

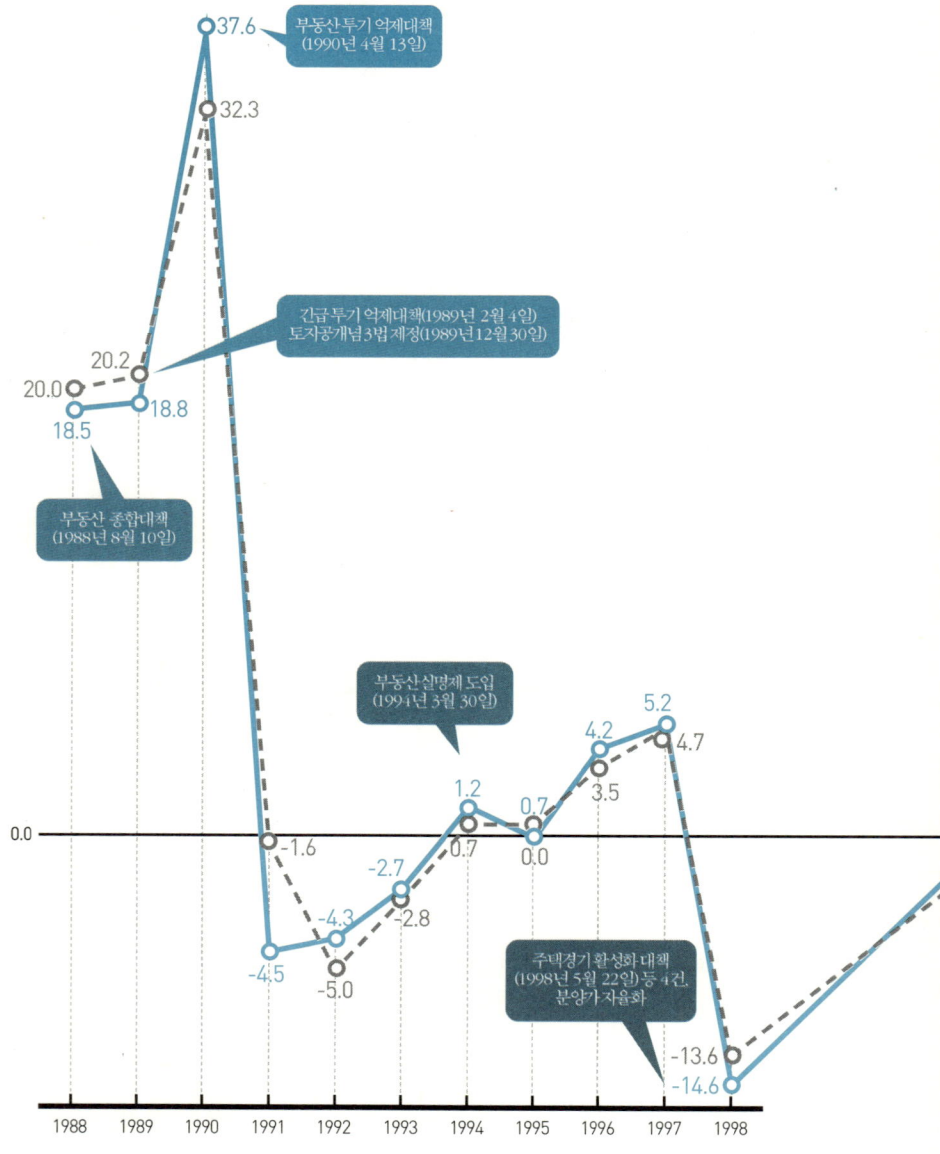

김수현 「주택정책의 원칙과 쟁점」, 국정홍보처 『대한민국 부동산 40년』

■ 서울
■ 전국

주택시장 안정대책 6건
30.8

금융규제 강화, 11·14 대책 등 2건
24.1

투기 억제 대책으로 전환, 전월세 안정화 대책 (2001년 7월 26일)
19.3

22.8

주택건설 촉진대책 (1999년 10월 7일)

10·29 대책 등 6건
10.2

14.5

12.5

9.6

9.1

13.8

임대주택 확대계획 (2007년 1월 31일) 등 2건

8.5

4.2

5.9

3.6 3.2 2.6

1.4

8·31 대책 등 3건

2.1 2.3

-0.6

-1.0

1.6

건설산업 활성화 방안 (2000년 11월 1일) 등 4건

보금자리주택 보급 발표 (2009년 5월)

1999 2000 2001 2002 2003 2004 2005 2006 2007 2008 2009년

CHAPTER 06 토건 동맹의 지배

113

말했다. 참여정부 기간 아파트 가격이 전국 34%, 서울 57%나 폭등한 사실[38]이 상징적이다.

둘째, 분양원가 공개의 문제다. 2004년 총선 당시 열린우리당은 아파트 가격 상승을 억제하는 효과를 기대하고 분양원가 공개를 공약으로 내걸었으나 허언이 되고 말았다. 노무현 대통령은 "분양원가는 개혁이 아니다"라며 "(공기업인) 주택공사도 사업자 원리에 의해 움직이는 한 원가 공개는 장사의 원리에 맞지 않는다"는 '소신'을 밝혔다. 건설업계는 "원가를 공개한다면 주택공급량이 줄어들어서 집값이 더 뛸 것"이라고 으름장을 놨고, 건교부를 비롯한 관료들은 "공개 원가의 적정성을 검증하기 어렵다"고 거들었다. 열린우리당은 "총선 공약에는 신중하게 검토한다고 했을 뿐 검토해서 부작용이 우려되면 다른 대책을 찾는 게 당연한 일"이라며 공약 파기가 아니라고 주장했다.

아파트 평당 건축비도 크게 올랐다. 노무현 정부 때인 2004년 건설교통부는 표준건축비를 25.3% 인상한 평당 288만원으로 상향 조정했고, 2007년에는 구성 내역조차 밝히지 않은 '기본형 건축비'라는 새로운 기준을 내세워 평당 430만원 선으로 다시 끌어올렸다. 표준건축비는 2010년에 들어 479만원으로 또다시 올랐다.

얼마인지 공개되지 않는 대지비까지 포함하면 정부가 말하는 '분양가 상한제'는 무력화된 것이나 다름없다. 전문가들이 아파트 건축에 평당 재료비가 100만원이면 충분하고 인건비를 합쳐도 350만원 선이면 적정하다고 보는 것과 큰 차이가 난다. 건축비 기준을 인상할 당시 건교부는 "표준건축비 현실화로 공공 임대주택과 소

▼정책 담당자들의 주택·개발 정책 어록

"도심 재건축이나 재개발 때 200%인 재건축 용적률을 300% 정도로 높여 건축업자들이 일반 분양아파트와 함께 임대주택을 지을 수 있는 유인 요소를 만들 필요가 있다." 2004년 6월 이헌재 경제부총리

"전국에 골프장을 200개 이상 늘려 국부유출 방지·경기부양 효과를 내야 한다." 2004년 7월 이헌재 경제부총리

"아파트 분양원가 공개는 개혁이 아니라고 생각한다. 장사하는 것인데 10배 남는 장사도 있고 10배 밑지는 장사도 있고, 결국 벌고 못 벌고 하는 것이 균형을 맞추는 것이지 시장을 인정한다면 원가 공개는 인정할 수 없는 것이다."
2006년 4월 노무현 전 대통령

"전국적으로 미분양 주택이 많은 상황에서 특정 지역의 가격이 올랐다고 해서 부동산 거품이 있다고 보기는 어렵다."
2006년 11월 권오규 부총리 겸 재정경제부 장관

"제한된 지역의 특정 아파트에서만 거품을 운운할 정도의 가격 상승 현상이 나타났다. 국내 부동산 시장에 거품이 광범위하게 끼어 있다고 생각지 않는다. 제한된 지역의 중대형 아파트에 가격 상승이 집중됐지만 부동산 거품이 꺼지는 현상이 크게 일어날 지역은 많지 않다." 2007년 1월 박병원 재경부 차관

"돈 있는 사람들이 더 좋은 곳으로 옮기거나 투기를 목표로 (집을) 옮기는 것은 정부가 그렇게 관여할 일이 아니다. 세금만 잘 받으면 된다."
2007년 5월 이명박 한나라당 대선 후보

"집이 필요한 곳에는 결국 물량을 많이 만들어야 한다. 필요한 곳은 규제를 해 가지고 못 짓게 하니까 사업하는 사람들이 규제 없는 쪽으로 좀 내려가서 어떻게 사업을 해 볼려고 하다 보니까 미분양이 생긴다." 2008년 3월 이명박 대통령

"우리의 경험이나 현실에서 토목, 건설공사가 가장 효과적 …… 국민들이 눈으로 볼 수 있는 그런 사업들이니 경제의 불황을 극복하는 큰 동인이 될 것"
2008년 12월 백희태 한나라당 대표

"4대강의 경우 사업 자체가 일자리 창출에 도움이 될 뿐만 아니라 마치고 나면 주변 많은 분에게 일자리를 제공하게 된다."
2010년 2월 김성조 한나라당 정책위의장

형 공공 분양주택이 늘어나 서민 주거복지가 향상될 것"이라고 주장했으나 실제로는 분양가만 올려 건설업체들의 이익을 부풀렸다.

시장주의가 지배하는 한국의 주택시장의 거품을 걷어낼 필요가 있다는 시민사회의 주장이 자리할 공간은 없었다. 집 한 채를 짓는 데 들어가는 비용이 불투명한 구조일수록, 가격은 부풀 수밖에 없고 소비자만 바가지를 쓴다는 시민사회의 호소는 철저하게 외면당했다.

셋째, 대안으로 모색되어온 후분양제 논의 역시 겉돌고 있다. 우리나라는 현재 '모델하우스'만 보고 입주 전에 돈을 내고 아파트를 구입하는 '선분양제'를 택하고 있다. 선분양제는 원래 '분양가 상한제', '주택청약저축'과 한 묶음으로 작동할 때 효과를 발휘한다. 정부가 민간 건설회사들의 주택가격을 통제하는 대신 민간의 저축에다 국고를 보태서 재원을 지원하고, 토지도 강제 수용해 싼 값으로 넘기는 방식을 동원한다. 이 제도의 핵심은 공공성을 띤 정부 지원을 강화함으로써 수요자인 국민에게 아파트를 싼 값에 공급한다는 것이다.

외환위기 직후인 1998년 김대중 정부가 건설 경기 부양을 목적으로 분양가를 자율화하면서 선분양제의 이 같은 시스템은 사실상 용도폐기 되었다. 턱없이 오른 분양가로 선분양제의 또 다른 축인 분양가 상한제가 붕괴되었기 때문이다. 부동산정보업체 '부동산114'의 자료에 따르면 1998년 당시 512만원이던 서울 지역 아파트의 평당 분양가는 8년만인 2006년 1546만원으로 세 배 이상 상승했다. 이 무렵 여야 정치권은 폭등하는 주택가격을 잡으려면 '후분양제가 도입되어야 한다는 데 공감하고 있었다. 한나라당도 2006년 '선분양제는 아파트 분양가가 폭등하는 현실에서 개선되어야 한다'며 "후분양제는 주택가격 폭등의 투기적 수단으로 활용된 분양권 전매를 근본적으로 차단할 수 있는 장점이 있다"는 입장을 밝혔다. 하지만 후분양제는 결국 유야무야되었다.

김헌동 경실련 국책사업 감시단장은 소비자가 지난 10년간 주택으로 '바가지' 쓴 규모를 다음과 같이 추정했다. "민간기업 아파트 건축의 경우 연간 시장 규모가 100조원에 이른다. 그중 적정 이윤은 10% 선인 10조원 정도가 되어야 정상이지만 지난 10년을 거치면서 토건족의 이익 비율이 약 다섯 배 이상으로 늘어났다. 이 비용은 150만~200만 명의 아파트 소비자들에게 고스란히 전가되었다."

넷째, 주택정책의 일관성 부재이다. 참여정부 국민경제비서관을 지낸 김수현 세종대 교수(도시부동산대학원)는 "주택정책은 일관성과 예측 가능성을 유지해야 한다. 나쁜 정책보다 더 나쁜 것은 일관성이 없는 정책"이라고 지적한다. 하지만 정부가 경기부양책으로 주택시장 활성화를 '스테로이드'처럼 남용하면서 부동산 경기에 의존적인 경제 체질은 되려 약화되었다. 현재 우리 경제는 선진국에 비해 건설 경기에 의존하는 비율이 2~3배 높다.

참여정부 때 국정홍보처에서 펴낸 『대한민국 부동산 40년』에서도 "부동산 시장의 신호등 기능을 해야 할 제도와 시스템들이 어떤 때는 빨간 불에 건너지 말라고 했다가 상황이 바뀌면 빨간 불에 건너고 초록불에 건너지 마라는 식"이라고 지적하고 있다. "부동산을 경기정책의 주요 수단으로 사용하다 보니 일관성 없는 정책이 당연시 되었다. 투기꾼들도 버티면 된다는 것을 경험으로 학습했고 이는 부동산 불패론의 뿌리를 이루고 있다"는 것이다.[39] 실제 2001년 5월의 경우 신축 주택에 대해 한시적으로 양도세를 면제했다가 불과 여덟 달만에 '투기자 세무조사'에 나선 사례가 있다. 노무현 정부 후반기에 도입되었던 종부세가 이명박 정부가 들어서면서 곧장 폐지된 것도 일관성을 크게 해쳤다.

정부 통계를 신뢰할 수 없다는 시장의 지적도 있다. 최근 국토부는 산은경제연구소가 '집값 버블'을 경고하는 보고서를 내자 "집값 버블은 없다"며 반박하고 나섰다. 그러나 최근 20년간 집값 상승률이 물가상승률을 하회한다는 근거로 제시된 '집값'의 근거는 전국 평균 가격으로, 집값 상승이 집중된 강남 등 서울의 현상을 '희석' 시키기 위한 편법이라는 비판을 자초했다.

아파트의 욕망, 욕망의 정치

2007년 이명박 대통령을 당선시킨 대선은 '부동산 대선'으로 불린다. 당시 이명박 후보는 서울 강남에는 '종부세' 폐지를, 강북에는 뉴타운 개발을 통한 자산 증대를 약속했다. 노무현 대통령의 재임 기간 동안 주택가격 폭등으로 주택 보유자와 비보유자 간에 격차가 커지고, 집 있는 사람 사이에도 격차가 벌어진 '욕망'의 틈새를 정확히 읽어낸 것이다. 2008년 한나라당이 승리한 '뉴타운 총선'도 그 연장선상에 있다.

우리 사회에서 '주택정책'은 늘 표심을 좌지우지하는 현안이다. 이런 독특한 현상에 대해 프랑스 지리학자인 발레리 줄레조는 저서 『아파트 공화국』에서 "한국의 권위주의 정권은 인구 증가를 관리하고 봉급생활자들이 경제발전에 헌신할 수 있도록 가격이 통제된 아파트를 대량 공급했다. 중간계급들을 대단지 아파트로 결집시키고, 이들에게 주택 소유와 자산소득 증가라는 혜택을 줌으로써 정치적 지지를 획득할 수 있었다"[40]고 분석하고 있다.

이런 맥락에서 주택개발 정책은 '어떤 사회를 만들 것인가'보다 '얼마만큼 이익을 창출할 것인가'에 집중했다. 2003년에는 「도시 및 주거환경 정비법」상 80%인 용적률을 250%까지 상향 조정했고, 2006년에는 '뉴타운특별법'인 「도시 재정비 촉진 특별법」이 시행에 들어가 재개발로 5~7배 이익을 남길 수 있는 틀이 마련되었다. 이 법에 따르면, 강남의 경우 재건축할 경우 일부 용지를 임대주택 용도로 환수하지만, 강북의 경우 오히려 국공유지를 얹어주고 용적률도 상향 조정해 준다. 여기에다 기반시설 개발까지 국가가 맡아줌으로써 재건축에 따른 이익을 한껏 부풀렸다. 역설적이게도 이 법안은 열린우리당이 다수당이던 2005년 12월 국회를 통과했으나 2008년 총선에서 괴력을 발휘한 한나라당의 '뉴타운' 공약의 모태가 되었다.

이러한 재개발은 철저히 내 집을 보유한 '중산층' 이상, 또는 그에 상응하는 소득계층의 계급 욕망에 부합하는 것이었다. '청약통장제도' 등 정부의 주택정책이 중산층에 초점을 두고 하층계급 배려에 상대적으로 소홀했던 것과 마찬가지였다. 재개발 열풍으로 집값과 땅값이 오르자 세입자들은 오른 임대료를 감당하지 못하게 되었다. 심지어 가옥주라 하더라도 영세민일 경우 억대의 분담금을 내지 못해 밀려난다. 이는 1997년 외환위기 이후 중산층의 붕괴와 저소득층 증가라는 양극화 심화에도 불구, 해소책 모색을 등한시해온 정책의 흐름과 맞닿아 있다.

저렴한 주택을 공급하겠다는 약속은 '선거공약'으로만 유용했다. 정주영 전 현대그룹 회장이 1992년 대선후보 당시 처음 주장했던 '반값 아파트', 즉 토지임대부 주택은 2006년 11월 30일 한나라당이 당론으로 채택한 바 있다. 하지만 실현된 적은 없다. 집값 폭등으로 민심을 잃은 참여정부가 2007년 1월에 2017년까지 260만 호의 장기 임대주택을 공급하겠다는 계획을 발표했지만 이 역시 정권이 바뀌면서 흐지부지되었다.

그리고 2010년 8월 현재, 서민들을 위해 국가가 공공 임대주택으로 공급했어야 하는 주택 분량은 이명박 정부 들어서면서 '소유 중심의 주택정책' 기조에 따라 '보금자리 주택'으로 판매되고 있다.

무엇이 문제인가. 김성달 경실련 시민감시국 부장은 "이명박 정부가 서민 주거 안정대책으로 내세운 '보금자리 주택'이 시세보다 싸게 공급되는 것은 사실이지만 기존 김대중 정부가 추진해 왔던 국민 임대주택 정책을 크게 축소한 것"이라고 지적한다. "주택 용지 안에 공공 주택의 비율이 당초 50%에서 35%로 축소되고, 반면 민간에 매각하는 주택이 당초 50%에서 80%로 늘어남에 따라 정부의 공공 임대주택 공급이 260만 호에서 80만 호로 줄어든다"는 것이다. 반면 건설업자들은 그린벨트 내에 집을 지어 추가 수익을 올릴 수 있는 특혜 구조라는 것이 김 부장의 설명이다.

임대주택 정책은 갈수록 멀어지고 있다. 2010년 8월 현재 정부는 한국토지주택공사(LH)의 부실을 이유로 각종 주거환경 정비사업을 축소하고 서울시가 2018년까지 13만 가구를 분양할 예정이던 장기전세주택인 시프트(SHIFT)의 공급 규모도 대폭 축소하는 동시에 기존의 보유 물량을 '매각'하는 쪽으로 가닥을 잡고 있다.

일각에서는 보금자리 주택지구 지정 과정에서 집권세력의 이익 챙기기가 이뤄졌다는 지적도 제기하고 있다. 실제로 2010년 6월 지방선거 과정에서 오세훈 서울시장 후보의 부인이 소유한 내곡동의 토지가 보금자리 지구에 포함되어 약 50억원의 보상금을 받은 것으로 드러나 논란이 되기도 했다.

투전판을 부추기는 주택제도

'집'은 작게는 개인의 사적 공간이지만 크게 보면 주택정책을 통해 자본주의 국가가 노동자인 구성원에게 갖는 가치관이 드러나는 공간이기도 하다. 전상인 서울대 교수(환경대학원)는 "주택정책은 기본적으로 체제의 안정과 재생산과 관련하여 이데올로기적 성격을 갖는다"며 "아파트 공급 위주로 전개된 우리나라의 주택정책 또한 이런 시각에서 한번 살펴볼 필요가 있다"[41]고 저서 『아파트에 미치다』를 통해 지적한 바 있다.

경제적 관점에서 볼 때 열악한 주거는 노동자의 생산성을 떨어뜨려 장기적으로는 자본주의 체제 유지에 득이 되지 않는다. 또한 정치적으로 볼 때에는 1980년대 이후처럼 중간계급이 국가 주도의 주택공급 정책에 따라 아파트를 보유하게 됨으로써 권위주의 정부에 대한 지지를 유지하게 되는 것처럼, 정치체제 유지 수단의 성격을 갖기도 한다. 그렇다면 지금 우리 주택정책은 어떤 모습을 하고 있다. 주택문화를 투전판으로 전락시킨 주택제도의 속내를 살펴보기로 하자.

표류하는 청약통장

직장인 박모 씨(30세)는 스무 살이 되던 해 부모님이 '성년식' 선물로 가입해준 청약예금을 갖고 있다. 300만원을 넣어둔 청약예금통장은 가입한 지 10년이나 된 데다 박 씨가 무주택자이기도 해 아파트 청약 시 순위가 꽤 높을 것으로 예상된다. 그러나 박 씨는 지난해 결혼 후 청약예금을 해지할까 고민 중이다. 아파트 분양가가 최소 3억원이라 맞벌이를 한대도 절반 가까이 대출을 받아야 해서다. 박 씨는 "분양가가 감당이 안 되는데 청약통장이 무슨 소용이냐 싶다"며 '차라리 통장을 깨서 전세보증금에나 보탤까 생각 중'이라고 말했다.

매달 몇 만원씩 정기적으로 붓거나 일정액을 은행에 예치해 두면 아파트 청약 시 1순위, 2순위 등의 자격을 얻을 수 있는 청약통장은 다른 나라에서 찾아보기 힘든 한국 특유의 주택제도다. 청약통장 제도는 1970년대 산업화로 수도권 인구가 급증하고 주택 부족이 심각한 사회문제로 떠오르면서 도입되었다. 당시 신규 주택 공급은 추첨이나 선착순 방식으로 이뤄졌는데 이것이 부동산 투기를 부추기고 소유의 편중을 부추기는 부작용을 낳자 정부는 1977년 청약부금 가입자에게 분양 우선권을 부여하는 등 공공주택의 공급 우선

▼연도별 청약통장 가입 누적 현황 (계좌수[좌], 2010년은 2월 말 기준, 자료: 금융결제원)

연도	계좌수
1980	1만 5820
1985	26만 4787
1990	253만 8352
1995	220만 8060
1998	139만 1289
2000	379만 1328
2005	720만 7080
2008	631만 6247
2010	1399만 1433

순위를 설정해 주택을 공급하기 시작했다. 수요자들이 주택청약 상품에 가입해 붓는 예치금은 저리로 공공 부문의 주택 재원으로 사용되었다. 이후 민영주택까지 청약제도가 확대되었고 청약부금·청약예금·청약저축 세 가지 형태가 운영되어 왔다.

오랫동안 서민들이 내 집 마련의 꿈을 차곡차곡 쌓아두는 곳간 같은 존재였던 청약통장은 2002년 이후 집값과 분양가격이 큰 폭으로 뛰면서 젊은 세대들에게는 더 이상 '곳간'이 아니다. 주택공사 등 공공 부문에서 분양하는 주택조차 외환위기 이후 '효율'과 '이윤'을 강조한 신자유주의가 정부의 정책기조로 자리잡으면서 가격이 크게 올랐다. 이러한 상황은 미국식으로 주택의 자가 소유를 촉진하는 우리나라의 주택정책상 처음 집을 장만하는 이들에게 주택 진입장벽이 높아진다는 문제를 낳는다. 부동산 포털 '닥터아파트'에 따르면 2009년 9월 서울 시내 아파트의 평균 분양가는 3.3㎡(1평) 당 1522만원. "월급은 제자리인데 집값만 오른 세상"이 된 것이다.

그럼에도 청약통장 가입자 수는 외환위기 직후를 제외하고는 거의 개년 증가세를 보였다. 2009년 5월 나이·주택소유 여부와 상관없이 누구나 가입할 수 있는 청약종합저축이 새로 출시되면서 현재 개설 계좌수는 1400만 계좌에 이른다. 한 부동산 중개업자는 "젊은 층이 직업이 안정되지 않다 보니 빚을 내서라도 주택을 마련해 집값 상승에 따른 불로소득을 노리는 경향이 생겼다"고 지적했다.

전세 제도의 두 얼굴

목돈을 보증금으로 걸고 주택을 임대하는 전세 제도는 우리나라에만 있는 주택임대차 제도다. 외국의 경우 보증금 없이 매달 임대료를 지급하는 월세(미국·일본 등) 또는 국가에서 빌려 주는 장기 임대(프랑스·싱가폴 등)가 일반적이다. 통계청(2005년)에 따르면 국내 전세 가구는 356만 가구(22%), 보증금 있는 월세 가구는 240만 가구(15%)에 이른다.[42] 전세 제도가 언제 시작되었는지는 정확치 않지만 조선시대 말에도 집주인에게 일정액을 맡기고 거주한 뒤 나갈 때 돈을 돌려받는 제도가 있었던 것으로 전해지고 있다. 이후

1960~1970년대 도시로 사람들이 몰려들면서 전세금은 집주인에게 세입자의 신원을 보증하는 역할을 했다. 『부동산 계급사회』의 저자 손낙구는 "주택 관련 금융이 발달하지 않은 가운데 전세는 목돈을 조달할 수 있는 손쉬운 방편이었고, 집값이 계속 올라 누구나 집을 사려는 상황에서 전세를 끼면 가진 돈보다 더 비싼 집을 살 수 있는 장점이 있었다"고 설명한다.

민간에 의한 주택임대제도인 '전세 제도'는 공공 부문에서 부족

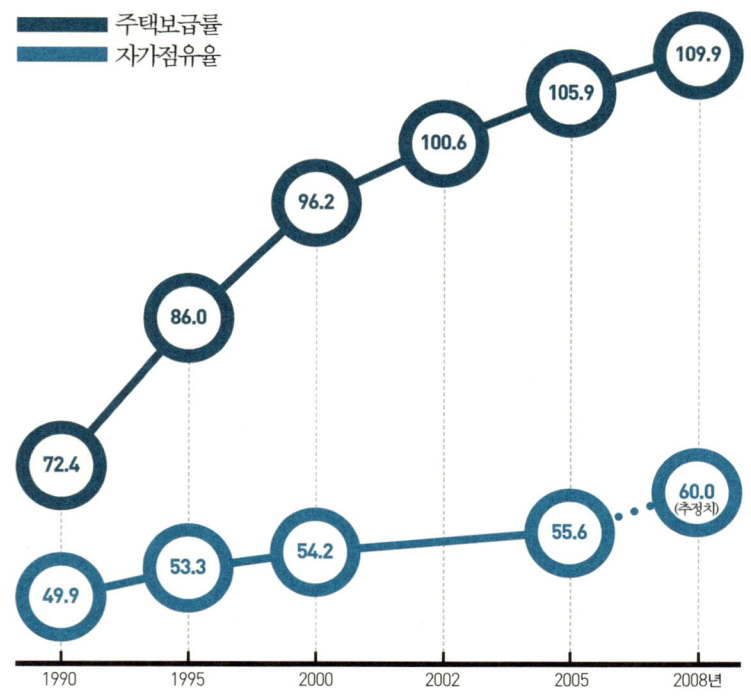

▼주택보급률·자가점유율 추이
(주택보급률 = 주택수/가구수, 자가점유율=자기 집에 사는 가구 비율, 단위: %, 자료: 국토해양부)

한 주택임대를 보완하는 기능을 해왔지만 다른 한편으로는 주택가격 상승의 한 요인으로 작용한 것이다. 은행 대출 등의 금융비용을 들이지 않고 주택을 구입하는 '레버리지 효과'[43]를 발생시키기 때문이다. 최은영은 공저 『주거 신분사회』에서 "전세금의 레버리지 역할은 양질의 주택공급 부족과 주택가격의 급상승을 수차례 경험한 사람들이 전세를 끼고 주택을 구입하는 상황으로 이어졌다"면서 "투자자의 경우 전세금을 활용해 주택 한 채 값으로 여러 채를 구입할 수 있게 되는 것이다. 이는 다주택자가 양산될 수 있는 조건으로 볼 수 있다"고 지적하고 있다.[44] 이러한 전세제도가 유지되기 위해서는 집을 구매하고도 그 집을 사용하지 않는 이들이 꾸준히 있어야 한다는 전제가 붙기 때문에 안정적인 민간 임대로 기능하기에는 한계를 갖는다.

또 거주기간이 2년밖에 보장되지 않는 민간 부문의 전세 제도는 임대차보호법이 있어도 실제 집주인과 관계에서 세입자에게 불리한 것이 사실이다. 임대료를 수천만원씩 올리거나 집을 빼달라는 요구 앞에 속수무책이다.

이처럼 전셋값 상승으로 여론이 악화되자 정부는 대안으로 공공보유주택을 국민에게 임대하는 방안을 모색했고, 서울시의 장기전세주택 시프트가 주목을 받았다. 주변 전세 시세의 80% 이하 가격으로 최대 20년까지 임대해 살 수 있도록 해 무주택 서민들의 주거를 안정시키고 임대아파트에 대한 인식을 개선하겠다는 취지다. 이에 대해 이주원 '나눔과미래' 지역사업국장은 '임대' 중심의 주택정책 전환은 평가할 만하지만 문제점이 적지 않다고 지적한다. "서울시의 계획대로 11만 호를 2018년까지 공급하려면 뉴타운 등 기존의 저렴한 주택들을 멸실하는 방식의 재개발이 가속화되어야"하고 "서울시에서 공급하는 공공 임대주택의 대부분 물량을 오세훈 시장의 공약인 '시프트' 물량으로 발표하는 바람에 도시계획 시설사업이나 도시 재개발로 철거되는 세입자들에게 공급할 공공 임대주택의 물량이 부족해졌다"는 것이다.

게다가 입지가 좋은 곳은 전세보증금이 만만치 않다. 2010년 3월 입주자 모집을 마친 은평 3지구의 경우 보증금이 1억 582만(59㎡〔18평〕형)~1억 5200만원(84㎡〔25평〕형), 상암 2지구는 1억 900만(59㎡)~2억 2400만원(114㎡〔34평〕)에 달한다. 한 주택전문가는 "결국 중산층 중심의 임대정책으로, 주택을 구입할 능력이 생기면 집을 비우고 임대가 필요한 다른 이에게 자리를 내주는 것이 합리적이지만 그렇지 못하다는 점에서 문제가 있다"며 "정부의 주택정책 예산 배분을 따져보면 자가주택, 임대주택, 저소득층 영구임대주택 순으로 중산층에게 초점이 맞춰져 있어서 형평성 문제가 제기될 수밖에 없다"고 지적했다.

그런 의미에서 정부가 야심차게 내놓은 '보금자리주택' 역시 중산층 중심의 정책이라는 비판을 면하기 어렵다. 보금자리주택은 민간 건설사 위주의 공급방식이 고분양가를 초래한다는 지적에 따라 주택공급 시장에서 공공의 역할을 강화하자는 취지로 2009년 도입되었다. 도심 인근의 그린벨트 땅을 이용해 주변 시세보다 싸게 아파트를 분양·임대함으로써 서민들의 내 집 마련 기회를 넓혀주고, 동시에 민간 건설사들의 분양가 인하를 유도하겠다는 것이다. 국토

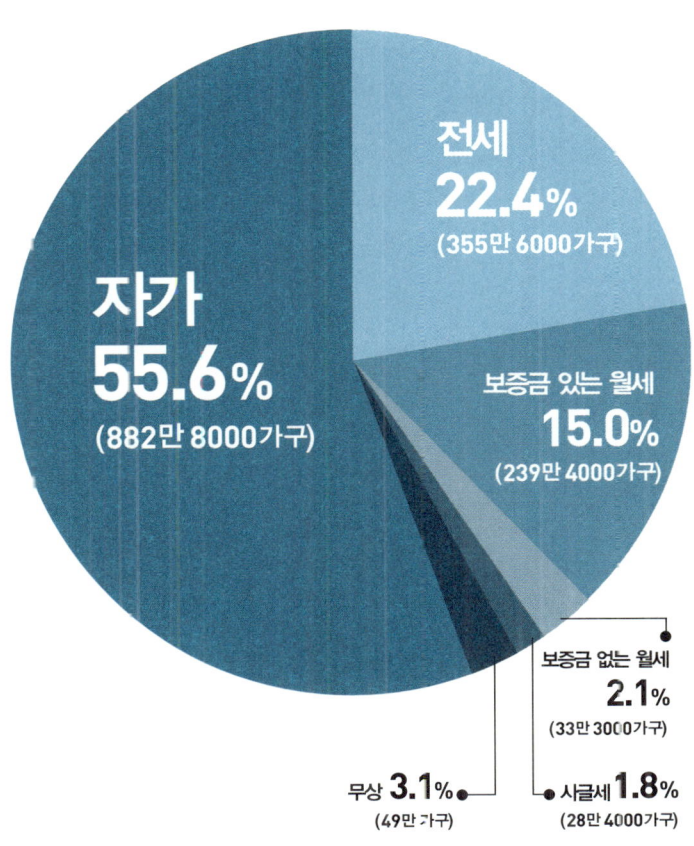

▲거주형태별 가구 현황 (자료: 통계청, 2005년 기준)

해양부와 한국토지주택공사가 사업을 주관하며 2010년 초 3차 지구까지 발표되었다.

하지만 보금자리주택 정책을 두고 "정부가 집 장사를 한다"는 비판이 나온다. 정부는 2018년까지 공급할 보금자리주택 150만 가구 중 80만 가구는 임대주택으로 짓고 나머지 70만 가구는 분양할 계획인데, 임대주택 비율이 선진국의 3분의 1도 안 되는 현실을 감안하면 150만 가구를 전부 임대주택으로 지어야 한다는 것이다. 또 주변 시세보다 15% 싸게 분양되고 있지만 시세 자체에 거품이 많다보니 서민들에겐 '그림의 떡'인 경우도 많다. 위례신도시 보금자리주택의 예상 분양가는 51㎡(15평)가 2억 6990만~2억 7600만원, 78㎡(24평)가 4억 2590만원이다.

선대인 김광수경제연구소 부소장은 "그린벨트를 풀어 최초 분양자들에게 시세 차익을 남겨주는 분양 주택정책이 정부가 할 일인지 의문"이라며 "주택공급에 있어 공공의 역할은 서민들의 전월세난 해결에 도움이 되는 장기임대주택을 대규모로 공급하는 것"이라고 말했다.

투기의 근간, 주택분양 제도

셋째, '주택분양 제도'는 집이 투기의 대상으로 자리잡게 된 구조적 계기로 꼽힌다. 한국도시연구소 서종균 책임연구원은 "1970년대 대기업들이 주택을 짓기도 전에 다 팔 수 있게 함으로써 대량 공급의 조건을 만들어준 것이 분양제도의 탄생"이라며 "일단 주택분양을 받으면 집값이 올라 목돈을 챙길 수 있어 사람들이 줄을 서게 되니 사회 전체적으로 굉장히 비합리적인 구조가 만들어지게 되었다"고 설명한다.[45]

구체적으로 어떤 방식으로 이뤄진 것일까. 아파트 분양은 공공택지 및 신도시 개발사업을 통해서 이뤄져왔다. 이 과정에서 주택계획이 발표되는 시점부터 해당 땅값이 급격하게 상승하는데, 이렇게 오른 땅값은 기존 땅 주인과 정보를 입수해 투기에 뛰어든 이들이 토지 보상을 통해 챙기게 된다. 당초 신규 분양주택은 기존 주택보다 통상 낮은 가격에 판매되었지만 그나마 1997년 외환위기를 거치면서 주택 규제가 완화된 이후에는 상황이 달라졌다. 건설업체들이 각종 명목으로 부풀린 건축비만큼 분양가가 올라 주택 소비자들이 덤터기를 쓰게 되는 상황이다.[46] 결국 집값은 오르고, 집값에 바탕한 주택임대료 역시 오르면서 무주택자들의 고통을 가중시킨다. 분양제도는 누군가에게는 경제상위계급으로 올라가는 사다리였지만, 또 다른 누군가에게는 사다리 걷어차기의 쓰디쓴 현실일 뿐이었다.

주택보급률이 100%를 넘지만 무주택자가 여전히 존재하는 우리나라의 주택 구조는 일부 이 같은 분양제도의 문제에서 기인한다. 경실련이 추정한 바에 따르면 현재 주택 보유 구조는 상위 5%가 전체 주택의 62%를 갖고 있으며, 토지의 경우 상위 1%가 52%를, 상위 5%가 82%를 갖고 있다. 이런 쏠림 현상은 부동산 보유자가 가격 상승에 따른 불로소득을 거두는 현상을 심화시켰다. 전강수 대구 가톨릭대 교수는 1981년~2003년 토지에서 발생한 불로소득을 1283조원으로 추산했는데, 토지 가격이 급등한 2002년에는 국내 총생산 684조원의 5분의 1에 달하는 수준이었다.[47]

특히 외환위기 직후 당시 경기부양책의 일환으로 부동산 금융규제를 대폭 완화, 아파트 구입시 비용의 95%까지 대출을 허용한 것이 2006년 DTI(총부채상환비율) 규제가 이뤄지기 전까지 유지되면서 부동산 투기는 전 사회적 현상이 되었다. 주택시장이 '투전판'이 되면서 시중에는 『종잣돈 700만원으로 부동산 투자 200억 만들기』, 『부동산 투자 베스트비법』 등의 책이 즐비하고, 30~40대의 모임에는 부동산 얘기가 교육 문제와 더불어 단골 주제로 자리매김했다.

이러한 현상에 대해 2000년대 중반부터 일부 전문가들은 "수년째 집값이 폭등한 상태에서 추가로 투기와 집값 상승이 이어진다면 부동산 시장의 연착륙은 불가능해질 것"이라며 "집값 폭등과 버블이 확산되어 갑자기 부동산 거품이 붕괴된다면 우리 경제 전반에 회복하기 어려운 심각한 후유증을 초래할 것"이라고 경고해 왔다. 그러나 이명박 정부에서도 4대강 개발 등 대규모 토목공사와 함께 집값 부양책이 계속되면서 정부의 '부동산 연착륙 정책' 준비를 걱정하는 목소리가 높아지고 있다.

CHAPTER 07
토 건 사 회 의 그 늘

집값 펌프질하는 언론

"언론이 객관적인 사실을 보도하지는 않고 투기 심리를 조장해 국민을 '고분양가 아파트'의 제물로 삼아야겠습니까? 한국 언론은 악마에게 영혼을 판 '메피스토펠레스'란 생각이 듭니다. 건설 재벌에 영혼을 저당 잡히고 광고를 따내기 위해 수단 방법을 가리지 않습니다. 정도의 차이만 있을 뿐 큰 틀에서는 모두 마찬가지입니다."
(선대인 김광수경제연구소 부소장)

 부동산에 대한 언론의 보도 태도가 건설사와 부동산업자의 입장에 편향되었다는 지적은 오래된 얘기다. 하지만 사실을 왜곡하고 부동산 가격 상승을 부추기는 관행은 쉽게 고쳐지지 않고 있다. 신문·방송이 사회 부조리를 감시·고발하는 기능을 하는 '언론'인 동시에 '사기업'으로서 수입의 절대량을 광고에 의존하는 이중적 구조에서 발생하는 문제다. 이는 부동산 기득권 세력의 입장만 대변하고 높은 주거비 부담으로 고통받는 서민들을 도외시할 수 있다는 점에서 언론의 정도(正道)에 대한 문제 제기로 이어진다.

부동산 시장에 대한 왜곡 보도

"서울 강남 재건축 단지의 거래 증가와 가격 상승세가 2개월째 지속되고 있다. …… 강남 개포 주공 1단지 51㎡(15평)도 12월 최고가 11억원에 육박하는 10억 9800만원을 기록해 상승세를 유지했다. 송파구 가락동 시영 1단지 41㎡(12평)도 최고가 5억 7000만원을 보여 12월 최고가 5억 5000만원보다 2000만원 상승했다."[48]

2010년 2월 17일 국토해양부가 내놓은 1월 신고분 아파트 실거래가 자료를 바탕으로 한 경제신문이 쓴 기사다. 기사만 보면 강남 지역 아파트가 재건축에 대한 기대 심리로 큰 상승세를 탄 것처럼 보인다. 하지만 국토해양부 자료에는 기사와는 다른 사실도 많다. 같은 해 1월 전국의 아파트 거래량이 전달에 비해 25% 감소하며 3개월 연속 줄었다거나, 대치동 은마아파트 등 다른 단지에선 가격이 한 달 전보다 3000만~1억원씩 떨어져 거래가 이뤄지기도 했다는 내용이다. 통계자료를 종합적으로 분석하기보다는 강남 집값 상승에만 초점을 맞춰서 부동산 시장에 대해 잘못된 인식을 심어줄 수 있는 기사다.

집값 상승의 원인으로 주로 언급하는 '공급부족론'도 부동산 보도의 대표적인 왜곡 사례다. 2009년 하반기 전국적으로 미분양 주택은 공식 집계된 것만 12만 가구가 넘었다. 신고되지 않은 것까지 합치면 이보다 두 배는 많을 것으로 업계에서는 보고 있다. 하지만 대부분의 언론은 공급이 부족해 집값이 오른다는 건설사의 말을 그대로 받아썼다.

『조선일보』는 '지난 정부 때 집 덜 지어 …… 공급 부족이 원인'이라는 제목의 기사에서 "일부 지역이지만 단기 조정 후 급반등하는 것은 주택공급 물량 감소의 영향이 크다. 노무현 정부는 집값 상승을 막기 위해 재건축 규제, 분양가 상한제, 소형평형 의무제 등 각종 규제를 가해 주택 공급이 크게 줄었다"[49]고 했다. 『문화일보』는 '주택공급 부족해 3년 뒤 집값대란 우려'라는 기사에서 '주택 공급을 늘리기 위해 분양가 상한제 등 규제 완화가 필요하다는 주장이 힘을 얻고 있다"[50]고 밝혔다.

최근에는 미분양 아파트가 늘고 건설사들의 프로젝트 파이낸싱(PF: 사업을 담보로 은행에서 돈을 빌리는 것) 우발채무에 대한 우려가 높아지자 대한건설협회 등 관련 단체들은 양도세 감면 연장 등을 요구하고 나섰다. 미분양 증가는 건설사들이 자초한 측면이 크고, 일단 돈을 빌려 아파트를 지은 뒤 상황이 나빠지면 규제를 없애달라고 요구하는 일이 반복되고 있음에도 일부 언론은 건설사들의 주장을 그대로 전달했다.

『헤럴드경제』는 '세제 혜택·금융 지원 자금 숨통 틔워야' 기사에서 "특단의 조치가 없다면 곧 구조조정의 칼바람이 엄습할 것"[51]이라며 업계 관계자들의 말을 빌어 PF사업장 자금 지원 등을 제시했다. 『서울경제신문』은 사설을 통해 "양도세 감면 조치는 극심한 어려움에 빠진 주택건설 업계의 숨통을 조금이나마 틔워주고 경기의

Not Correct

유형 1 : 잘못된 기준 적용으로 사실과 다른 결과 도출

"정부·여당이 추진 중인 부동산 세금 대책은 취득 → 보유 → 매각 등 전 단계에서 세 부담을 대폭 늘리는 쪽으로 가닥이 잡히고 있다. …… 예컨대 현재 실거래 가격이 4억원인 서울 성북구 길음동 B아파트는 올해 구입하면 취득·등록세가 1264만원이지만 내년부터는 1600만원으로 늘어난다."

(2005년 8월 23일 『조선일보』 '8·31 부동산 대책… 무차별 세금폭탄이지나' 기사 중)

유형 2 : 투기 부추기는 분양 기사

"용산 시티파크는 평당 1600만원 안팎의 비싼 분양가에도 불구하고 향후 개발 기대감에 따른 프리미엄이 붙을 것으로 예상돼 재계와 정계 인사, 연예인들은 물론 지방 유지들까지 청약 문의를 하고 있는 것으로 알려졌다. 뉴타운 지정에 이어 고속철 개통, 용산 미군기지 이전 용산 부도심 개발 등 대형 호재가 겹겹이 쌓여 있는 데다……."

(2004년 3월 1일 『한국일보』, '용산 시티파크 과열 조짐' 기사 중)

유형 3 : 특정 이해집단의 주장을 일방보도

"내년부터 기반시설 부담금이 도입되면 서울 강남은 평당 50만원 이상, 강북과 지방은 평당 20만~30만원쯤 아파트 분양가격이 오를 전망이다. 상가와 주상복합도 부담금이 건축비의 최고 160%에 달해 배 이상 분양가가 뛸 가능성이 있다. 대한건설협회가 만든 한국건설산업연구원은 3일 '기반시설 부담금 관련 법률은 과도한 국민 부담을 초래하고 분양가를 끌어올릴 것'이라고……."

(2005년 11월 4일 『조선일보』, '아파트 분양가 더 올라갈 듯 기반시설 부담금 시행 땐 강남 32평 1600만원' 기사 중)

▲언론의 잘못된 부동산 보도 사례 (자료: 한국언론재단, 『저널리즘 평론-부동산 보도』)

Correct

종부세는 실거래 가격이 아닌 기준 시가를 기준으로 부과되며, 기사에서 언급된 아파트는 기준 시가 3억 1600만원으로 종부세 대상이 아니었음.
과세 대상이 아닌 아파트를 과세 대상인 것으로 간주해 서민들 세 부담이 늘어나는 것처럼 보도함.

청약을 받기도 전부터 과열 조짐을 보이는 것을 중계하면서 분양업체가 내놓은 조건들을 그대로 전달해 투기를 부추김.

대한건설협회는 건설회사들이 만든 단체로 이 협회 산하 연구원이 발표한 자료를 반대논리 한 줄 걸치지 않고 보도함.

추가 침체를 막는 데 도움이 되었던 것으로 분석된다"[52]며 정부 대책을 촉구했다.

선대인 김광수경제연구소 부소장은 "언론은 집값 거품이 더 커지기 전에 꺼뜨려야 할 시기임에도 정부에 끊임없이 각종 주택 사업 및 은행 대출 관련 규제완화를 주장해 집값 거품을 키우는 데 일조해왔다"며 "기득권 언론들은 건설업체들을 살려야 한국경제가 산다는 식"이라고 지적했다.

부동산 문제나 개발사업에 대해 언론이 정치논리로 접근하고 있다는 비판도 있다. 김헌동 경실련 국책사업감시단장은 "언론사마다 각기 자기가 좋아하는 정치세력을 대변하는 기사를 쓰다 보니 개발 공약이나 사업에 대해서도 정치적 입장에 따라 편향적으로 다루고 있다"며 "중립적인 이야기나 대안 제시는 들으려 하지 않으며, 어떻게 푸는 것이 가장 합리적인가에 대해서도 고민하지 않는다"고 말했다.

광고주 눈치 보기

언론이 건설업체나 부동산업자의 주장에 편향된 기사를 많이 쓰는 것은 광고 수익 등의 이해관계가 얽혀 있기 때문이다. 국내 신문사의 경우 일간지의 광고 수익이 전체 매출의 80% 이상을 차지하고 있는 가운데 특히 부동산 광고 의존도가 높은 편이다.

『경향신문』이 입수한 1998~2005년 6월 전국 신문사 광고수익

자료에 따르면 『조선일보』, 『중앙일보』, 『동아일보』는 전체 광고 수익의 11~12%를 부동산 광고가 차지했다. 지방신문들은 부동산 광고 비중이 최고 47%를 넘는 등 의존도가 더욱 높았다. 또 '조·중·동'의 경우 광고 지면의 20% 이상을 부동산 광고로 채웠다.[53] 신문사로선 광고주인 건설사의 영향력을 무시할 수 없고, 이는 광고성 기사 게재로 이어지고 있는 것이다.

2009년 말 수도권 일대의 '밀어내기 분양'으로 미분양 아파트가 대거 늘어났지만 해당 건설사들이 지면 광고 물량을 집중적으로 쏟아내면서 『경향신문』을 비롯한 주요 신문에 미분양 아파트 투자를 권장하는 기사가 쏟아졌던 것이 대표적인 예다. 선분양제의 대안으로 거론되는 후분양제(집을 일정 정도 지은 후 분양하는 것)에 대해 신문사들이 환영하지 않는 것도 후분양을 할 경우 아파트를 짓는 몇 년 동안 광고 수익이 급감할 것이라는 우려와 무관치 않다.

한국언론재단 김성해 연구위원은 "삼성전자는 광고비의 90%를 해외에서 지출하는 등 소위 잘나가는 수출기업들은 한국에서 광고를 많이 하지 않는다"며 "먹고살 것이 점점 없어지는 신문사들로선 그나마 광고할 만한 내수 산업이 건설, 금융 등밖에 없다 보니 노골적으로 기사를 쓰는 것"이라고 말했다.

'부동산 갑부'인 언론사 사주들의 영향력도 빼놓을 수 없다. 『조선일보』 방상훈 사장의 서울 흑석동 단독주택은 공시 지가만 79억 5000만 원(2009년 4월 기준)으로 삼성 이건희 전 회장 자택에 이어 두 번째로 비싸다. 『미디어오늘』[54]에 따르면 방 사장 가족은 코리아나호텔, 흑석동 주택, 의정부 미군기지 내 땅, 남양주 부동산, 가평 별

▼주요 신문의 부동산 광고 수입 추이 (1998~2005년 6월, 단위: 원, 자료: 『경향신문』 입수)

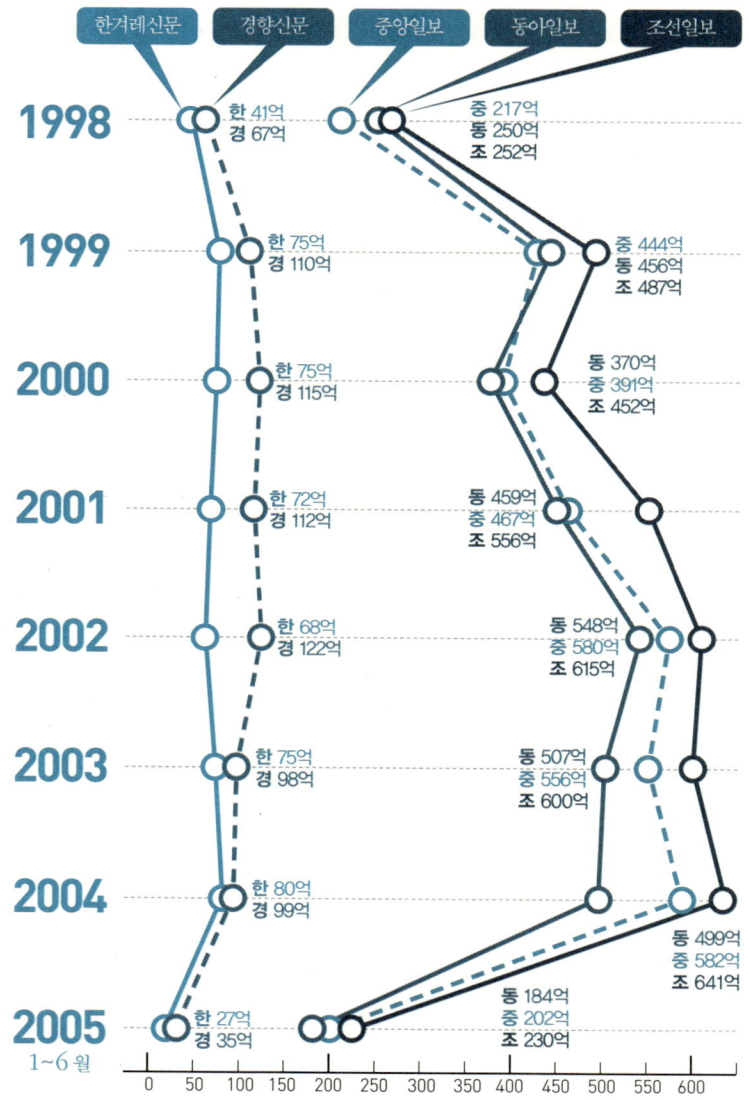

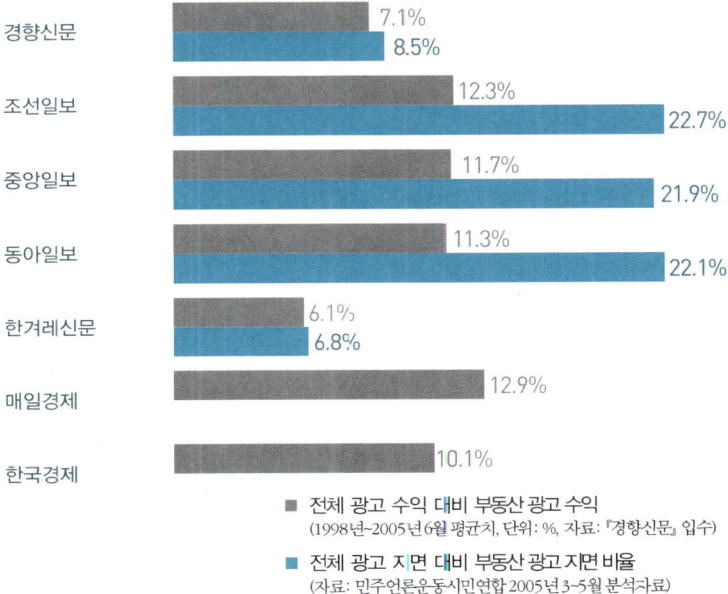

▼주요 신문의 부동산 광고 수익 및 부동산 광고 지면 비중

장 등을 증여받은 것으로 전해진다.

『중앙일보』 홍석현 회장 역시 경기도 양주, 이천, 충남 태안 등에 수십억원대의 부동산을 보유한 것을 2005년 주미대사 재임 시절 공개한 바 있다.『동아일보』김병관 전 명예회장이 사는 종로구 가회동 집도 수십억원대로 알려져 있다. 선대인 부소장은 "기득권 신문들의 종부세 비판 기사들은 고가 부동산 소유주인 구매력 있는 독자층에 영합하는 것이기도 하지만 동시에 사주의 이익에 부합하는 방향이기도 하다"고 지적했다.

건설 투전판

2010년 7월 현재 서울 시내에서 정비구역으로 지정되어 재개발이 진행 중인 구역은 73곳(면적 2773km²),**55)** 안전진단을 통과해 재건축이 진행 중인 아파트·연립주택은 25곳에 이른다.**56)** 재개발과 재건축은 노후화로 열악해진 주거환경을 개선해 주민의 삶의 질을 높이자는 취지로, 도심 재생의 주요 수단으로 활용되고 있다. 그러나 재개발·재건축이 주거복지 향상이라는 원래 목적에서 벗어나 건설사들의 개발 이익을 따먹기 위한 일감으로 변질되어 있는 것이 현실이다. 개발사업의 공적 의미는 사라진 채 건설사와 자본이 주도하는 투전판으로 전락해버린 것이다. 이로 인한 피해는 결국 고분양가를 떠안거나 다른 곳으로 쫓겨나는 서민들 몫이다.

재개발 수주 경쟁의 진흙탕 싸움

"재개발 사업에 들어갈 때 시공사가 선정되기 전에 쓰는 돈만 30억~40억원이에요. 사업 못 따면 모두 날리는 거죠. 그러면 시말서고 뭐고 없어요. 회사에서 바로 멱살 잡힙니다." 2010년 초까지 서울 강북 지역에서 재개발 영업소장을 지낸 대형 건설사 직원 이모 씨의 말이다. 그는 재개발 사업 수주를 위한 건설업체 간 경쟁을 "선거랑 똑같다"고 했다. 얘기를 더 들어보자.

"'OS(아웃소싱)요원'으로 불리는 아줌마들이 매일 아침 여덟 시에 출근해 그날의 전략을 짭니다. 전날 경쟁사의 동태, 홍보 전략을 분석해 우리는 어떻게 대응하고 홍보할지 작전을 짜는 거죠. 아줌마들은 조합원과 밀착해 시공사로 선정될 수 있도록 홍보하고 분위기를 조성합니다. 일당이 17만원 정도 됩니다. 수주를 하면 성공불도 따로 지급하구요. OS는 평소 열 명 정도 운영하다 시공사 선정 날짜가 임박하면 70여 명, 많으면 100~150명까지도 늘어나요."

재개발 수주 전에는 보통 3~4개 건설사가 입찰에 뛰어든다. 이씨는 "시공사로 뽑히기 위한 영업대상 1순위가 조합 대의원이고 그 중에서도 조합장(추진위원장), 총무, 감사, 그 동네의 '빅 마우스'가 A급 관리대상"이라고 했다. 그는 "이 사람들 자녀가 결혼한다고 하면 '원하는 대로' 도와줘야 하고, 동네에서 행사라도 하면 몇 백만원씩 찬조도 한다"며 "다만 문제가 될 수 있어 우리도 상당히 조심스럽다"고 덧붙였다.

시공사로 선정된 후 건설사들이 애초 제시한 것보다 공사비를 올

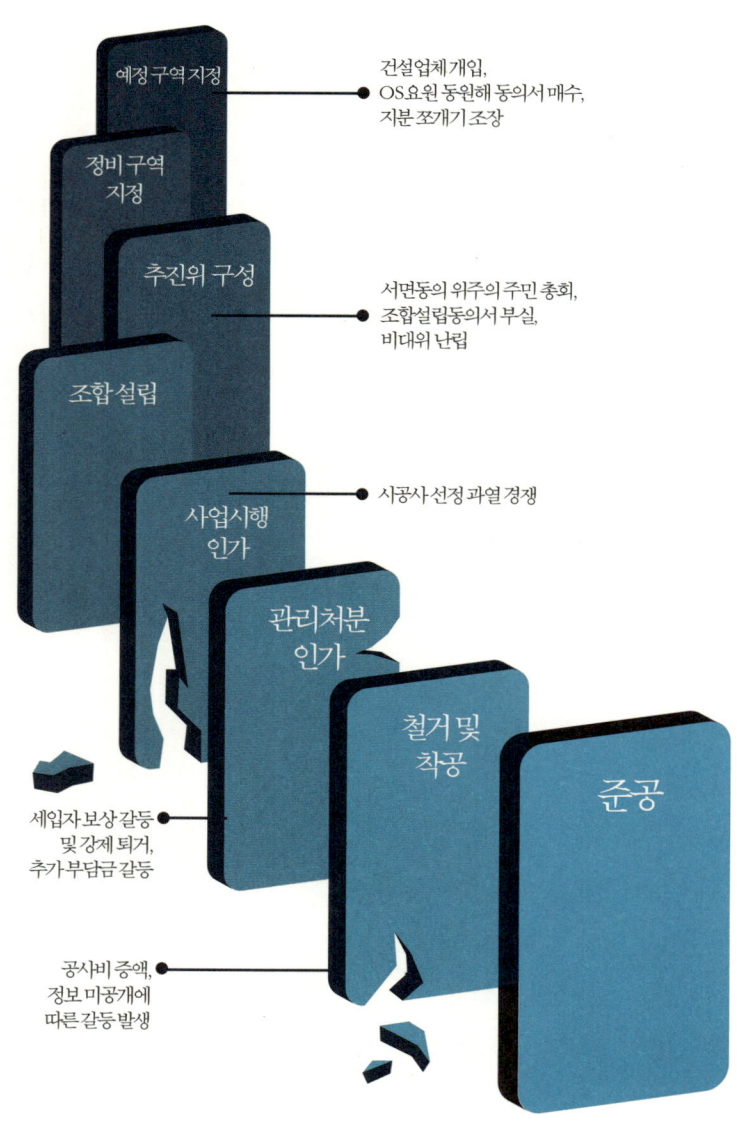

▲재개발 사업단계별 부패·갈등 취약 지점

리는 것은 수주 방식의 문제 때문이다. 이 씨는 "건설사들은 입찰 시 달랑 도면 두 장 보고 들어갑니다. 단지 배치도랑 평면도가 전부예요. 조합원들에게 수치로 자료를 제시해야 하니까 그것만 보고 비용을 뽑아 제안서를 만드는 거죠. 제안서는 100페이지가 넘는데 조합원들은 공사비 액수만 보지 내용 다 안 봐요. 실제 공사를 하려면 땅이 화강암이냐 모래냐, 마감재는 뭘로 할거냐 등에 따라 공사비가 천지차이가 되는 거죠. 또 사업심의 들어가면 소방법, 도정법 등에 따라 도면이 더 구체화되고 그 과정에서 조합원이 요구하는 게 많아집니다. 그러면 처음에 3.3㎡(1평)당 340만원이던 공사비가 440만원이 되어 있는 거죠."

늘어난 사업비는 고스란히 분양가에 반영되어 조합원과 일반 분양자들의 부담이 된다. 추후 공사비가 올라가면 다른 건설사의 로비를 받았던 조합원들이 시공사 선정을 반대하고 이 과정에서 사업이 지연되면 비용은 더 늘어나게 된다. 수주가 과열되면 공사비가 내려갈 거라고 생각하지만 실상은 정반대인 것이다.

이 씨는 건설사들의 이전투구를 인정하면서도 법·제도적 허점이 크기 때문이라고 지적했다. 그는 "서울시가 2003년 300개 이상의 재개발을 한꺼번에 추진하면서 면밀한 수요 조사나 법 정비를 안했다"며 "싸울 수 있는 테두리를 명확히 만들어놔야 하는데 그렇지 못하다 보니 다들 교도소 담벼락 걷는 심정으로 일한다"고 말했다.

건설산업전략연구소 김선덕 소장은 "처음부터 건설사가 사업을 주도하다 보니 조합이 끌려다니면서 불법 행위에 엮이는 경우가 많다"며 "재개발 시장 자체가 절차의 투명성이나 주민 권익 보호 등의 측면에서 취약하다"고 말했다.

비리의 온상, 턴키 시장

건설업계에서 비리의 온상으로 지목되는 또 다른 부문은 턴키 시장이다. 턴키는 설계와 시공을 하나의 업체가 모두 맡는 일괄 수주 방식. 공사비 300억원 이상의 대형 사업에 주로 적용된다. 가격 위주로 보는 최저가 낙찰제 등과 달리 디자인·기술 등 설계 분야를 평가해 사업자를 선정한다. 설계 심의에 참여하는 교수·연구원 등에 대해 건설사가 '상시 관리'하는 게 업계에서 관행처럼 통했다.

다음은 2009년 턴키 입찰 심의위원으로 참여하면서 건설업체로부터 1000만원 상당의 상품권을 받은 사실을 고발한 이용석 연세대 교수의 증언이다.

"몇 년 전 턴키 심의위원 후보자 풀단을 모집한다는 공문이 와서 등록을 했어요. 그 후 건설사에서 학교 동문이다, 제자다라며 찾아와 밥 먹자 하고 자기네 사업을 심사하게 되면 잘 봐달라고 부탁을 해요. 조달청에 등록된 전문가 풀단이 3000여 명이고, 심의 때마다 무작위로 뽑힌 사람들이 참여하는데 언제 누가 심의위원이 될지 모르니까 평소에 다 관리를 하는 거죠. 심의 한번 나가면 보통 5000만원, 최고 2억원까지 준다고 들었어요. 달러가 부피가 작아 100달러짜리로 5만 불 갖다 준답니다. 주로 대기업들이 하는데 어떤 곳은 교수들 관리하는 영업사원만 수백 명씩 된다고 해요. 작년 8월

금호건설 상품권 로비를 폭로했는데 이후에도 로비가 들어오더라구요. 기가 막혔죠."

이 교수는 자신의 휴대전화에 저장된 문자메시지를 기자에게 보여줬다. "평가위원에 선정되셨으면 꼭 연락주시기 바랍니다. 은혜는 잊지 않겠습니다."(10/20 4:40am ○○기업), "국군체육부대 심의 위촉되셨으면 통화버튼을 눌러 주십시오. 신뢰로 보답합니다." (12/6 6:25am △△건설). 이름만 대면 알만한 건설사들이 보낸 것으로, 저장되어 있는 것만 10여 건은 되었다. 이 교수는 이런 문자를 한 달에 평균 4~5개씩은 받는다고 한다.

"이런 문자 보내는 건 뒷거래하자는 거 아닙니까. 그런데 국민권익위에 고발했더니 감점사항이긴 하지만 감점할 순 없다고 하더군요. 경찰에서도 범죄 혐의를 인정할 만한 증거를 발견할 수 없다고 내사를 종결했어요. 그랬더니 건설사는 이를 악용해 더 하더라고요. 로비 때문에 원래 공사비보다 25% 정도 비용이 늘어난다는 게 전문가들 얘기예요. 결국 국민 부담으로 오는 거죠."

한 대형 건설업체 임원은 "심사위원들이 평가시간 두세 시간 동안 모든 회사의 제안서를 다 보지 못하기 때문에 평소 친분을 만들고 미리 얘기를 해놔야 어떤 제안서를 냈는지 알 수가 있다"며 "턴키에선 설계 점수가 왕인데 평소 고수들을 안 만날 수 있겠냐"고 말했다. 그는 "5대 건설사의 경우 보통 풀단에 들어 있는 교수의 3분의 2 정도는 관리를 한다. 때문에 대형 건설사에 유리한 게 사실"이라고 털어놨다.

대형 건설사들이 턴키 시장을 주드하다 보니 수주를 둘러싼 담합

의혹과 함께 턴키 사업이 대기업 배만 불린다는 비판도 나온다. 김헌동 경실련 국책사업 감시단장은 "상위 6개 대형 건설사가 턴키 사업의 70%, 10개사가 95% 가져가는 구조"라며 "지금까지 턴키 공사로 뿌려진 뇌물이 수조원대에 달하는 등 총체적 비리가 심각한데도 불필요하게 턴키 발주가 남발되고 있다"고 말했다.

이 같은 지적이 잇따르자 정부는 2009년 턴키 설계심사 평가단 규모를 발주기관에 따라 50~70명으로 줄이고 명단을 사전에 공개하도록 법을 고쳤다. 그러나 이는 건설사들의 로비 대상을 줄여 놓은 것일 뿐 근본적인 대책이 될 수 없다는 평가다. 이용석 교수는 "불법 행위가 드러나면 형사처벌을 하고 사업을 박탈해야 하는데 그게 안 되다 보니 건설사들이 두려워하질 않는다"며 "업계의 뿌리 깊은 관행을 뽑으려면 처벌을 강화하고 내부 제보자에 대한 보호와 포상을 철저히 해야 한다"고 말했다.

최근 국토해양부와 서울시는 재개발·재건축 사업에 대한 비리를 근절하겠다며 공공관리제도를 만들었다. 재개발·재건축 사업이 건설업체에 휘둘리고 유착이 발생하는 것을 막기 위해 정비사업의 계획 단계에서부터 사업이 끝날 때까지의 모든 과정을 구청, 토지주택공사 등 공공기관이 지원하겠다는 것이다. 서울시는 조합별 사업 추진 현황과 자금 내역 등을 인터넷에서 볼 수 있도록 정보를 공개하는 클린업시스템 홈페이지도 개설했다.

건설전략산업연구소 김선덕 소장은 "공공관리제의 취지는 좋으나 실효성이 뒷받침되어야 한다. 클린업시스템도 껍데기만 만들어 봐야 소용없다"며 "현재 사업자 위주로 되어 있는 제도를 개선하고

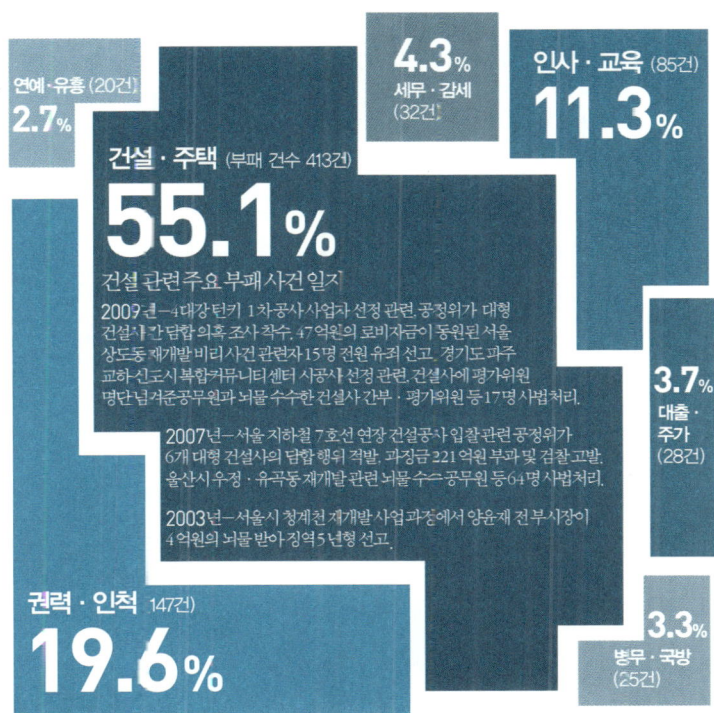

▲분야별 부패 실태 (자료: 경실련 「1993~2008년 언론보도 사건 분석」)

공무원들이 주민들 입장에서 투명하게 관리해줘야 할 것"이라고 지적했다. 경실련 남은경 도시개혁센터 부장은 "사업 타당성을 따져 꼭 해야 하는 곳이면 정부가 기반시설, 임대주택 등의 비용을 전적으로 책임지고 이익이 발생하면 공공이 환수해 다시 주민, 세입자에 투입될 수 있는 게 가장 이상적인 방식"이라고 조언했다.

마구잡이 개발에 병드는 환경

주택 난개발로 치러야 하는 비용은 거품 낀 주택가격뿐만이 아니다. 우리의 환경 역시 이익창출을 목적으로 하는 재개발이 20~30년 단위로 되풀이되면서 되돌이킬 수 없을 만치 병들고 있다. 아파트를 지으려면 콘크리트가 필요한데 콘크리트는 산을 깎고 파헤쳐 만들어진 석회석과 골재, 강과 바다에서 빨아올린 모래로 만들어진다. 아파트가 숲을 이루는 동안 산과 해안선은 되돌이킬 수 없도록 파괴되고 있다. 제대로 지은 콘크리트 건물은 100년 이상 사용이 가능하지만 우리의 경우에는 집값 상승을 노린 재개발이 마구잡이로 이뤄지면서 제 수명을 누리는 건물이 드물다. 한국건설기술연구원이 2002년 내놓은 보고서[57]에 따르면 우리나라의 천연골재 부존량과 수요량을 감안할 때 천연골재 채취가 가능한 기간은 21년, 2010년 현재 약 13년 정도밖에 되지 않는다.

자병산의 눈물

봄은 왔지만 자병산에는 봄이 오지 않았다. 2010년 4월 초 찾은 자병산에는 나무는커녕 풀 한 포기 자라지 않았고, 뿌연 흙먼지만 피어올랐다. 석회석 채굴이 시작된 지 26년. 백두대간의 한 자락이었던 자병산은 본모습을 잃고 황폐한 돌산처럼 보였다. 자병산 능선에서 석회가 흘러내리는 모습을 환경단체 회원들은 '자병산의 눈물'이라고 표현했다.

강원도 정선에서 동해로 넘어가는 첩첩산중 속 꼬불꼬불한 42번 국도를 지나는 관광객들은 왼편으로 나타나는 헐벗은 산자락에 놀란다. 녹음이 짙어지는 다른 산들과 달리 자병산은 26년째 석회석 채굴이 이뤄지고 있다. 1985년부터 2010년까지 (주)라파즈한라가 이곳에서 채굴한 석회석은 1억 4000만~1억 5000만 톤이다. 약 220ha에서 이 같은 양을 채굴하면서 원래 해발 872.5m의 자병산은 2010년 현재 760m 정도로 깎여나갔다. 시멘트 채굴이 끝날 것으로 예상되는 30여 년 후에는 50m가량 더 낮아질 전망이다.

자병산이 헐벗게 된 것은 아파트 건설에 필수적인 시멘트를 확보하기 위해서다. 1970년대와 1980년대 말 신도시 건설 등 전국적인 대규모 개발이 이뤄질 때마다 시멘트업체들은 별다른 제재 없이 석회석이 매장된 백두대간을 파 들어갔다. 백두대간 보호에 관한 법률이 제정되기 전까지 아예 제재조차 없었던 탓이다.

산림골재 채취량은 연도별 주택공급 실적에 따라 오르내렸다. 국토해양부 자료에 따르면 연도별 주택공급 실적이 58만 5382가구로

▲ 강원도 강릉시 옥계면과 정선군 임계면에 걸쳐 있는 자병산에서 특수 차량들이 석회석을 채굴하고 있다. ⓒ백두대간보존회 ▲▲ 2004년 9월 위성 촬영된 자병산의 모습. 당시 20년째 석회석을 채굴하면서 주변 산림과 달리 훌 벗은 모습이 확연히 드러나 있다. ⓒGoogle Earth™ 지도 서비스

크게 늘어났던 2003년을 기점으로 살펴보면 2002년 5835만 1000m³, 2003년 6478만 1000m³, 2004년 6365만 2000m³에 달했다.[53] 그나마 현장 확인이 가능한 자병산의 경우 환경단체와 (주)라파즈한라의 노력을 통해 석회석 채굴이 끝난 지역 중 일부를 주변 산림 수준으로 복구하고 있다.

2003년부터는 주민, 환경단체와 협의해 허가받은 부분만 채굴한다. 백두대간보존회 김경한 사무국장은 "동해시 인근에서 ㅆ업체, ㄷ업체 등이 대규모로 석회석 채굴공사를 하면서도 현장을 공개하지 않고 있다"며 "자병산과 달리 쉽게 볼 수 있는 곳도 아니어서 얼

▼연간 국내 골재 채취 현황 (단위: ㎥, 자료: 국토해양부)

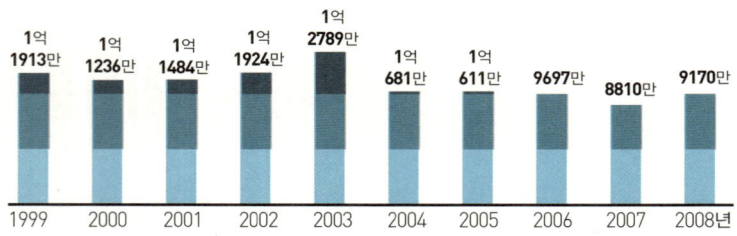

마큼 환경 파괴가 진행되었는지 알 수 없는 상황"이라고 말했다.

골재 채취로 인한 환경 파괴는 자병산과 같은 큰 산에만 국한된 것이 아니다. 작은 돌산들 역시 깎여나가고 흔적도 없이 사라진다. 콘크리트 재료로 강에서 퍼 올리던 자갈이 1980년대 들어 고갈되자 아예 산을 깎아내 돌을 부순 뒤 건설재료로 사용하기 시작했기 때문이다.

2010년 현재 경기의 양주에서는 (주)삼표산업이 1986년부터 가납리 도락산 일대 59만여㎡에 대해 채석작업을 진행하고 있다. 발파작업으로 인한 소음과 환경 훼손 등으로 인해 주민들이 공사에 반대하는 상황에서 삼표 측이 2037년까지 총 133만여㎡를 개발하는 안을 새로 추진하면서 주민들과 업체, 양주시 사이에 마찰이 벌어지고 있다.

주민들은 "도락산을 추가로 개발하는 것은 산을 그대로 들어내는 것이나 다름없다"며 강하게 반발하고 있고, 양주시도 "추가 개발은 안 된다"는 의견을 한강유역환경청에 전달한 바 있다. 김경한 사무국장은 "이름 없는 돌산 중에는 사라진 채 아무런 복원 조치가

▲ 인천광역시 옹진군 이작도 인근 해역에서 모래 채취선이 바닷모래를 퍼올리면서 바닷물을 흘려보내고 있다. ⓒ인천환경운동연합

취해지지 않고 있는 곳도 있다"며 "강원도 동해 인근의 한 돌산은 소규모 업체가 개발하다 부도가 나면서 그대로 방치되어 있는 상황"이라고 말했다.

 폐해는 바다도 예외가 아니다. 1980년대 건설 붐에 따른 무리한 채취로 강모래가 소진되자 바닷모래까지 채취하기 시작했다. 염분을 없애면 건축자재로 쓸 수 있다지만 노태우 정부 당시 지어진 분당 신도시의 경우 소금기가 빠지지 않은 모래가 사용되면서 '불량 자재' 논란이 일었다. 염분에 함유된 염소 이온이 철근을 부식시키고 철근을 두 배 가까이 부풀게 만들면서 콘크리트에 균열이 발생해 건물의 강도가 떨어지기 때문이다.

현재 서해안의 모래 채취 현장에서는 수중 생태계가 파괴되고 인근 섬 해변의 백사장이 축소되면서 주민들의 생활까지 위협하는 상황이다.

2010년 4월 어느 날, 인천의 송도 신도시 인근 해변에서는 바닷모래 채취선이 한창 모래를 뿜어내고 있었다. 그 옆에는 인천 옹진군 앞바다에서 채취한 바닷모래가 작은 동산을 이루고 있었다. 옹진군 앞바다는 강과 바다가 만나는 한강 하구의 특성과 서울로 운송하기 편리하다는 장점 때문에 바닷모래 전체 생산량의 약 60%를 쏟아내고 있다. 인근 섬 주민들과 환경단체 등의 반대운동으로 2003년 한때 작업이 중단되었으나 2006년 초부터 채취가 재개되었다.

바닷모래 채취 작업이 바다 생태계를 심각하게 파괴하는 이유는 바지선에서 파이프를 통해 모래를 빨아올리고 바닷물은 그대로 흘러내리도록 하는 방식 때문이다. 어폐류의 주요 산란처인 모래가 빨아올려지면서 어폐류의 개체 수가 급격히 감소하게 되고, 물이 빠지면서 2차 오염까지 일어나게 되는 것이다.

인천환경운동연합 조강희 사무국장은 "바닷모래 채취 이후 인근 해역의 어류가 40% 이상 감소한 것으로 조사되었다"며 "더 이상의 환경 파괴를 막기 위해 6·2 지방선거 인천 지역의 후보를 단일화해 주요 공약 중 하나로 바닷모래 채취 금지를 넣는 안을 추진하고 있다"고 말했다.

무방비로 투기되는 건축폐기물

새로 건물을 짓기 위한 각종 골재 채취가 이뤄지는 동안 한쪽에서는 철거로 인한 폐기물이 환경을 망가뜨린다.

보통 건축폐기물은 재활용이 가능하지만 우리나라에서는 매립에 의존하는 분량이 여전히 많다. 게다가 매립 방식은 단순투기 방식이 대부분이어서 수질·대기·토양 등을 오염시키고 인근 주민들에게도 피해를 끼친다.

환경부에 따르면 우리나라의 건설폐기물 연간 발생량은 1998년 1740만 톤에서 2004년 5419만 톤으로 늘어났다. 일일 발생량이 1998년 4만 7693톤에서 2004년 14만 8489톤으로 세 배가 넘게 늘어났다. 전체 폐기물 발생량의 58.6%를 차지하면서 매립지의 수명은 갈수록 줄어들고 있다. 건설폐기물 중 매립되는 양은 2005년을 기준으로 연간 123만 4600톤으로, 15톤 덤프트럭으로 환산할 때 8만 2300대 분량에 달한다.[59] 환경부는 건설폐기물의 재활용 비율이 90%를 넘는다면서도 통계 중 매립량이 임시 보관장소에서 매립지로 보내지는 분량만 계산했을 뿐, 중간처리업체에서 재활용, 소각 외에 매립지로 보내는 양은 제외하고 있다는 허점이 있음을 인정하고 있다. 실제로는 더 많은 폐기물이 땅에 묻히거나 우리의 앞바다에 투기되고 있는 실정이다.

또한 재활용의 경우에도 성토, 복토 등으로 단순 재활용될 뿐 다시 콘크리트로 재활용되거나 도로 건설 때 바닥에 까는 용도로 경제적 가치가 높게 재활용되는 경우는 전체의 14%에 그친다. 처리

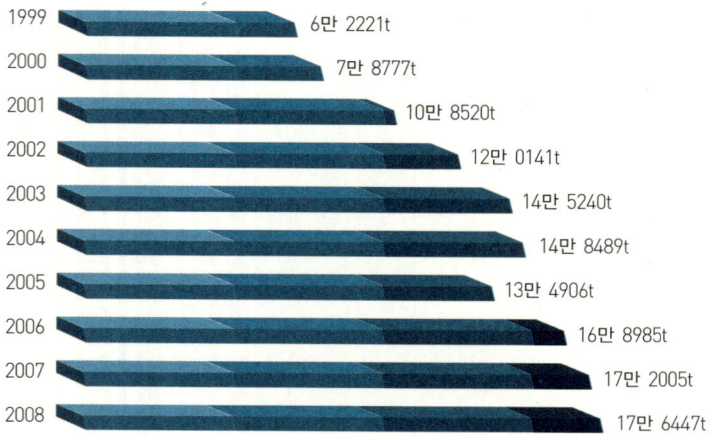

▼연간 국내 건설폐기물 현황 (자료: 국토해양부)

1999	6만 2221t
2000	7만 8777t
2001	10만 8520t
2002	12만 0141t
2003	14만 5240t
2004	14만 8489t
2005	13만 4906t
2006	16만 8985t
2007	17만 2005t
2008	17만 6447t

와 재활용 과정이 까다롭기 때문이다. 일단 대규모의 철거작업이 이뤄질 때 여러 가지 건축 폐자재들이 섞여 나오기 때문에 분류, 선별작업에서 비용이 들고, 재활용 자재를 수요로 하는 곳과의 거리, 시간상으로 맞아떨어져야 하는 문제가 있다. 이 같은 폐기물을 '비빔밥 매립'할 경우 자원 재활용 측면에서나 환경보호 측면에서 모두 문제가 된다.

또한 폐기물 처리가 단가를 최소화하기 위해 하청계약 형태로 처리되는데, 하청과 재하청 과정을 거치면서 폐기물 처리를 위한 비용의 최소화 쪽으로 무게가 실리고, 제대로 된 처리 여부에 대해서는 관리가 소홀해진다는 문제도 발생한다. 하청을 주는 과정에서 책임 소재도 점점 모호해진다고 관계자들은 말한다. 양심불량인 사업자들이 처리 비용을 최소화할 요량으로 건축폐기물을 불법 투기하다 적발되는 경우도 심심치 않게 발생한다.

일례로 서해 백령도에서는 한 건설업체가 옹진군청 공무원과 짜고 2009년까지 5년간 무단 투기를 해온 사실이 검찰 조사 결과 밝혀졌다. 이 업체는 옹진군청 담당 공무원에게 뇌물을 주고 2004년~2009년 백령면 진촌리의 한 저수지에 콘크리트, 스티로폼과 석면 등 건축폐기물을 불법적으로 매립했다. 건축폐기물이 발생하는 재개발 지역에 다른 지역의 폐기물까지 불법으로 갖다 버리는 사례도 발생한다. 2010년 2월 강원도 원주시 단구동의 한 재개발 지역에서 주택을 철거한 후 다른 곳에서 가져온 건축폐기물과 각종 산업폐기물을 다량으로 투기하다 적발된 게 일례다.

수익을 내는 것이 개발의 목표이다 보니, 이전에 건물을 지을 때 사용되었던 석면 등 위험한 재료를 처리하는 데 있어서도 소홀해지기가 쉽다. 2009년 9월 서울 성동구의 왕십리 뉴타운 철거공사 당시 인근의 한 어린이집 실내 공기에서 석면이 검출되었다. 또 민주노동당 이수정 의원실이 서울 시내 뉴타운·재개발 지역 세 곳에 대한 석면오염 실태를 조사한 결과, 상도4동 11구역의 토양 샘플에서도 백석면이 나왔다. 정작 철거업체는 이에 대한 안전조치를 제대로 하지 않은 채 작업을 진행해 석면이 공기와 토양을 오염시킨 것으로 드러나기도 했다.

Part Three
집의 정치학

아 파 트 사 회 학
주 거 와 계 급 사 회
우 리 안 의 욕 망, 강 남 특 별 시
서 울 의 재 구 성
경 기 는 지 금

CHAPTER 08
아 파 트 사 회 학

아파트 정글 사회

"정신이 도시 속에 그 모습을 나타내고 거꾸로 도시의 모습은 정신에 영향을 미친다." 도시문명비평가 멈포드(L. Mumford)는 도시의 형태와 그 안에 살아가는 사람들의 관계에 대해 이처럼 정의한다. 이 말을 아파트가 점령한 한국의 대도시에 거울로 비춰본다면, 우리의 삶은 어떤 모습일까. 함께 살아가는 공동체의 가치보다 개인의 이익이 앞서는 '정글로서의 한국사회'의 모습은 오늘날 한국 사회를 뒤덮고 있는 아파트의 형태를 통해 드러나는 것은 아닐까.

아파트가 점령한 도시

서울은 아파트의 숲이다. 2007년 현재 용도상 연면적이 가장 넓은 건축 유형이 아파트로 30.8%에 달한다.[60] 이 같은 비율은 세계적으로도 찾기 어려운 수준이다. 한국전쟁으로 대부분 건축물이 파괴된 상황에서 전통가치나 건축에 대한 고민을 할 틈도 없이 집합공간의 개념, 일종의 '수용소'로서 아파트라는 주거시설이 도입된 데 따른 것이라고 전문가들은 지적한다. 대량으로 생산되는 철, 콘크리트, 유리 등의 자재로 빠른 시일에 대량의 건축물을 지어 올리는 서구의 국제주의 양식은 1960년대 이후 한국 대도시의 인구집중에 따른 주택부족 현상을 해소하기 위한 방편으로 수입되었다.

그래서 우리의 아파트는 대부분 '성냥갑' 같은 판상형이다. 김성홍 서울시립대 교수(건축학부)는 수요자의 욕망과 민간 공급자들의 이익 창출이 극점을 이루며 만난 형태라고 말한다. "아파트의 수요자인 한국인은 집과 외부와 접한 면적이 최대화되도록 방들이 가로로 길게 배열된 횡장형을 좋아합니다. 그중에서도 일조가 좋은 남향을 선호하는데, 바깥 경치가 잘 보이는 조망권, 집까지 걸어가는 거리가 최소화되도록 주차장이 가깝기를 요구하죠. 그리고 건설사들은 좁은 면적에 최대의 층수, 최다 세대를 건축해 이익을 극대화하려 합니다. 양측의 욕망을 채우려면 한국에서는 사실상 '아파트' 이외의 주거형식이 설 자리가 없다고 볼 수 있습니다."

서울의 인구밀도는 도쿄에 이은 세계 2위이고[61], 인구 숫자만으로 볼 때 2009년 현재 약 1000만 명[62]으로 세계에서 가장 큰 도시 중 하나이지만 사람들이 선호하는 것은 '내 소유의 큰 집'이다. 중산층 이상에게 집이 사회적 지위를 대외적으로 표시하기 위한 유용한 수단으로 통용되기 때문에 이 같은 현상은 더욱 심화되었다. 그래서 고층의 아파트들은 '내부 공간'이 극대화되는 중대형 평형 위주로 지어진다.

 하지만 사람과 사람, 건물과 건물이 유기적인 흐름을 형성하는 도시 맥락으로 볼 때 한국의 아파트 단지는 '섬'과도 같다. 주변 건물, 도로나 보행자 동선 등 사람이 함께 살아가는 장소로서 배려가 이뤄지기 전에 최대 용적률과 건폐율의 '이익'과 '효율성'만이 공간을 지배한다. 아파트가 들어선 지역은 주변의 행인이 선뜻 발 딛기 꺼려지는 녹지로 둘러싸이면서 도리어 주변과의 차별화가 시도되고, 해당 지역은 거주민들만의 공간으로 독점되는 현상이 발생한다. 주택단지를 관통하는 도로는 외부에 개방되지 않으면서 도시의 유기적인 길의 흐름은 끊긴다. 이에 따라 도시에 아파트가 늘어날수록 그들만의 집단화는 심화된다. 또 단지가 커질수록 도시의 공공 공간은 점점 좁아지는 현상이 벌어진다.

 최근 강남 등지에 조성된 30층 이상의 초고층 아파트 단지의 경우가 그 예다. 강남의 '브랜드' 아파트인 ㅈ아파트 단지 안에는 아기자기한 길과 공원, 분수대와 카약장이 있는 놀이터, 잔디가 깔린 축구장 등 공공 공간이 형성되어 있지만 막상 거주민들은 "외부인이 자주 들락거려 꺼림칙하다"는 불편한 반응을 보인다. 독일 베를린 등 서구의 아파트의 경우 건물이 블록을 형성하면서 거리와 바로 인접하고, 건물의 저층부에 카페와 상점 등이 차지하면서 자연스럽게 도시의 일부를 구성하는 것과는 사뭇 다른 모습이다.

 이처럼 우리의 대도시에는 사람이 소통하는 공원과 광장 등의 공공 공간이 절대적으로 부족하다. 이를 해소하기 위해 시민들은 돈을 주고 사유화된 공간 서비스를 소비하게 된다. 찜질방, 노래방,

카페 등의 각종 '방'의 문화가 한국에서 성행하는 것은 이런 맥락이다. 밀도 높은 도시 생활에서 사람들이 자연스럽게 모이고 소통할 수 있는 공간이 절대적으로 부족하기 때문에 원래는 정부 등 공공 영역에서 했어야 하는 그 공급을 민간이 유료로 제공하고 민간이 자신의 비용을 내고 이용하는 것이다.

전진삼 건축평론가는 "공공 공간이 부족한 도시일수록 더 좁고 갑갑하게 느껴져서 개인이 더 넓은 사적 공간, 더 넓은 집을 욕망하도록 만든다"며 "서구의 경우 공공 공간이 충분하기 때문에 집이 다소 좁다 하더라도 공원과 광장, 박물관 등 집 밖에 너른 공간을 통해 충분히 해소할 수 있다는 점에서 차이가 난다"고 말한다.

또한 공공 공간을 가꿔나갈 재원인 세수는 지방자치에 따라 각 도시, 구별로도 차이를 나타내면서 도시의 균형적인 발전을 저해한다. 서울의 경우 자치구 가운데 강남구와 다른 구는 최고 여섯 배 가까운 재산세 수입의 격차를 보인다. '좋은 동네→부동산 가격 상승→세수입 증가→재투자→좋은 동네'의 선순환 또는 악순환이 반복될 가능성이 높다.

아파트 선민주의

한국에서 '아파트에 산다'는 것은 '기호의 소비'에 해당한다. 건축가 정기용은 저서 『사람 건축 도시』를 통해 "도대체 어느 나라 사람들이 어디 사냐고 물으면 '나는 현대에 살고, 너는 삼성에 살며,

▼**서울시 건축 연면적 비율**(단위: %, 자료: 서울시정개발연구원)

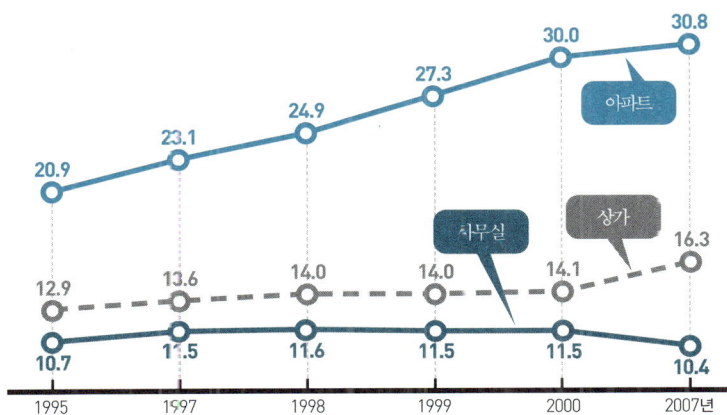

▼**세계 도시 인구 집중도**(단위: %, 자료: 국토해양부, 2003년)

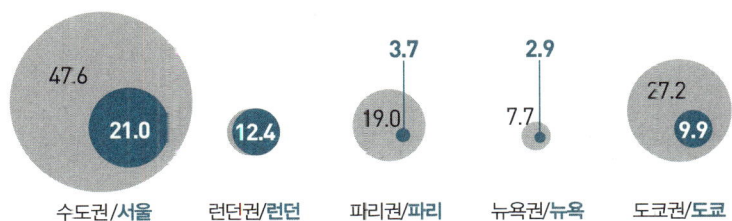

▼**국내 건축물 용도별 분포 현황**(단위: %, 자료: 국토해양부, 2008년)

그 친구는 대우에 살고, 저 친구는 우성에 산다'고 말할 수 있단 말인가. 동네가 아니라 대기업체의 이름 속에 당당하게 살기 시작하면서 우리는 각자의 삶을 살기보다는 (집이라는) 상품을 소비한다고 말할 수밖에 없다고 생각한다"[63]고 지적한다. 전진삼 건축평론가는 이것을 '선민주의'(選民主義)로 요약한다. "건설회사가 아파트에 거주함으로써 '새로운 계층'으로 구분하도록 수요자를 유인"하면서 '이 집에 살면 특별하다'는 가치를 부여했다는 설명이다.

이러한 아파트의 '계급지표화'에 따라 건물 외형 또한 '차별적인 신분을 과시하고자 하는 욕망'을 그대로 반영한다. 건물들은 주변의 경관과 조화를 이루지 않는 권위적인 형태를 취한다. 일례로 서울 강남고속터미널에서 경부고속도로로 빠져나가는 길에는 고층 아파트 군단이 일렬로 늘어선 위압적인 풍광이 펼쳐진다. 고개를 45도 각도로 들어도 하늘이 보이지 않는다. 강남구 도곡동의 주상복합 아파트 타워팰리스 단지는 최고 높이 264m, 73층의 높이로 주변의 건물을 압도하며 양재천을 점령한 듯한 풍경을 연출한다. '랜드마크'로 자리매김을 노렸다뿐 조경에서 주변과 조화는 부차적인 고려 대상으로 밀려났다.

유리로 외장 마감을 하는 '커튼월'은 '시각의 권력'을 상징한다. 김성홍 교수는 "조망은 권력이며 돈이다. 창이 투명해지고 커질수록 내부와 외부를 가르는 공간의 장벽은 높아진다"며 "타워팰리스의 거실은 거리의 일상을 초월할 수 있기 때문에 얼마든지 투명해질 수 있다. 안에서는 밖을 볼 수 있지만 밖에서는 안을 볼 수 없으며 건물로 진입은 철저히 통제된다는 점에 있어서 '유리'는 욕망할 수는 있으나 소유할 수 없는 대상으로 투명함의 역설을 갖는다"⁶⁴⁾고 지적한다.

아파트 단지 자체가 군사문화를 연상시킨다는 지적도 있다. 규칙적 간격으로 늘어선 건물들, 위병소처럼 내부 출입을 통제하는 입구는 폐쇄적인 공간의 심상을 떠오르게 하기 때문이다. 게다가 야간에는 이들 아파트를 지은 대기업의 '브랜드'를 과시하는 조명을 밝히며 주변 지역과 차별화가 시도된다. 도시민들은 이런 간판을 보기 싫어도 반강제로 봐야 하는 신세다. 건축 공공성의 기본이라는 건물의 외관은 상업주의에 점령당한 지 오래다.

'승자독식'이란 우리 사회의 정글의 규칙은 자연경관을 독점한 집들의 모습에서도 반복된다. 정기용은 "인위적인 도시환경 속에서 자연경관을 선호하는 것은 그야말로 너무나 자연스러운 것"이라며 "어떤 환경 조형물보다 시민들에게 중요한 조망의 대상은 자연"이라고 정의한다.⁶⁵⁾ 하지만 주택개발 과정에서 우리는 이런 원칙을 잃어버렸다. 경관은 모두의 것이 아니라 가진 자의 독점대상이 된다. 풍경의 공공성은 실종된 지 오래다.

한강변에는 아파트들이 일렬로 늘어서 병풍을 쳤고, 능선이 수려한 수도권의 산자락은 흉물스러운 대단위 아파트 단지에 점령되었다. 김철수 계명대 교수(건축학)는 『도시공간의 이해』를 통해 "고층 아파트의 등장으로 도시 주변 녹지로의 시야가 차단되어 자연적 요소로 이루어진 스카이라인이 침해를 받는다. 특히 구릉지가 많은 우리나라에서 도시 외곽 구릉지토의 시야 차단은 도시의 스카이라인은 물론 도시 전체 경관의 질을 저하시킨다"⁶⁶⁾고 지적한 바 있다.

아파트에 대한 시선

오늘날 '집'의 형태만큼 현대 한국사회상을 드러내는 중요한 열쇠가 있을까. 아파트가 1970년대 고급 주거형태로 자리잡으면서 크게 달라진 한국의 시대상은 문학과 영화에도 뚜렷하게 반영되어 있다. 주택공급과 주거환경 개선 명목으로 진행된 개발의 이면에서 서민들은 도시 빈민으로 전락하고 삶터를 잃어간 반면, 산업성장의 수혜를 입은 중산층은 '아파트'라는 주거형태를 적극적으로 수용하기 시작했다.

아파트를 동경하다

1950년대 말~1960년대 초 서울에 처음 등장한 아파트는 충격의 대상이었다. 작가 조정래는 작품 『비탈진 음지』를 통해 "머리 위에서 불을 때고 그 머리 위에서 또 불을 때고, 오줌똥을 싸고, 그 아래에서 밥을 먹고, 그러면서 자식을 키우고 또 자식을 낳고, 사람이 사람 위에 포개지고 그 위에 얹혀서 살림을 하고……"[67]라고 묘사했다. 당시만 해도 아파트는 고급 주거형태가 아니었다. 1958년 종암아파트를 시작으로 1962년 마포아파트, 1968년 여의도시범아파트 등이 도입되었지만 아파트는 전통문화를 잠식하는 서구의 이질적 문화이자 동경의 대상인 양가감정적 존재였다. 유현목 감독의 1961년작 〈오발탄〉과 신상옥 감독의 1963년작 〈로맨스 그레이〉에서 아파트는 술집 여급, 정부(情婦) 등 부유하고 탈도덕적인 이들의 밀회 장소로 그려졌다. 박철수 서울시립대 교수(건축학과)는 저서 『아파트의 문화사』에서 "1960년대만 하더라도 대중이 선망하는 집은 '아파트'가 아니라 너른 마당이 있는 단독주택 형태"였다면서 "정부에서 주택난을 해결하기 위해 좁은 땅 위에 층층이 올려지은 '아파트'는 질 낮은 주택으로 분류되었다"[68]고 지적했다.

이런 인식은 1974년 반포아파트 분양을 기점으로 크게 달라졌다. 1970년에 시민아파트인 '와우아파트'가 준공 4개월 만에 날림공사로 붕괴되는 참변이 발생하자 정부가 중산층의 고급 주거형태로 아파트 건축계획 방향을 선회한 것이다. 1970년대 말에는 '아파트-중산층'의 공식이 정착되기 시작했다. '길을 가다가 문득 그 무렵에 막 나온 국산 승용차를 볼 때, 그리고 새로 지은 반듯한 아파트를 볼 때, 그래, 같이 서울 어딘가에 살고 있어도 승호 오빠는 저런 차를 타고 저런 집에서 살 거라고 생각했다.'(이순원, 『스물셋 그리고 마흔여섯』에서)[69]

당초 여덟 평짜리 시민아파트 형태로 저소득층을 대상으로 했던 주거형식인 아파트가 민간 공급 고층아파트인 압구정 현대아파트에 이르러서는 70평짜리를 선보이기에 이른 것이다. 아파트에 주거한다는 것이 곧 사회계급의 상승을 상징하기에 이른다. 하지만 그런 계급의식은 진짜 아파트가 지어지기 전에 '샘플'로 등장했다가 덧없이 사라지는 '모델하우스'를 닮은 것인지도 모른다. 모델하우스에서 여주인공이 고급 부엌 인테리어와 '사모님'이라고 부르는 호칭에 들떠 집을 계약하는 서하진의 소설「모델하우스」는 신분 상승의 욕망을 그려내고 있다.

쫓겨나는 서민의 삶

하지만 아파트가 중산층의 필수품으로 등극하는 그 이면에는 쫓겨나는 서민의 삶이 있었다. 1971년 정부의 이주계획에 의해 광주대단지로 강제 이주된 도시 빈민들이 경찰과 충돌하고 도시를 점거한 '광주대단지 사건'은 윤흥길의 소설 『아홉 켤레의 구두로 남은 사내』에서 그려진다. 경기도 광주대단지에 집을 마련하려던 이가 협잡으로 땅을 빼앗긴 철거민과 자신의 처지가 다르지 않음을 깨닫는다. "난생 처음 이십 평짜리 땅덩어리가 내 소유로 떨어진 겁니다. …… 그 이십 평이 너무도 대견해서 …… 나 이상으로 불행한 어느 철거민의 소유였어야 할 그것이 협잡으로 나한테 굴러떨어진 줄을 전혀 잊고 지낼 정도였습니다."[70]

2008년 서울의 총선 판도를 흔들었던 뉴타운 공약은 조세희의 『난장이가 쏘아올린 작은 공』에서 '원형'을 찾을 수 있다. "아버지에게 허리를 굽혀 인사한 사람은 개천에 다리를 놓고, 도로를 포장하고 우리 동네 건물을 양성화시켜주겠다고 말했다. …… 그들은 거짓말쟁이였다. 그들은 엉뚱하게도 계획을 내세웠다. …… 그러나 우리에게 필요한 것은 계획이 아니었다. …… 달라진 것은 없었다."[71]

1980년대는 서울에서 대규모 재개발이 진행되면서 아파트 숲이 형성된 시기다. 신군부가 도시의 주택난 해결을 목표로 주택을 민간의 힘을 빌려 대량 공급하기 시작했고, 과천·분당·일산·평촌 등의 신도시가 개발되면서 아파트라는 주거 형식이 일반화되었다. 이창동의 소설 『녹천에는 똥이 없다』의 주인공인 소시민은 '이른바 상계등 신시가지라 이름 붙은 대규모 아파트 단지의 한쪽 끝', "15층이나 되는 고층 아파트 맨 아래층 귀퉁이"에 집을 얻는다. "집값이야 어찌되었든 중요한 것은 그의 집이 아내의 말마따나 진짜 우리 집이라는 사실"에 안도한다.[72] 세입자 생활을 청산할 수 있다는 것만으로도 다행스럽기 때문이다.

이 와중에 정부가 1988년 올림픽과 택지개발을 빙자해 서민, 빈민들의 터전을 무자비하게 파괴한 흔적은 지워져 갔다. "9월에 1분도 안 되는 성화 봉송을 위해, 1월부터 40세대 200여 명이 떨어야 한다." 올림픽 성화 봉송로를 단장하려 상계동 판자촌이 철거되는 모습을 그린 다큐멘터리 〈상계동 올림픽〉에 나오는 한 마디다.

아파트에 대한 회의

1990~2000년대에 들어서면서는 아파트 주거문화에 대한 회의적인 시선들이 등장한다. 도시에서 익명성을 보장하는 편리한 주거형태가 그만큼 인간의 소외를 심화시켰기 때문이다. 아파트는 이기적인 주민들이 사는 획일적이고 비정상적인 공간으로 그려지기도 했다. "벌써 두 사람째나 살기가 싫어서 스스로 목숨을 끊었습니다. …… 이런 일이 자꾸 일어나 소문이 퍼져 보십시오, 사람들은 궁전 아파트 사람들의 행복이 가짜일 거라고 의심할지도 모릅니다. …… 궁전 아파트 사람들이 이제껏 행복했던 것은 다른 사람들이 그렇게 알아줬기 때문이니까요."(박완서, 「옥상의 민들레꽃」에서)[73]

아파트가 늘어나면서 아파트 간에도 '계급'이 갈렸다. 특히 중산층 속의 저소득층 집단인 임대아파트 주민은 기피대상이었다. 김윤영은 「철가방 추격작전」에서 "강남의 음지로 불리는 수서의 임대아파트단지는 …… 인근 주민들의 눈엣가시였다"고 묘사한다. "집값 떨어진다고 하는 정도는 불평 축에도 못 끼었다. 임대아파트 애들이랑은 놀지 말라며 문둥병자 취급하는 부모들 중에 박사며 교수며 의사가 있었다."[74]

재건축을 앞두고 있던 미금아파트에서 촬영한 윤종찬 감독의 영화 〈소름〉은 사람이 살지 않는 아파트는 더 이상 '집'이 아니라 폐허일 뿐임을 보여준다. 2009년 개봉한 〈파주〉(박찬옥 감독)는 서울의 투기자본이 벌이는 재개발로 인해 원주민의 삶이 파괴되는 현장을 그렸다. 철거민들과 철거용역들이 물리적 충돌을 일으키는 장면은

2009년 1월의 '용산 참사'를 연상시킨다는 평가를 받았다.

광고 속 아파트는 언제나 궁전

어쩌면 한국인들이 '집'을 투자재 또는 계급지표로 인식하게 된 요인 중 하나는 지난 10여 년간 아파트 광고였는지도 모른다. 더 큰 집, 궁전이나 호텔 같은 집의 이미지가 대형 건설사들의 광고를 통해 지속적으로 유포되면서 우리 사회의 집에 대한 욕망을 키우는 데 일조한 측면이 있다.

그 예로 탤런트 이영애가 출연한 아파트의 광고를 보자. 햇살이 들어오는 스파에 앉아 붉은 꽃잎을 흩뿌린다. 공연장에서는 발레단의 공연을 감상한다. 쇼핑 애비뉴에서 쇼핑을 마친 뒤 가벼운 발걸음으로 나선다. 집주인은 행복하고 여유롭다.

하지만 이러한 광고는 현실과는 동떨어져 있다. 집 때문에 대출 이자에 허덕이고, 결혼과 출산을 미루고, 빡빡한 직장생활을 감내하는 서민들의 삶과는 거리가 먼 풍경이다. 위 광고에 등장하는 아파트 가격은 가장 작은 163m²(49평)형이 2010년 초 현재 12억~15억 원대에 거래되고 있다.

"광고 문구들을 보자. 자기네 40층 아파트가 들어오면 온 도시가 푸른 녹지로 변한다고 생떼를 쓰는 회사도 있다. 가우디가 지은 성당 이름과 똑같이 지어놓고 자기네 아파트가 가우디의 명품과 같다는 회사도 있다. …… 나는 우울할 때면 아파트 광고를 본다. 또 어떤 기상천외한 생떼가 등장할까 기대되기만 한다. 하지만 이건 정말로 서글프고 분노해야 할 삐뚤어진 현실이다. 좋게 말하면 코미디요, 나쁘게 말하면 사기다."[75]

아파트 광고에는 톱스타들이 등장한다. 장동건·김태희 등이 아파트 광고모델로 활동 중이며 중견 건설사들도 유명 연예인을 내세운 광고 경쟁을 벌이고 있다. 건설업계에 따르면 톱스타들의 모델료는 연간 5억~10억원에 이른다. 고액의 모델료는 분양가 상승으로 이어진다. 2008년 경실련의 이 같은 문제제기에 대해 배우 송혜교는 "향후 아파트 광고에 출연하지 않겠다"고 밝혀 화제가 되기도 했다.

1990년대 말부터는 브랜드 경쟁이 치열하다. 외환위기 후 주택경기가 침체되고 분양가 자율화로 완전경쟁 체제가 만들어지자 건설사들이 자사의 '상품'을 차별화하고 소비자들의 눈길을 붙잡기 위해 브랜드 마케팅을 시작했다.

'하이페리온', '타워팰리스' 등 초고층 주상복합아파트에서 도입되기 시작한 브랜드는 2000년대 들어 아파트에 본격 사용되었다. 2000년 첫 선을 보인 삼성 '래미안'을 비롯해 대림 'e편한세상', 현대 '힐스테이트', 남광 '하우스토리', 우미 '린', 토지주택공사 '휴먼시아' 등 대형 건설사뿐만 아니라 중견업체와 공기업까지도 브랜드를 붙였다.

아파트 브랜드는 가격에도 영향을 미치고 있다. 주택산업연구원에 따르면 아파트 브랜드에 따른 가격 차이가 3.3㎡(1평)당 최소 100만원(관악구)에서 최고 800만원(강남구)까지 벌어졌다.[76] LG경제연구원은 아파트를 구매하는 기준으로 교통(18.3%)과 투자가치(11.1%)를 제치고 브랜드(25.6%)가 가장 많이 꼽혔다는 자료를 내놓기도 했다.[77] 주택산업연구원 김덕려 연구위원은 "아파트에 브랜드가 붙여지면서 분양가가 올라갔지만, 소비자들이 추후 브랜드 프리미엄을 기대하다 보니 높은 가격을 감수하고 선호하는 경향이 있다"고 지적했다.

CHAPTER 09
주 거 와 계 급 사 회

현대판 호패

우리 사회에서 "어디 사세요?"라는 질문은 대학 배치표에서 '어느 대학', '어느 과'를 가늠하듯, 우리의 사회경제적 지위를 함축하는 질문이다. 거주 공간과 형태가 '계급지표'로 자리를 잡고 있다. 어느 지역, 어떤 도시의 어떤 형태의 주택에서 자가 또는 임대로 사는지 여부가 삶의 질을 가르고 바꿔놓는다. 사실 공간의 양극화는 한국 사회의 계급적인 불평등이 드러나는 현상으로 볼 수 있다. 공간은 서울과 지방과의 차이로, 그리고 서울 안에서 사는 동네가 갈리면서 다시 한번 구체화된다.

돈으로 얻는 간판

'집'은 말하자면 돈으로 얻을 수 있는 사회적인 간판인 셈이다.

예로 학원강사 한모 씨(27세)는 서울 강남의 원룸에서 보증금 1000만원에 매달 100만원씩 월세를 지불하며 살고 있다. 한 달 소득의 절반을 집세로 낸다. 그래도 '강남 여자'라는 정체성을 얻기 위해 지불하는 비용인 만큼 아깝다는 생각은 들지 않는다. 명문대 음대에 재학하던 당시 그는 부잣집 친구들 속에서 기죽은 적이 많았다. 양천구 신월동의 단독주택에 살면서도 그는 "친구가 집까지 데려다줄 때는 목동 아파트 단지를 가리키며 여기가 우리 집이라고 둘러대곤 했다"고 말한다.

달동네 인상을 줄 수 있다며 관악구가 2008년 신림4동을 신사동, 신림6·10동을 삼성동으로 변경한 일이나, 양천구 신월·신정동을 '신목동'으로 바꾸려다 기존 목동 주민들의 반발로 무산된 일 등은 이미 '사는 동네'가 계급지표가 되었음을 반영한다.

아파트인지 주택인지, 몇 평짜리인지도 '현대판 호패'로 기능한다. 문화체육관광부가 조사한 「2008년 한국인의 의식, 가치관 조사」에서도 "집의 크기나 형태가 사회적 지위를 상징한다는 말에 얼마나 공감하는가?"라는 질문에 "그렇다"라는 응답은 74.6%에 달했다. 2001년 69.4%에서 더 늘어난 것이다.

왜일까. 익히 알려져 있듯 서울의 집값은 뉴욕, 도쿄 수준에 맞먹는 세계적인 고가다. 임대료는 소득 대비 세계 최고 수준이다. 집은 곧 자신의 '벌이', 경제력을 증명한다. 부동산 가격 상승은 재산 증가인 동시에 은행에서 담보로 빌릴 수 있는 돈이 많다는 뜻이기도 하다. 또 비싼 주택이 많은 지자체일수록 세수가 많아 쾌적한 환경 조성이 가능해지고, 교육 예산도 많이 배정해 '좋은 동네'로 매김

▼커지는 소득 격차 (5분위별 월 소득, 단위: 원, 자료: 통계청, 2인 이상 가구)

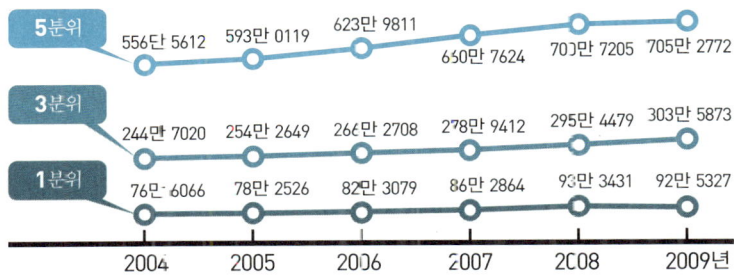

소득이 높아질수록
부동산을 재산증식 수단으로
선호하는 경향이 커진다
(자료: 통계청)

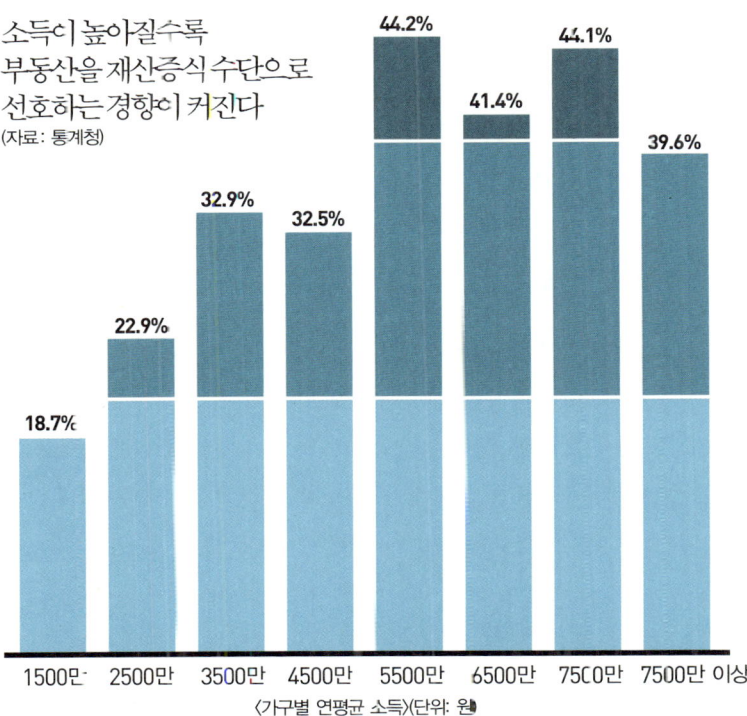

할 수 있다.

 물론 자본주의 사회에서 소득의 차이에 따른 주거 차이는 일정 수준 불가피하다. 그러나 학계는 여타 선진국가가 '주택계층'에 관한 연구를 통해 주거가 사회에 미칠 영향을 감안해온 반면, 한국처럼 '소유'에만 집중해온 경우는 드물다고 지적한다. 그러다 보니 부동산 가격 폭등에 따른 경제 불평등의 심화 등 부작용이 제대로 논의되지 못했다. LH토지주택연구원 진미윤 선임연구원은 "당대의 주택자산 격차는 후대까지 연결되어 빈부격차의 대물림 현상이 나타난다"며 "아무리 열심히 일해 저축을 해도 주택 보유자의 자본이득을 따라잡을 수 없다면 어떻게 해서라도 주택 보유자의 반열에 끼기 위해 최대한 노력하는 한편 성실한 노동가치는 평가절하"되고 "냉소적, 비관적 사회관이 생겨나면서 사회통합을 저해하고 정부정책을 불신하는 결과를 초래하게 된다"[78]고 지적한 바 있다. 특히 2001년부터 계속되어온 부동산 가격 폭등으로 주택 보유자와 비보유자 간의 재산 수준과 삶의 질은 크게 차이가 나기 시작했다.

 또한 주택보급률을 높이기 위한 정부의 정책은 중산층에 중심을 두었을 뿐 "시장 참여능력이 없는 최저 소득층에게 우선 순위를 두지 않았기 때문에 이들의 주택문제는 여전히 개선해야만 하는 과제로 남겨졌다."[79] 경제적 지위가 낮은 이들의 주거지역은 재개발을 통한 이익창출의 '대상'으로만 여겨졌을 뿐 이들의 삶의 질을 개선하기 위한 대상으로는 여겨지지 않았다. 이는 다시 주거지역의 인프라가 열악해지고, 주민들의 삶의 수준이 낮아짐으로써 해당 지역에 대한 사회적, 공간적 차별과 격차가 두드러지는 부작용을 낳았다.

주거 격차에 따른 삶의 격차

주택가격 및 보유 여부가 사회 계급지표로 굳어지는 현상은 구체적으로 우리의 삶에 어떤 영향을 미치고 있을까.

첫째, 주택가격에 따른 빈부격차가 학력격차로 이어진다. 경제적 여력이 있는 계급이 추가적인 사교육 비용을 투자할 수 있기 때문이다. 국회 권영길 의원실이 분석한 2009년 수능자료에서도 집값과 성적의 긴밀한 상관관계가 확인된다. 서울 자치구 가운데 평당 가격이 평균 1370만원으로 가장 비싼 강남구의 경우 영어 1~2등급 비율이 27.9%로 가장 높았고, 평당 450만원대인 중랑구는 6.5%로 낮은 수준을 보였다. 또 집값이 비싼 지역일수록 부모의 학력 수준도 높아서 전문대졸 이상의 비율이 강남구와 서초구가 약 67%로 나타났다. 학력 수준이 높으면 고소득의 전문직 종사자도 많아진다. 반면 집값이 저렴한 지역은 20~30% 수준에 그쳤다.[80] 부모의 고학력→높은 집값→자녀의 고학력'으로 이어지는 계급 대물림을 확인하는 셈이다. 반대로 빈곤층의 열악한 주거상태는 아동의 발달에 악영향을 미친다. 이봉주 서울대 교수(사회복지학과)는 2003년 연구에서 "빈곤 주거 아동은 그렇지 않은 아동에 비해 학업 성취가 유의미하게 낮았다"고 분석했다.[81]

둘째, 치안의 양극화다. 범죄 발생과 관련해 임대주택보다 자가소유 주택에서 범죄율이 낮게 나타난다고 하는 가설이 있다. 서울 10개동을 경찰청 범죄정보관리시스템(CIMS) 자료를 통해 살펴본 결과, ㄷ동·ㄱ동·ㄷ동의 경우 "주민 소득수준이 높고 거주환경이

쾌적하고 아파트 비율이 높은"데다 "범죄에 대비한 보안시설이 잘 되어 있고 이동시 주로 자가용을 이용함으로써 범죄에 대한 노출이 적다"고 분석된다. 반면 ㅅ동·ㅁ동 등의 경우 "전체 범죄율은 낮지만 살인 비율이 2~3배 정도 높아 두려움이 높게 나타"났고 ㄷ동과 ㅅ동은 인근에 공단이 조성되어 있거나 시장 등 유동성이 높은 지역을 끼고 있어서 범죄율과 두려움 모두 높은 것으로 나타났다.[82]

특히 중하위계층인 전세·월세·임대주택 거주자들은 범죄에 대한 두려움을 더 많이 느낀다. 소득이 감소하거나, 집세가 비싸거나, 집주인이 나가라고 해서 현재의 거주지로 밀려난 가구의 경우 치안 불만족도가 30~35%에 달한 반면 평수를 늘려 이사한 경우에는 22%에 그쳤다.[83] 특히 재개발 예정지역은 치안의 사각지대다. 서울 관악구의 한 주민은 "최근 옆 동네에 밝은 대낮에 두 곳이나 좀도둑이 들어서 낮에도 문단속을 철저히 한다"고 말했고, 유모 씨는 "직장에 다니는 딸이 밤에 퇴근하고 올 때마다 무서워한다"고 말했다.

셋째, 건강의 차등화다. 일단 병원이 부유한 동네에 더 많다. 대한의사협회의 2007년 전국회원실태조사에 따르면 강남구에 의사가 가장 많아 서울 1만 8482명 중 15%인 2500명이 강남에 분포되어 있다.[84] 2008년 자료를 보면 회원 대부분(92.9%)이 도시지역에 분포하고 있으며, 서울을 비롯한 6대 광역시 등 대도시에서 활동하고 있는 회원이 전체 회원의 58.7%다.[85]

반면 열악한 주거환경에 사는 이들은 그렇지 않은 이들보다 환경질환에 더 잘 걸린다. 천식·재채기·알레르기·아토피 등의 질환은 지하 거주자의 경우 그렇지 않은 경우보다 최고 1.3%에서 많게는 11.6%가 더 달리 나타난다. 습기에 의한 곰팡이 등이 문제의 원인으로 지목된다. "주택시장에서 적정 상품(주택)을 구매할 수 없는 것은 저소득층의 낮은 경제력에 따른 결과이지만, 이들이 환경 위해에 상대적으로 더 많이 노출되고 또한 그로부터 더 많은 피해를 겪는 것은 공공정책의 불충분과 같은 정부의 '역할 한계나 미비'"라는 지적이다.[86]

주택거주 형태와 연계된 조사는 한국보건사회연구원이 펴낸 2007년 「한국복지패널 보고서」에 따르면 가구원의 건강상태는 소득이 낮을수록 나쁘다. 우울증에서도 1분위는 우울증 판별기준에 가까운 상태로 5분위에 비해 약 3배 가까이 우울도가 높았다. 또 손미아 강원대 교수(예방의학과)의 연구에 따르면 우리나라는 1998년 경제공황 이후 전반적으로 영아사망률의 사회계급적 차이가 증가하여, 어머니의 교육수준이 대학 이상인 경우에 비해 초등학교 이하인 집단의 자녀에서 신생아~소아의 사망률이 3.2~5배 더 높게 집계되었다.[87]

서구사회에서 '복지'라는 개념이 '주거'의 문제까지 포함하고 있음에도, 우리 사회는 지금껏 그 '복지'를 개인의 힘으로 풀어야 할 숙제 정도로만 여겨온 것이 사실이다. 그리고 폭등한 집값은 각 개인의 건강은 물론이고 사회공동체에 균열을 내기 시작하기에 이르고 있다. 이에 대해 심리학자 김태형은 "부자와 가난한 이가 서로 이해하지 못하는 분리현상이 심화된다면 사회적인 반목이 더 깊어질 수 있고, 안정적인 주거를 확보하지 못하는 사회는 개개인의 잠재력을 십분 발휘하기 어렵게 만든다"고 지적했다. "가난한 이들이 의식화되지 못했기 때문에 자신의 가난을 부끄러워하고, 그 결과 가난한 이웃에 대한 애정을 갖지 못하게 되는 것이 사실 이사를 자주 다니는 현실보다 더 문제인지도 모른다"는 것이다. 이는 결국 커뮤니티 형성과 사회통합에도 영향을 미친다는 분석이다.

주거란 우리에게 무엇인가
—설문조사

설문조사는 『경향신문』이 한국사회여론연구소(KSOI)에 의뢰해서 2010년 3월 8~9일 이틀간 서울에 거주하는 만 19세 이상 남녀 1000명을 대상으로 전화면접 방식으로 실시했다. 지역·성·연령대별 비례 할당에 의한 층화무작위 추출법을 이용했다. 지역은 중부권(마포·서대문·용산·은평·종로·중구), 강북권(강북·광진·노원·도봉·성동·성북·중랑·강동구), 강서권(강서·관악·구로·금천·동작·양천·영등포구), 강남권(강남·서초·송파구)으로 나눴다. 또 성별·연령·권역·결혼여부·소득수준·교육수준·가족구성·가족수·주택규모·거주형태·점유형태 등의 응답자 특성을 고려했다. 표본오차는 95% 신뢰수준에서 최대 허용오차 ±3.1%포인트다.

부동산이 빈부격차 키운다

　우리 사회에서 부동산이 빈부 격차를 낳느냐는 질문에 설문 응답자 중 95.3%가 "그렇다"라고 응답했다. 집 보유 여부를 떠나 우리 사회구성원 대부분이 '부동산' 문제가 계급 문제로 이어진다는 점에 공감하는 것으로 볼 수 있다. "매우 큰 영향"이라는 응답이 64%에 달한다는 것은 그만큼 문제를 심각하게 인식하고 있다는 징표로 읽힌다.

　영향을 준다는 응답은 모든 응답계층에서 90%를 상회했다. "매우 큰 영향을 준다"는 응답은 40~50대, 중부권, 월 소득 200만~299만원과 400만~499만원, 월세 임대층에서 조금 높은 경향을 보였지만 전체적으로 큰 차이는 없었다. 영향을 주지 않는다는 응답은 4.7%에 불과했다.

　이 같은 통계는 우리나라 주택시장이 가장 손쉽게 '부'를 축적할 수 있는 수단으로 여기는 데서 비롯한 것으로 풀이된다. 바로 이웃들의 이야기인 만큼 체감도가 높을 수밖에 없는 데 따른 지표라 할 수 있다. 서울에 거주하는 윤모 씨(49세)는 "한 동네에 살면서 매년 김장철이면 돕고 살던 이웃이 5년 전 두 곳의 아파트 분양권을 매입하면서 왠지 사이가 어색해지기 시작했다"며 "2년 뒤 7억원 가까운 이윤을 챙긴 그 사람은 골프로 취미 생활을 하고 있으나 나는 여전히 예전처럼 가내수공업 부업을 하고 있다. 뼈 빠지게 일해도 여전히 제자리라고 생각하면 소외감이 들 때가 많다"고 말했다.

　치솟는 서울의 부동산 가격으로 지방 사람들도 소외감을 느끼기

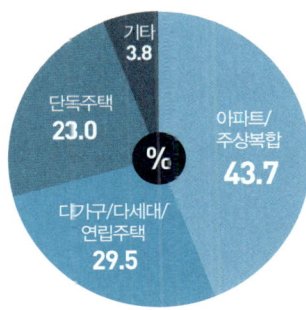
▲현재 거주하는 주택 형태

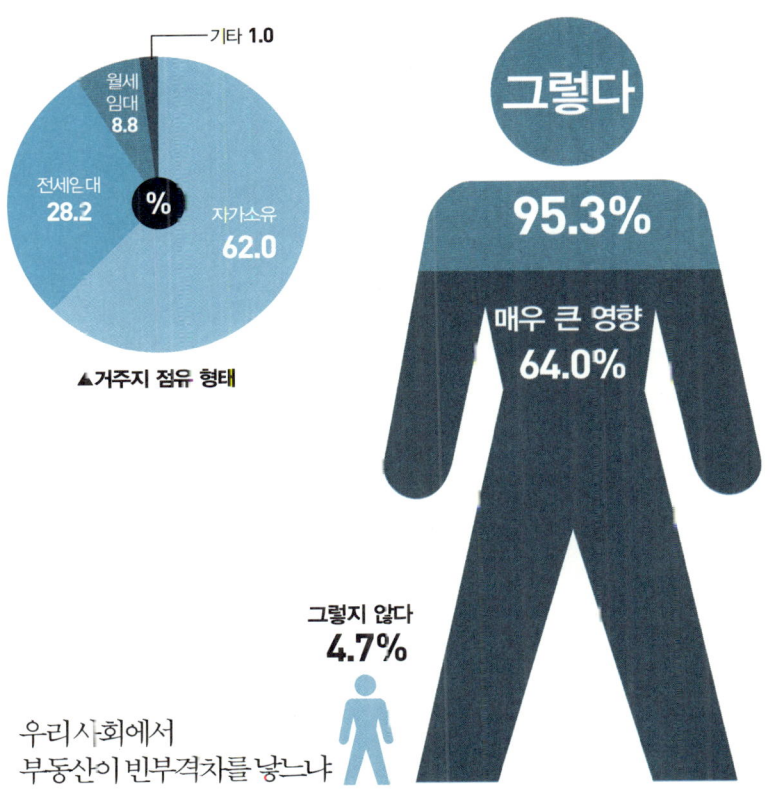
▲거주지 점유 형태

우리 사회에서
부동산이 빈부격차를 낳느냐

▼주택 기능에 대한 인식

내 소유의 집이 있어야 한다	49.6%	50.4%	임대주택이어도 괜찮다
주택은 주거공간이라고 본다	85.2%	14.8%	주택은 투자재산이다
집은 가족 수에 맞게 적정해야 한다	89.2%	10.8%	집은 크면 클수록 좋다

는 마찬가지다. 광주에 거주하는 심모 씨(47세)는 "광주 토박이인 친구가 20대에 서울로 일자리를 구해 떠났을 때만 해도 비슷하게 사는 것 같았지만, 현재는 비슷한 평수의 아파트인데도 지방에는 미분양이 넘쳐나는 반면 그 친구 집값이 세 배 정도 더 높다"고 말했다. 그는 특히 "주변에서 그 친구가 '서울 가서 성공했다'고 칭찬할 때마다 나 자신이 초라하게 느껴진다. 서울에 사느냐, 지방에 사느냐에 따라 마치 인생의 '등급'이 나뉘는 것 같다"고 토로했다.

일터에서도 집 보유 여부는 사람을 평가하는 주요 요소 중 하나로 통한다. 직장인 이모 씨(34세)는 "동료 중 하나가 주택담보 대출로 집을 세 채나 보유하고 있다는 것을 다들 부러워한다"며 "부동산으로 돈 벌 생각들을 하지 직장 다니면서 목돈을 모으는 건 불가능하다는 분위기"라고 전했다.

그렇다면 주택의 기능에 대해서는 어떻게 인식하고 있을까. "주택은 주거 공간"이라고 본 응답자가 85.2%로 "주택은 투자재산이라고 본다"는 응답자(14.8%)보다 압도적으로 많았다. 강남권 거주자 사이에서 '투자재'로 보는 비율이 미미한 수준으로 높게 나타났을 뿐 각별한 편차를 보이지 않았다. 주택 규모에 대해서는 "집은

▼ 현 거주지 선택 이유

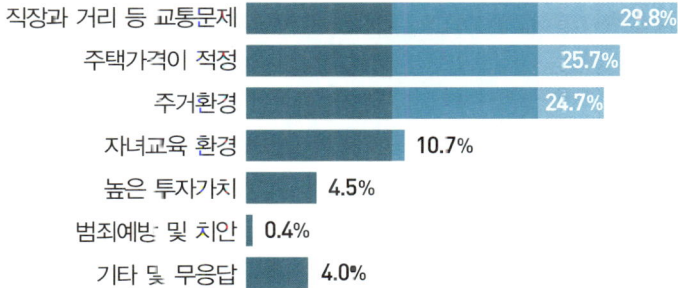

가족 수에 맞게 적정해야 한다"는 응답이 89.2%로, "집은 클수록 좋다"(10.8%)는 의견을 크게 앞질렀다.

"내 소유가 아니라 임대주택이어도 괜찮다"는 데 응답자의 절반 이상이 동의했다. 이는 한국인의 '집'에 대한 인식에 있어 '투자재' 보다는 '살아가는 공간'이라는 전통적인 인식이 강하다는 것을 보여준다. 동시에 현재의 고가로 형성된 주택시장에서 '소유' 중심의 정책보다는 생활수준에 맞추면서도 부담 없는 수준의 '임대' 주택을 대거 보급할 필요가 있다는 사회적인 공감대와 필요성이 형성되었음을 보여준다.

현재 "우리나라 부동산 문제의 가장 큰 원인"을 두고는 응답자 중 가장 많은 28.7%가 "부동산을 통해 이익을 얻으려는 투기 세력"을 꼽았다. 다음으로는 "이익을 위해 분양가와 건축비를 높게 책정하는 건설사"(24%)와 "무능력하고 일관적이지 못한 정부 정책"(23.4%)이 엇비슷했고, "지역별로 편차가 큰 자녀교육 환경"(15.6%) 등도 지목되었다. "부동산 재테크를 조장하는 언론"(5.5%)도 책임

▼우리나라 부동산 문제의 가장 큰 원인

부동산을 통해 이익을 얻으려는 투기세력	**28.7%**
이익을 위해 분양가와 건축비를 높게 책정하는 건설사	**24.0%**
무능력하고 일관적이지 못한 정부정책	**23.4%**
지역별로 편차가 큰 자녀교육 환경	15.6%
부동산 재테크를 조장하는 언론	6.5%
기타 및 무응답	1.8%

에서 자유롭지 못했다.

비싼 임대료에 내몰리는 서민층

현 주택 임대료 수준에 대해 우리 사회는 어떻게 인식하고 있을까. 전월세 임대주택 거주자 370명을 대상으로 현재 거주하는 주택의 임대료 수준에 대해 물어봤다. "높다"는 응답이 41.9%로 "적정하다"는 응답(45.7%)에 맞먹었다. "낮다"는 응답은 12.4%에 불과했다.

▼ 현재 거주하는 주택의 임대료 수준이 어떻다고 보는가 (임대 거주 370명 대상)

| 낮다 12.4% | 적정하다 45.7% | 높다 41.9% |

▼ 현재 소유 거주하는 주택의 가격 수준이 어떻다고 보는가 (자가 소유 620명 대상)

모름,무응답 1.8%

| 낮다 31.1% | 적정하다 49.4% | 높다 17.7% |

　　권역별로 볼 때 임대료가 부담스럽다는 응답자는 강남권(50.8%)이 가장 많았고, 강남의 경우 "매우 높다"는 응답자도 16.9%로 타 권역보다 높았다. 이는 강남 3구의 높은 주택가격 및 전세가를 반영한 것으로 풀이된다. 서민 가구가 많은 강서권(46.7%)에서도 임대 가격이 높다는 응답자가 다른 지역보다 높게 나타났다.

　　교육 수준별로 보면 "매우 높다"는 응답이 고졸 이하(15.8%)에서 대재 이상(8%)보다 두 배가량 높게 나타났다. 점유 형태별로는 전세 임대자 42.2%, 월세 임대자 40.9%가 높다고 응답했다.

　　이들에게 "살던 곳의 임대보증금, 임대료 등 주거비용이 올라서 집 크기를 줄이거나 집값이 싼 지역으로 이사한 적이 있냐"는 질문을 던졌다. 응답자의 32.7%가 "그렇다"고 답했다. 주거비용 문제 때문에 비자발적으로 떠밀리다시피 이사하는 사람이 열 명 중 세 명이나 되는 셈이다. 이는 정부가 밝히고 있는 '비자발적 이동비율'인 7~8%보다 훨씬 높은 수치다.

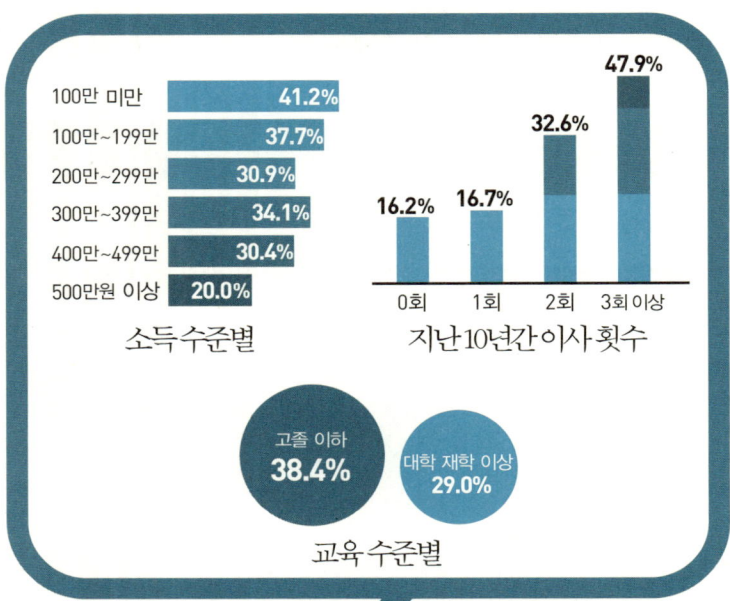
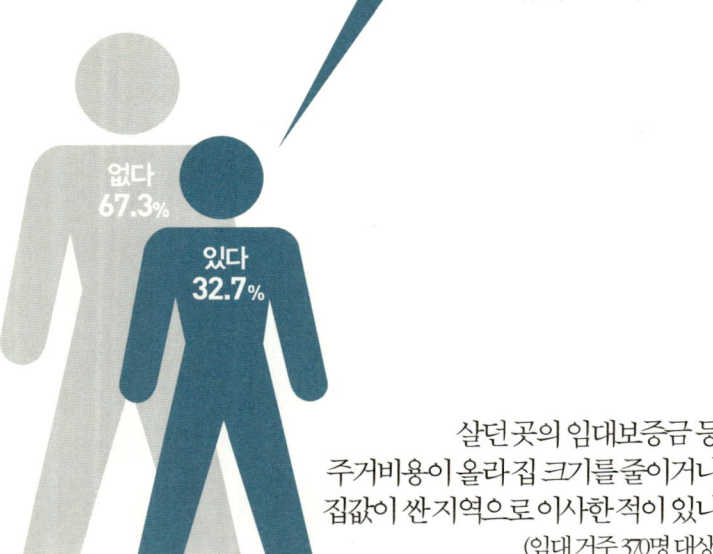

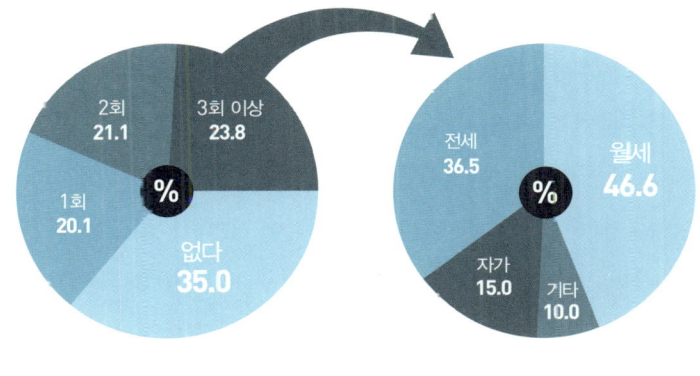

▲지난 10년간 이사 횟수   ▲점유형태별 3회 이상 이사 비율

　주거비용 때문에 내몰린 적이 있다는 응답은 50세 이상, 강북권, 월 소득 199만원 이하, 다가구·다세대·연립주택 거주층, 월세 임대 등 이른바 '서민층'에서 높았다. 이 계층은 이사 횟수에서도 지난 10년간 3회 이상 집을 옮겼다는 응답이 절반에 가까운 47.9%에 달했다. 반면 월 소득이 500만원 이상, 대학 재학 이상의 학력층에서는 "그런 적 없다"는 비율이 상대적으로 높았다. 이들은 이사 횟수가 아예 없거나 1회에 그쳤다.

　예상된 바이지만 임대 거주자의 이사 횟수는 자가 보유자를 크게 상회했다. "지난 10년간 이사를 몇 번이나 했는가"라는 질문에 대해 자가보유자 620명의 45%가 "없다"고 응답했으나, 전세 임차인 282명의 63.1%, 월세 임차인 88명의 65.9%가 "2회 이상 집을 옮겼다"고 답변했다. 전세나 월세에 살면서 지난 10년간 이사한 적이 없다는 대답한 비율은 각각 17.7%, 20.5%에 불과했다.

　"3번 이상 이사했다"는 응답은 특히 서민층에서 두드러져 30대

~40대, 중부권, 월 소득 100만~199만원, 1인 가구, 주택규모 18평 미만의 다세대·연립거주인 임대 거주자에서 높게 나타났다.

소득수준별로 살펴보면, 소득이 매우 낮거나 매우 높은 경우 거주지를 바꾸지 않는 특징이 드러났다. 월 소득 100만원 이하인 응답자 82명 중 지난 10년간 이사한 적이 없다고 대답한 비율이 47.6%(39명)에 달했고, 월 소득 500만원 이상인 183명 가운데 36.6%(67명)도 이사 경험이 없었다. 이는 빈곤층으로선 현재 거주 중인 가옥에서 더 이상 옮길 여력이 없고, 부유층은 현재의 거주 상태에 대체로 만족한다는 의미로 읽힌다.

자가 소유인 응답자(620명)들은 현재 집 가격에 대해 어떻게 생각할까. "적당하다"고 생각하는 비율이 49.4%였다. 세계적으로도 높은 우리나라 주택가격 수준을 고려한다면, 주택 보유자들은 이미 높은 가격에 대한 체감도가 둔해졌다고 추정할 수 있다. 집의 시장 가치가 제대로 평가되지 못하고 있다고 생각하고 있었다. "현재 집값이 낮다"고 응답한 비율도 31.1%(매우 8.2%, 조금 22.9%)에 달했다. 향후 주택가격이 더 올라야 한다는 희망을 담은 것으로 보인다. 반면 "높다"고 응답한 경우는 17.7%로 나타났다. 이러한 응답은 강남에 거주하는 사람일수록 높았다.

미뤄지는 출산

오를 대로 오른 집값의 무게가 출산율에도 영향을 미친다는 사실이 이번 설문조사를 통해 확인되었다.

설문조사 대상 중 기혼자 746명에게 "전세금이나 주택마련 문제로 2세 계획을 미루거나 포기한 적이 있느냐"고 묻자 이 중 다섯 명 중 한 명 꼴인 17.4%가 "그렇다"고 응답했다. 연령대로 볼 때 젊을수록 이에 동의하는 비율이 점차 높아진다는 점에서 문제의 심각성을 엿볼 수 있다. 실제 "그렇다"고 응답한 사람 중 40대는 20.7%에 불과했으나, 30대와 29세 이하는 각각 29.7%, 36.8%로 높아졌다. 특단의 조치가 마련되지 않는 한 더 큰 사회문제가 될 수도 있는 것이다.

"살림이 어려워 출산을 미룬다"는 이웃들의 이야기도 소득수준 지표를 통해 확인되었다. 최하층이라 할 수 있는 월 소득 100만원 이하의 계층은 22.7%가 집 때문에 출산을 미룬 적이 있다고 응답, 전 소득계층 중 가장 높은 비율을 나타냈다. 현재의 저임금·비정규직 구조가 악화될 경우 주거 문제는 곧 인구 감소로 직결될 수 있다는 얘기다.

같은 맥락이지만 주택 점유형태로 볼 때 자가 소유(14.3%)보다는 전세 임대 23.7%, 월세 임대 24.5%에서 집 때문에 아이 갖기를 망설였다고 밝혔다. 이사 횟수에 있어서는 3회 이상(27.8%)인 경우에서 2세 계획의 어려움을 토로했다. 세입자가 이사를 자주하게 될수록 안정된 주거를 마련할 때까지 아이 갖기를 미루리라는 추정을 뒷받침한다.

중산층 역시 '집'과 출산의 연계성에서 자유롭지 못했다. "그렇다"는 응답자 가운데 월 300만~399만원대가 21.1%, 월 400만

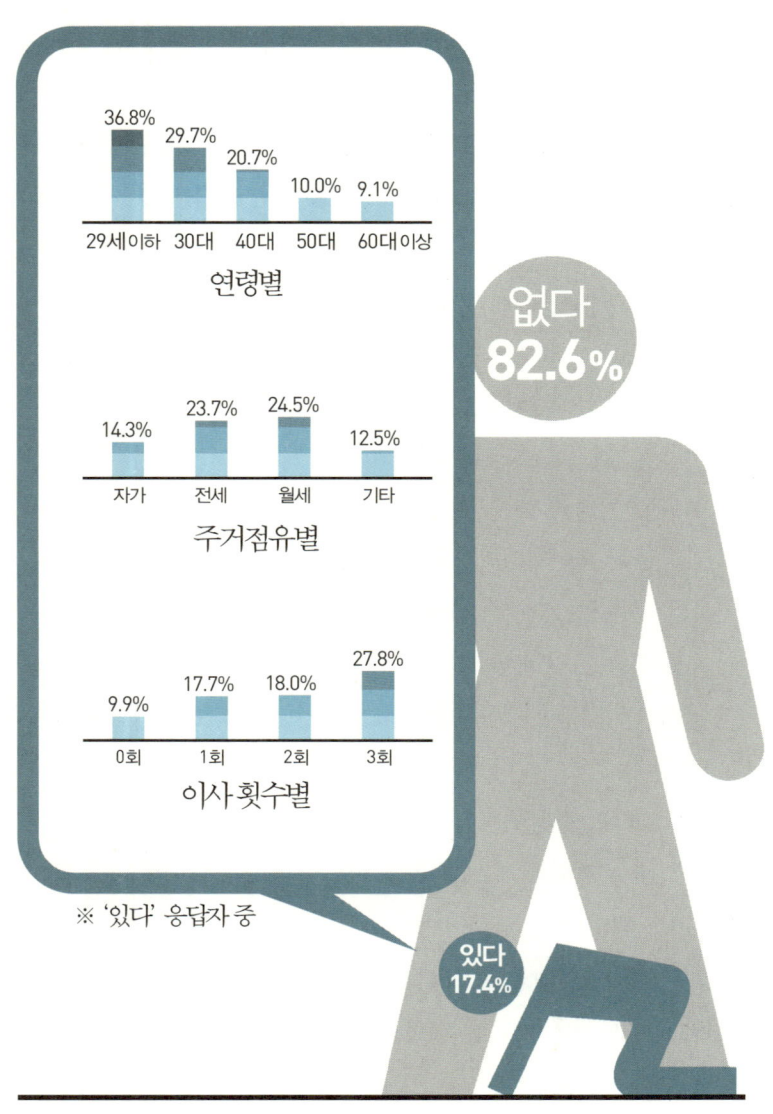

전세금·주택자금 마련 문제로 2세 계획을 미루거나 포기한 적이 있다 (기혼자 746명 대상)

~499만원대가 20.5% 순으로 비교적 높은 비율을 나타냈다. 중산층도 내 집 마련이나 전세금 문제 때문에 출산을 미루는 경향을 드러낸 것이다.

소득 수준별로 볼 때 출산에 가장 적은 부담을 갖고 있는 계층은 월 소득 500만원 이상인 그룹으로 조사되었다. 이들 중 "출산을 미뤄봤다"는 응답자는 9.2%로 가장 적었다. 하지만 비교적 고소득에 속하는 이들 역시 비록 소수이긴 하나 출산과 '집'을 연계하는 이들이 있다는 점을 감안하면 저출산과 집이 갖는 관계는 더 이상 방치할 수 없을 정도로 심각한 지경이라고 풀이할 수 있다.

자녀의 교육과 '집'은 어떤 관계일까. '자녀교육 문제로 강남·목동 등에 거주 중이거나 이주할 계획을 갖고 있는가'라는 문항에 11.3%가 "그렇다"라고 응답했다. 현재 강남에 거주하는 응답자 가운데 20.9%도 "교육 문제" 때문이라고 답했다. 강남·목동으로의 이주계획을 갖고 있는 사람들은 월 소득 400만원 이상, 대재 이상의 학력 등 고소득·고학력층에 많았다.

임대주택이 부동산 해법

정부가 현재의 부동산 빈부격차를 해소하기 위해서 가장 우선적으로 해야 할 정책은 뭘까. "충분한 임대주택 공급"이라는 응답이 1000명 중 29.8%로 가장 많았다. 현재 민간 공급 중심의 주택시장만으로는 문제 해결에 한계가 있다는 인식의 단면으로 풀이된다.

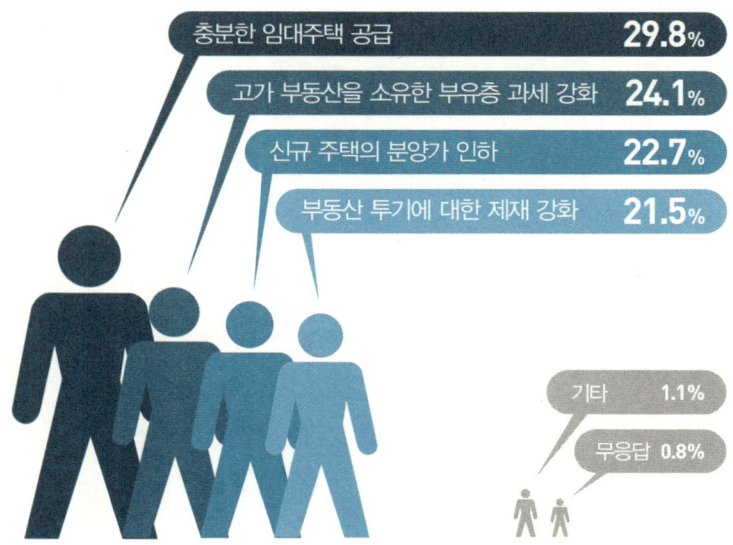

▲빈부격차를 해소하기 위한 최우선 부동산 정책

정부가 주택시장의 중재자로 나서서 집값과 임대료의 고삐를 잡아달라는 희망의 표출이기도 하다.

이러한 의견은 월셋집에 사는 응답자(36.4%), 이사 회수가 10년간 3회 이상(33.2%)인 이들에게서 두드러졌다. '내 집 보유'가 아니더라도 안정적인 주거를 확보했으면 하는 염원을 담은 것으로 해석된다. 반면 현재 정부의 '보금자리' 주택 정책은 주택비용 부담을 크게 줄일 수 있는 '임대'보다는 기존 가격보다 저렴하게 신규 물량을 공급하는 '보유'에 초점을 맞추고 있다는 점에서 조사 결과와 다소 어긋나는 모습도 엿보였다.

다음으로는 "고가 부동산에 대한 과세 강화"가 24.1%를 차지했다. 주택가격 상승으로 인해 창출되는 불로소득에 대한 과세를 강화함으로써 그 이익을 적절하게 분배해야 한다는 얘기다. 이러한 견해는 월 소득 100만원 이하(32.9%)의 최하층과 월 소득 300만~399만원(28.4%)인 중산층에서 다른 계층보다 약간 높게 나타났다.

"신규 주택의 분양가 인하"는 22.7%로 세 번째를 차지했다. 새로 공급되는 주택가격이 높게 형성되면서 주변 집값을 견인해 결국 자가 보유가 어려워지는 현실을 반영한 것으로 해석된다. 주택 마련에 관심을 갖기 시작하는 30대(33%)에서 이 의견이 가장 많았고, 대학 재학 이상의 학력자로 전세살이를 하는 응답자에서 이러한 답변이 우세했다. 여당과 정부가 건설경기 등을 이유로 '분양가 상한제'를 폐지하는 방안을 모색하는 상황과는 반대되는 흐름이다.

"부동산투기에 대한 제재 강화"(21.5%)라는 의견이 그 뒤를 이었다. 역대 정부의 부동산투기 억제책이 성공하지 못했듯이 제재 강화 방식에 대한 기대치가 상대적으로 낮은 탓으로 보인다. 이러한 응답은 50대(25.3%)와 60대 이상(26.3%), 이사한 경험이 없는 가구(24.6%)에서 조금 높게 나타났다.

CHAPTER 10
우 리 안 의 욕 망 ,
강 남 특 별 시

이진구 씨(가명·44세)와 장선희 씨(가명·40세)는 1998년 결혼 당시 부모가 강남구 서초동에 82.645m²(25평)짜리 아파트를 장만해 줬다. "자식들은 나처럼 집 때문에 고생시키고 싶지 않다"는 부친이 당시 금융위기 여파로 30%가량 하락한 1억 2000만원에 아파트를 구입한 것이다. 불과 12년 만인 2010년 초 현재 집값은 7억원으로 대략 여섯 배 뛴 상태다. 이 씨는 공기업의 정규직이고 아내는 구청의 공무원이다. 서울 다른 지역보다 강남에 그 비율이 높다는 '대졸 전문직'에 속한다. 이들 부부의 월 평균 실소득은 약 550만원, 가구 연소득 6600만원이다. 초등학교 2학년인 자녀의 돌봄과 교육에 어느 정도 투자할 수 있는 수준이지만 베이비시터에게 월 120만원의 월급을 주고, 영어학원 등 사교육비에다가 부친의 병원비와 생활비를 제외하면 통장에 남는 돈은 40만원에 불과하다. 빠듯한 살림이다. 게다가 학부모 모임에 나가서 만나는 부유한 이웃들과 비교할 때면 주눅들 때가 많다. 주변에 초고층 아파트들이 하나둘씩 늘어나면서 지금의 콘크리트 아파트가 작고 초라하게 느껴질 때도 있다. 하지만 친구들은 "강남 사는 녀석"이라며 그에게 부러운 소리를 한다.

강남에 거주한다는 것

한국에서 땅값이 가장 비싼 '강남'의 '아파트'에 거주한다는 것은 단순히 '어디에 사는지'의 개념을 넘어서는 일종의 '계급적 상징'이다. 물질적 풍요와 권력, 세련된 생활과 명품의 이미지, 고급교육의 이미지가 중첩되면서 강남은 다수의 욕망의 대상으로 자리잡았다. 인류학자 레트는 "현대 한국 중간계급의 전형에는 두 가지 요소가 있는데 하나는 강남에 사는 것, 또 하나는 아파트에 사는 것"이라며 강남에 산다는 단순한 사실만으로도 부의 외형적인 표시가 된다[88]고 설명한 바 있다. "강남에선 중학생부터 회사원들까지 자기 사는 동네를 엄청 내세운다. 자식이 자꾸 그러니 부모가 빚을 내서 오는 경우도 있고, 강남에 산다는 과시욕구와 교육문제로 이사 오는 사람들이 10명 중 6~7명쯤 되는 듯하다"(서울 서초구 방배1동의 한 공인중개사)는 얘기는 이 같은 상황을 반영한다.

강남이 '욕망'의 대상이 되는 일차적인 이유는 부동산 가격이라고 볼 수 있다. 전국 최고 수준에다 세계 웬만한 도시의 노른자위 땅값과 비교해도 밀리지 않는 강남의 토지, 주택가격은 서울의 주택가격 동향을 좌지우지한다. 국민은행 주택가격지수 시계열 자료에 따르면 1993년 1월과 2010년 1월 사이의 아파트 가격은 강북이 74.7% 인상되는 동안 강남 지역은 103.7%로 두 배 넘게 상승했다.[89] 이 지역의 부동산 가격은 외환위기 이전에도 서울의 타 지역에 비교해 높은 편이었지만 큰 폭의 차이는 보이지 않다가, 지난 10년 사이에 재개발, 재건축을 통해 주택가격 폭등을 견인했다. 재산세의 수준으로 강남 3구인 강남, 서초, 송파의 주택가격과 서울 다른 지역의 주택가격의 차이를 가늠해볼 수 있다. 서울 25개구의 2008년 재산세를 비교한 자료를 보면, 강남구 2460억원, 서초구 1473억원, 송파구 1398억원으로 도봉구, 강북구 등 강북의 서민 주거지역의 최고 여섯 배에 달하는 수준이다.[90]

강남의 개발

강남의 부동산 가격이 서울의 다른 지역에 비해 높은 이유는 과거 정책에서 뿌리를 찾을 수 있다. 강남을 '계획 신도시'의 일환으로 개발하면서 서울 중심부의 인구를 강남으로 분산하기 위해 각종 특혜를 주었던 것이다. 1960~1970년대에 지방에서 서울 강북 지역으로 인구 집중이 이뤄지면서 사회기반 시설과 주택 부족이 심각한 수준으로 나타나자 강남을 개발해 인구를 분산하기로 결정했다. 정부는 강남 지역에 각종 편의시설을 제공했다. 현재의 한남대교인 제3한강교가 1969년에 준공되었고 경부고속도로는 1970년대에 강남에 터미널을 두고 개통되었다. 강남 개발은 서울 내에서 유일하다시피 '계획'적으로 이뤄졌다. 전국을 통틀어 승용차가 1만대 남짓할 때였지만 도로는 6차선으로 설계되었다. 당시로서는 '황당할 정도'의 규모였다. 강남 지역은 향후의 추가 개발과 인구 증가에 대비해 용적률은 70~80% 수준으로, '아파트 지구'로 정해 반포, 잠원, 잠실, 압구정, 도곡동 일대에 민간 고급아파트가 들어서도록 장려했다. 교육열이 강한 국민정서를 감안한 인구분산 정책 중 하나는 강북의 명문 고등학교들을 반강제로 강남에 이전시킨 것이다. 1976~1980년 사이에 경기고, 휘문고, 숙명여고와 서울고, 정신여고, 경기여고 등이 이사를 갔다.

공무원과 엘리트들을 강남에 이주시키기 위한 조치도 이어졌다. 서울시 도시계획국장을 지낸 손정목은 다음과 같이 회상한다.

"영동지구(강남) 개발을 정상궤도에 올려놓기 위한 방안, 그것은 거점개발 방식이었다. 어떤 방법으로도 900만 평 규모의 땅을 시민에게 인식시킬 수는 없었다. 그러나 몇 개의 거점에 주택단지를 조성하고 버스가 들어가게 하면 새 주민이 생기고 강북에서 친지들도 놀러가고, 그렇게 되면 일반 시민이 관심을 가지게 되고 땅이 팔리고 점점 그 개발의 폭이 넓어질 것이 아닌가라는 결론에 도달했다. 첫 번째 시도가 논현동 22번지 체비지 7194평에 12개동의 공무원 아파트를 건설한 일이었다.(1971년 준공)"[91]

발레리 줄레조는 『한국의 아파트 연구』에서 "이는 1970년대 당시 한국의 문젯거리였던 고급 두뇌의 해외 유출에 대한 박정희 대통령의 처방으로, 유학을 떠났던 서울대 등 국내 최고 명문대 졸업자들이 귀국할 경우 파격적인 조건을 제시해 국가의 활력을 모으려는 기업들과 관련을 맺었다. 여행비와 이사비용까지 부담하는 조건에는 아파트 분양순위에 우선 등록이 포함되기도 했다"며 "이렇게 귀국한 대다스의 엘리트들이 강남에 건설된 단지에 정착했다"고 기록했다.[92] 고급아파트 단지로 조성된 압구정동 현대아파트 단지에는 유명인과 부유층, 고위 관료들이 입주했다.

이 같은 '신도시'의 형성은 부동산 투기의 호재였다. 손정목 전 국장은 정부가 정치 비자금을 조성하기 위해 강남 일대의 부동산 개발 및 투기를 조장한 적이 있다고 증언한다.[93] 시세차익을 노린 부동산투기는 강남의 '말죽거리 신화'로 이어지면서 정보를 미리 습득한 특권층과 '복부인', 일부 대형 건설사들이 자본을 축적하는 계기가 되었다. 이때 시작된 강남과 비강남권의 부동산 가격의 차이는 이후에도 지속되었다. 강남 밖의 사람들에게는 이들이 투기를 통해 불로소득을 추구하는 것으로 인식되면서 강남과 비강남권의 갈등과 재산 격차가 시작되었다.

공룡으로 성장한 강남

당초 강북 인구의 분산책으로서 개발되었던 강남이지만 점차 서울의 정치사회 지형을 바꿔놓는 공룡으로 성장하게 된다. 정부 정책에 따른 '8학군'의 탄생은 교육을 통한 '신분상승의 사다리'를 타기에 가장 좋은 명당자리로 강남을 자리매김시켰다. 특히 2003년 집값 폭등을 기점으로 '교육 1번지'로의 강남의 입지는 더욱 공고해졌다. 이때 집값의 폭등은 IMF 경제 위기 이후 한국사회의 '위기감'으로 해석된다. 신자유주의의 심화된 경쟁에서 낙오하지 않으려는 불안감이 강남으로의 '쏠림' 현상을 재촉했다는 것이다. 최민섭은 『주거 신분사회』에서 "강남 학군'도 자산가치, 교통 프리미엄, 부자 커뮤니티와 더불어 '강남' 브랜드의 주요 구성물이 되었다. 강남사람이 되는 것이 성공이라 여기는 많은 사람들이 자식을 위해 강남에 터를 잡았고 투자(또는 투기) 세력과 풍부한 자금 등이 맞물려 강남아파트 수요가 폭발했다"고 지적했다.[94]

또한 강남 지역에 고소득 직종과 전문가들의 이주를 촉진했던 것은 강남에 엘리트와 신흥 중산층 거주지의 정체성을 부여했다. 강남 거주 인구는 서울 평균 사람에 비해 고학력이고, 사업체를 소유하는 등 고소득자가 많고, 자가용을 두 대 이상 보유한 비율도 높다. 이는 강남에 거주하는 것이 곧 '신흥계급', '부유층'의 커뮤니티에 편입되거나, 최소 외부인에게 그러한 '차별화된 이미지'를 비출 수 있는 효과를 낳았다.

이러한 '차별화' 전략은 강남 부유층의 재력을 바탕으로 한 '최고급'과 '첨단'을 지향하는 소비문화에서도 그대로 나타난다. 압구정에 위치한 현대백화점과 갤러리아 백화점 명품관, 청담동의 명품 거리, 벤츠·재규어·아우디 등 고가 수입자동차 매장은 강남 일대의 고급 소비문화를 보여주는 일면이다. 급기야는 '고급', '고가'의 거친 대용어로 '강남'이 사용되기도 한다. 매끈한 외모에 명품을 소비하는 여성은 '강남 여자', 고급교육을 받은 귀공자풍의 정치인에게 '강남풍'이라는 표현이 사용되는 식이다. '강남 엄마'는 자녀의 교육을 위해 각종 정보를 동원하고 사교육비 지원을 아끼지 않고 교육수준이 높은 학부모를 지칭하는 표현으로 통용되며, 대형 학원 프랜차이즈는 '청담○○○', '대치○○' 식으로 강남에 '본적'을 둔 수준 높은 학원을 표방하면서 강남 수준의 사교육, 더불어 '명문대 진학'과 '사회적 성공'을 보장하는 듯한 광고문구로 서울과 전국의 학부모들을 유혹한다. 솜씨 좋은 성형수술 병원은 '강남'에서 그 실력을 인정받은 곳이며, 아름다운 웨딩드레스는 강남의 웨딩드레스 업체에서 볼 수 있고, 중산층 커플의 부부로서의 출발은 강남의 대형 예식장에서 이뤄진다.

강남의 속사정

하지만 강남의 속사정을 들여다보면 이 같은 선망이 꼭 맞아떨어지는 얘기는 아니다. 2005년 기준으로 우리나라의 주택 자가 점유율은 전국 55.6%, 서울 44.5%지만 강남 3구는 41.4%로 상대적으로 더 낮다. 강남 지역에 다주택자가 많아서다. 『대한민국 정치사회지도』의 저자 손낙구의 조사에 따르면 강남구에서 자기 집에 거주하는 가구는 37%이고 셋방에 사는 가구가 61%이며, 다주택자의 경우 11채 이상 보유한 가구가 531가구로 총 7654가구의 주택을 보유하고 있다. 손낙구는 "자기 집의 비율이 가장 높은 대치1동(64%)과 대치2동(62%), 도곡2동(62%)은 거주 가구의 15~17%가 집을 여러 채 소유한 다주택자들"이고, "압구정1동과 2동, 청담1동, 삼성1동, 대치3동, 도곡1동, 일원본동도 거주가구의 10% 이상이 다주택자로 강남구 26개 동네 가운데 9개 동네가 동네 사람의 열 중 한 명 이상이 현재 살고 있는 강남 집 외에 최소 한 채 이상을 더 소유한 집 부자들"이라고 지적했다.

이는 강남 내에서도 주택 보유 여부와 주택가격에 따른 계급화가 벌어지고 있음을 드러낸다. "강남 커뮤니티에 들어왔다 하지만 안으로 막상 들어와 보면 초라하기 그지없죠. 가진 것도 없고. 오히려 상대적 빈곤감을 충분히 느낄 수 있는 …… 아파트 단지에 그랜저 이하의 차가 없을 때, 절반 이상이 외제차일때, 오히려 국산차가 천연기념물이 되었을 때, 5000~6000원짜리 스타벅스 커피 마시기를 일상생활처럼 할 때, 자녀들의 과외비 정도를 볼 때 상대적 빈곤감을 느껴요."[95]

재산 포트폴리오에서 주택의 비중이 80%를 넘는 만큼 집값에 민감할 수밖에 없는 것이 강남의 여론이기도 하다. 다주택자의 경우에는 더욱 그렇다.

서울 서초구 잠원동에 사는 서모 씨(60세)는 1가구 2주택자로 2010년 3월 현재 반포에 35억원짜리 297.521㎡(90평) 아파트 한 채, 잠원동에 15억원짜리 148.76㎡(45평) 아파트 한 채를 갖고 있다. 부동산 합계로는 시가 50억원이지만 서 씨에게는 애물단지일 뿐이다. "은퇴해서 수입도 없는데 종합부동산세며 세금이 지난해 1000만원 나왔고, 재건축 추가 분담금 등 금융비용만 한 달에 175만원씩 나가요. 생활비까지 포함하면 한 달에 700만원 정도 적자가 납니다. 몇 억 떨어졌다고도 하는데 집을 내놔도 안 팔려요."

서 씨는 재개발로 5층 아파트를 허물고 지은 초고층 ㅈ아파트 단지의 90평형대에 당첨되어 7억에 전세를 놨다. "아파트를 팔자니 7억원을 내줘야 해요. 또 재건축 때 추가 분담금으로 낸 돈이 8억원입니다. 세무사를 구해서 계산을 해봤더니 지금 1가구 2주택자라서 양도세가 7억원에서 8억원에 달한다고 합니다. 35억원에 아파트를 팔아도 10억원 정도밖에 안 남는다는 계산이 나와요. 게다가 팔려고 내놔도 사려는 사람이 나설지도 알 수가 없어요."

같은 동네에 사는 또 다른 자가 보유자 김모 씨(51세)는 투자 목적으로 집을 샀다가 은행 융자를 갚느라 허리가 휠 지경이다. 그는 "반포주공아파트가 재건축되면 거주민들이 가까운 방배동에 집을 얻을 것"이라는 지인의 '투자정보'를 입수하고 3년 전 4억 융자를 얻어 297.521㎡(90평) 빌라를 12억원에 구입했다. 하지만 예상과 달리 반포의 대형 평수는 재건축이 막막한 상황인데다, 주변의 아파트 시세는 올라도 빌라는 별반 오르지 않았다. 그는 "집은 팔리지도 않고 이자하고 원금을 갚느라고 살림이 팍팍하다"고 말했다.

이렇다 보니 강남의 정치 지지 성향이 '부동산 가격'을 지지하거나 재개발을 공약으로 내건 보수정당 쪽으로 쏠리는 현상이 자연스럽게 발생한다. 총 주택수와 유권자수가 많은 강남 3구는 공정택 전 교육감을 당선시켰던 2008년 교육감선거와 오세훈 현 서울시장이 간발의 차로 승리한 6·2 지방선거를 통해 보수성향의 계급이익에 충실한 '스윙코트'의 저력을 보여준 바 있다.

CHAPTER 11
서 울 의 재 구 성

주거 형태와 지역의 개발 이슈는 정치 지형을 바꿔놓는다. 주거가 개인의 삶이나 문화적 차원을 넘어 정당에 대한 지지 성향과 투표 행위에까지 영향을 미치는 것이다. 한나라당이 서울에서 뉴타운 공약을 내세워 압승을 거둔 2008년 총선은 개발과 집값 상승에 대한 욕망이 정치의 향방을 결정하는 데 얼마나 위력적이었는지를 보여준 사례다. "뉴타운이 되면 집값도 오르고 살기 좋아진다"는 환상이 한나라당에 대한 지지로 이어졌고, 도시에서 야당을 많이 찍는다는 여촌야도(與村野都)' 개념도 파괴되었다. 재개발로 아파트가 들어서는 동네는 예전보다 보수정당 지지도가 높아지는 현상을 보인다. 서울에서 전통적으로 민주당 성향이 강했던 지역의 1990년대 이후 개발 흐름과 총선 결과 추이를 들여다보면 이러한 해석이 보다 설득력을 얻는다.

아파트, 서울의 정치를 뒤집다

"원래는 민주당을 지지했는데 지난 총선에선 한나라당을 찍었어. 친구 중에 전라도 사람이 많은데 지난번엔 자기들이 나서서 한나라당 뽑자고 하더라구. 여당을 지지하면 개발이 이뤄질 거라고 본 거지. 아직도 친구들 중엔 무허가주택에 사는 사람들이 있는데 그 사람들이 개발을 많이 원해. 옛날에는 이 동네 개천에서 똥물이 흘러서 오죽하면 '봉천동에선 장화 없이 못 산다'는 말이 있을 정도였으니까. 지금은 아파트가 많아져 살기 편한 걸 아니까 발전을 더 원하는 거 같아."(서울 관악구 중앙동에 사는 75세 김모 씨)

서울대가 자리한 관악구는 전통적인 민주당 강세 지역이었다. 1988년 13대 총선 때 평민당이 갑·을 선거구 모두에서 당선된 후 15대 때 한 선거구를 제외하고는 줄곧 민주당과 같은 뿌리인 국민회의, 열린우리당 출신 국회의원이 나왔다. 18대 총선은 달랐다. 한나라당 김성식 의원이 갑 선거구에서 민주당 유기홍 후보를 2765표(2.69%포인트) 제치고 당선되었다. 이변으로 불릴 만했다.

민주당 관악 갑 지역위원회 박기찬 사무국장은 "봉천동 하면 '못 사는 동네'라는 이미지가 컸지만 7~8년 전부터 재개발 지역에 드림타운, 푸르지오 등 대단지 아파트가 들어서고 집값이 많이 올랐다"며 "그 가격대에 들어올 수 있는 주민들이 유입되었는데 민주당 성향의 서민들보다는 보수 성향의 사람들이 많이 들어왔다"고 말했다. 그는 "새로 들어온 아파트 주민들의 표를 많이 빼앗긴 것 같다"고 했다.[96]

무허가 불량주택이 많았던 봉천동과 난곡 일대는 1990년대 말부터 재개발이 본격화되었다. 판자촌을 밀어낸 곳은 수천 세대의 아파트 단지로 바뀌었다. 봉천동에는 40평대 이상의 중대형도 많이 들어섰다. 봉천동이란 이름이 달동네 이미지를 풍긴다는 주민들 민원이 이어져 2008년 보라매동, 청림동, 은천동, 중앙동 등으로 개명했다. 중앙등 주민 윤서순 씨(55세)는 "동네에 흐르던 개천을 아스팔트로 덮어 그 위로 차가 다닌 게 불과 25년 전"이라며 "가난하게 살던 사람들은 개발로 집값 상승을 노려보는 것 외에는 다른 방법이 없지 않겠느냐"고 말했다.

도봉구청 신청사가 자리한 지하철 1호선 방학역 일대. 이곳은 1990년대 중반까지 대상그룹 미원 공장을 비롯해 크고 작은 공장이 모여 있는 공장지대였다. 1998년 미원 공장이 철거되어 군산으로 이전하면서 아파트가 지어졌고, 2001년 그 자리에 대상타운현대 1278가구가 입주했다. 방학·쌍문·도봉2동 일대에 삼성 래미안 아파트도 들어섰다. 2007년에는 도봉·쌍문동 일대가 재개발구역으로 지정되었다.

도봉 을 지역 한나라당 관계자는 "과거 미원 공장이 있던 방학동은 근로자들이 많이 살고 주거 형태도 주로 연립주택과 사택으로 이뤄져 민주당이 압도적 승리를 거두었던 곳"이라며 "그러나 지금은 아파트촌으로 바뀌어 도봉구에서 집값이 가장 비싼 동네가 되었다"고 말했다. 그는 "아파트가 없고 주민의 20%가 지하·반지하에 사는 방학2동과 주택이 많은 도봉2동 일부는 민주당 성향이 강하고, 아파트촌인 쌍문4동과 방학1동은 한나라당 성향이 강하다"고

말했다.[97]

　인근 쌍문2동에 거주하는 박명환 씨(75세)는 "17대 총선 때는 민주당을 찍었는데 18대 선거에서는 한나라당에 표를 줬다"며 "한나라당이 되면 재개발이 쉽게 될 것 같아서 찍었다"고 말했다. 옆에 있던 박 씨의 딸 영옥 씨(42세)도 같은 이유로 한나라당을 지지했다고 했다. 주택 밀집 지역인 쌍문2동은 재개발 요구가 거센 동네 중 하나다.

　14대부터 17대 총선까지 민주당이 싹쓸이 했던 이 지역은 2008년 총선 때 갑·을 두 선거구 모두 한나라당 후보가 당선되었다. 도봉 갑에 출마한 한나라당 신지호 후보는 이곳에서 내리 3선을 지낸 민주당 김근태 전 의원을 1278표(1.88%포인트) 차로 눌렀다. 도봉 을에서도 정치 신인이던 한나라당 김선동 후보가 야당의 현역 의원을 이겼다. 한나라당 후보들은 모두 도봉 뉴타운 추진을 공약으로 내걸었다.

　구로구 개봉역 인근에서 부동산 중개업을 하는 조병환 씨(64세)는 1969년부터 개봉동에 살아온 지역 토박이다. 지난 40년간의 개발 상황과 정치성향의 변화를 잘 알고 있었다. "옛날 개봉동 일대에는 파이프공장, 제지공장과 저층 아파트가 있었어요. 하지만 공장들이 빠지면서 1990년대 말부터 아파트 단지가 분양되기 시작했어요. 이 근처의 벽산블루밍, 대우, 한마을 아파트가 다 그때 들어선 거예요. 대체적으로 서울은 야당 성향이 강하잖아요. 이곳도 그 전에는 야당이 강했는데 지난번 선거 때는 호남 사람들의 민주당 지지가 약해졌어요. 맹목적으로 민주당을 밀던 사람들도 지역 발전

▼역대 총선 투표율 추이 (자료: 중앙선관위)

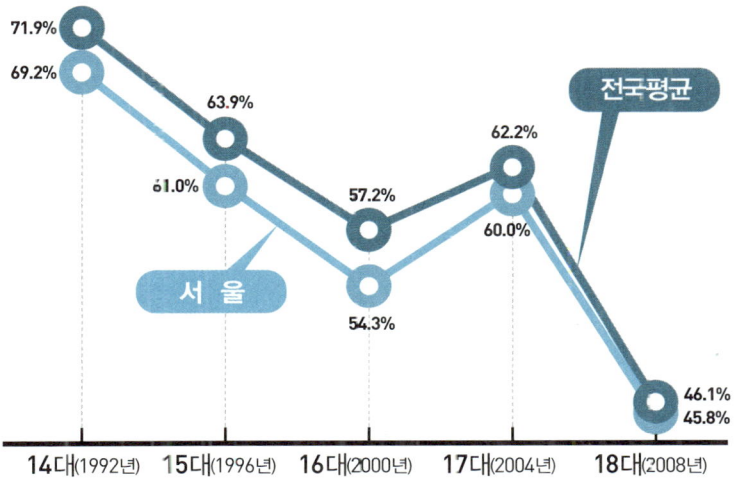

▼서울 총선에서의 진보개혁·보수진영 의석수 분포
(*표시가 진보개혁진영, 중앙 선관위자료를 토대로 산출)

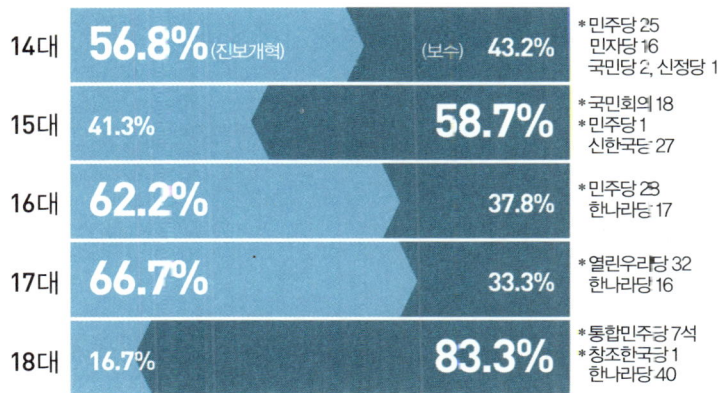

▼18대 총선 때 야권 강세 지역에서 여당 지지로 돌아선 선거구의 개발 추이

지역			개발 내용
도봉구	갑	민 → 국	
	을	민 → 국	
	병	민 → *	
	지역개발		1992-창1동 삼성아파트 1668가구 입주
			1998-방학동 미원공장 철거, 아파트 건설 착공
관악구	갑	민 → 신	
	을	민 → 국	
	지역개발		1991-관악현대 2134가구 입주
			1996-봉천동 재개발 본격화
노원구	갑	자 → 신	
	을	자 → 국	
	병	* → *	
	지역개발		1993-중계동 대림벽산·롯데우성아파트 입주
			1996-지하철 7호선 장암~건대입구 개통
구로구	갑	자 → 국	
	을	민 → 한	
	병	민 → *	
	지역개발		1996-구로·가리봉 일대 주거환경개선 사업 완료
			1997-신도림동 종근당공장터에 e편한세상 2598가구 공급
성동구	갑	자 → 신	
	을	민 → 신	
	병	민 → *	
	지역개발		1998-마장동 현대아파트 1017가구 입주
			1999-옥수동 삼성아파트 1114가구 입주

1991　1992　1993　1994　1995　1996　1997　1998　1999
　　　　14대　　　　　　　　**15대**

(총선 승리 정당 [한=한나라당, 자=민자당, 신=신한국당, 민=민주당, 국=국민회의], 갑·을·병의 선거구, * 는 선거구 통폐합 지역)

	민	우	한
	민	우	한
		*	

2001-미원공장부지에 대상 타운현대 1278가구 입주

2007-도봉2·3구역, 쌍문1구역 자개발구역 지정

2002-방학동·쌍문동 삼성래미안 입주

	민	우	한
	민	우	민

2000-봉천동 관악드림타운 5387가구 입주

2003-봉천동 관악푸르지오 2496가구 입주

2008-봉천동 지명, 은천·중앙동 등으로 변경

2001-신림~여의도 경전철 건설 계획 발표

2005-신림 재정비촉진지구 지정

2002-난곡 신림1구역 재개발사업 시행 인가

2006-난곡동 관악산휴먼시아 3322가구 입주

	민	우	한
	민	우	한
	*	우	한

2000-중계동 삼성· 양지대림2차·현대6차 입주

2004-월계4 재개발 추진위 승인

2007-노원마을(상계1동) 개발 착수

2005-상계뉴타운· 장위뉴타운 지정

2008-104마을(중계본동) 재개발 사업시행자 지정

	한	우	한
	민	우	민
	*	*	

2000-e편한세상 1626가구 추가 공급, '대림타운' 형성

2004-구로3동 래미안 1470가구 입주

2007-옛 기아자동차 출하장 부지에 테크노마트 개장

2008-고척동 옛등포구치소 이전부지 개발계획 확정

2002-가리봉 균형발전 촉진지구 지정

2005-옛 동아산업 부지에 주상복합아파트 S&뷰 입주

2009-옛 한국타이어 공장 부지에 주상복합 푸르지오 준공

	민		한
	*	우	한
	*	*	*

2002-옥수리 뉴타운시범지구 지정

2008-삼성물산, 극동아파트 리모델링 착공

2003-금호·성수·마장·용답동 일대 재개발 추진

2005-뚝섬 서울숲 조성

2010-성수동2가 개발진흥지구 지정

2006-옥수12구역 정비구역 지정, 래미안단지 조성

2000 2001 2002 2003 2004 2005 2006 2007 2008 2009 2010 년
16대 **17대** **18대**

을 위해 돌아서는 경우가 있었어요." 조 씨 매번 민주당 후보를 찍었으나 지난 총선에선 노무현 정부에 대한 실망으로 투표장에 가지 않았다고 했다.

역시 구로구의 고척2동에 20년째 살고 있는 류영철 씨(57세)도 지난 총선 때 개발 공약을 보고 한나라당을 찍었다. 그는 "고척동은 산을 깎아 집을 지은 곳이라 못 사는 서민들이 많이 살던 동네"라며 "가진 게 없는 사람들이다 보니 출신 지역을 떠나 당장 이득을 볼 수 있다는 기대감에 개발 공약을 먼저 생각한 것 같다"고 말했다. "노동으로 돈을 버는 것보다 개발을 통해 재산을 늘리는 게 훨씬 빠르지 않느냐"는 얘기다.

구로는 영등포와 함께 서울의 대표적인 공업단지였다. 공장이 많고 안양천, 철도차량기지 등으로 생활권이 나뉘어져 발전이 더딘 편이었다. 하지만 1990년대 후반 준공업지역 정비로 신도림동 한국타이어·대성연탄, 구로1동 제일제당, 오류2동 동부제강 공장 등이 외곽으로 빠진 뒤 아파트촌으로 바뀌었다. 2000년대 들어 신도림동 종근당 공장터에는 4224가구의 대림타운이 형성되었고, 가리봉동은 균형발전촉진지구로 지정되었다. 전통적으로 호남 유권자가 많았지만 개발 후 중산층이 대거 유입되면서 정치성향도 바뀌었다.

18대 총선 때 구로 갑에서는 한나라당 후보가 당선되었다. 선거 열흘 전만 해도 재선에 도전한 민주당 후보가 여론조사에서 10%포인트 넘게 앞서 있었으나 선거에선 926표(1.08%포인트) 차로 졌다. 한나라당이 내건 온수역세권 개발, 오류역 복합민자역사 유치 등의 공약이 막판 표심을 흔들었다는 게 지역의 평가다.

맞닿아 있는 금천구도 상황이 비슷하다. 지난 총선 전 여론조사에서는 민주당 후보가 우세했지만 선거에선 한나라당 후보가 342표(0.4%포인트) 차로 신승을 거뒀다. "금천구는 전라도 사람이 3분의 1이 넘어 항상 민주당이 이기는 동네였죠. 하지만 2008년에 한나라당이 당선된 건 뉴타운 공약이 제일 컸다고 봐요. 안형환 의원이 거리 곳곳마다 뉴타운 도면을 걸어 놓고 주민들 신뢰를 얻은 거지. 한나라당이 근소한 표차로 당선된 건 시흥3동에서 몰표를 받아 된 거래요. 거기에 뉴타운 만든다고 했거든. 금천구는 말이 서울이지 강원도보다도 못해 뉴타운에 대한 주민들의 기대심리가 아주 컸어요". 시흥1동에서 18년간 거주한 이모 씨(45세)의 얘기다.

부동산 계급 투표

이처럼 서울의 재개발과 뉴타운 열풍은 정치 구도를 바꿔놓고 있다. 역대 서울 지역 총선에서 진보개혁진영의 당선 비율은 14대 56.8%→15대 41.3%→16대 62.2%→17대 66.7%로 높은 편이었으나 18대 총선에서는 48개 선거구 중 40개를 한나라당이 가져갔다.

연세대 김호기 교수는 "2008년 총선에선 뉴타운이 선거를 좌우하는 쟁점 정책이었다. 특히 서울 강북에서 박빙으로 민주당 후보들이 진 지역들은 뉴타운 공약이 크게 영향을 미쳤다고 볼 수 있다"고 말했다. 김 교수는 "재개발이 이뤄지건 중산층 거주율이 높아지고 탈 야권적 성향이 나타난다"고 설명했다.

민주당 이목희 전 의원은 "총선의 기본 구도는 정권에 대한 중간 평가이지만 동네에서는 개발 이슈가 제일 중요하더라"며 "의원들도 국회에 와선 정치 얘기하지만 동네에 가면 개발 얘기를 더 많이 한다"고 전했다. 여론조사기관 '더 피플'의 2009년 12월 조사 결과를 보면 유권자들은 후보 선택 기준으로 선거공약(44.4%)을 가장 많이 보고 있으며, 공약 중에선 지역개발(47.7%) 분야를 가장 중요하게 생각하는 것으로 나타났다.[98]

주택 소유 여부와 주거형태에 따라 지지정당이 갈리는 현상은 손낙구 씨가 쓴 『대한민국 정치사회 지도』에서도 확인된다. 이에 따르면 수도권에서 한나라당을 많이 찍은 동네일수록 집 가진 사람, 다주택자, 아파트 거주자가 많이 살고 투표율도 높게 나타났다. 반면 민주당 득표율이 높은 동네일수록 무주택자, 연립·다세대주택 거주자, 1인 가구, (반)지하 거주자 등이 많이 살며 투표를 포기하는 비율도 높았다. 또 이사를 얼마나 자주 다니느냐도 투표 행태에 영향을 미친다.[99]

손 씨는 "2년이 지나면 셋방 가구의 절반을 포함해 동네 사람 3분의 1이 바뀌고, 5년이 지나면 셋방 가구의 82%를 포함해 동네 사람의 3분의 2가 바뀐다"며 "셋방 사는 사람들은 현재 사는 동네를 '우리 동네'가 아니라 곧 떠나야 할 곳으로 여기다 보니 투표장에 갈 생각을 하지 않는다"고 분석했다.[100]

신율 명지대 교수(정외과)는 "소득이 늘어나지 않았음에도 주거형태가 바뀌면서 정치의식이 바뀌는 것은 우리나라만의 독특한 현상"이라며 "이는 부의 대부분이 부동산에 투자되고 있기 때문"이라고 말했다. 그는 "우리 동네에 아파트가 들어서면 자산가치가 늘어날 거라는 막연한 기대가 일고, 이를 현실화시키려면 한나라당을 지지하면 된다는 생각으로 이어지고 있다"면서 "문제는 재개발로 밀려나는 사람들이 진보화되기보다는 먹고살기 힘들어 정치에 무관심하게 되는 경향"이라고 덧붙였다.

총선 후 2년이 지난 지금, 뉴타운 공약을 믿고 한나라당을 찍었던 사람들은 어떤 생각을 하고 있을까. "뉴타운 공약이 흐지부지해져서 주민들이 한때 시위를 하기도 했지. 1980년대에 지은 집 가진 사람들은 아직도 뉴타운에 대한 미련을 못 버리고 있어요. 그런데 지금은 많이 잠잠해진 편이야. 처음에는 돈 몇 푼 들이면 짓는 줄 알았는데 몇 억씩 든다고 하고, 뉴타운이 되면 원주민들이 쫓겨나는 형극이 된다는 걸 알게 되었거든."(시흥3동 거주 61세 김모 씨)**101)**

하지만 6·2 지방선거에서도 주택 보유율과 아파트 보급률, 소득 수준이 높은 지역에서 한나라당 지지율이 높게 나타나는 경향은 강남을 중심으로 드러졌다. 중앙선거관리위원회가 공개한 '6·2 지방선거'의 득표율을 보면 득표율이 47.4%로 전체 과반을 넘지 못했던 오세훈 한나라당 당선자는 아파트 보급률이 80%에 달하는 서울 압구정동에서 가장 높은 77.1%의 득표율을 보였다. 또 주택 보유율이 90%에 달하는 잠실7동과 문정2동, 아파트 단지인 대치1동 등에서 70% 안팎의 득표를 얻었다. 이 같은 '몰표'는 개표 막판에 오세훈 당선자에게 힘을 실어 주면서 한명숙 후보와의 0.6% 차이로 박빙 승부를 갈랐다.**102)**

반대로 한 후보가 가장 많이 득표한 동네는 서울 424개 중에서 창신2동(61.8%)이었다. 2005년 뉴타운 지역으로 선정된 이후 세입자 대부분이 주거 문제로 고민이 많은 곳이다. 구로3동, 용답동, 중앙동에서도 한 후보의 지지율이 높았다.

서울 전체를 놓고 볼 때도 아파트가 많은 지역에서 한나라당 지지도가 높은 현상은 뚜렷했다. 이른바 '계급투표'라고 할 수 있다. 성동구의 예를 보자. 한강변에 아파트가 밀집한 성수2가 1동의 경우 오 당선자가 한 후보보다 약 500표 정도 표를 더 받은 반면, 빌라와 오피스텔이 많은 인근의 성수1가 2동에서는 한명숙 후보가 약 200표 이상 더 표를 얻었다.

종로구의 경우 동대문 부근에 다가구 주택과 빌라가 많은 창신2동과 3동, 숭인1동과 2동에서 한 후보의 득표가 오 당선자를 약 500표씩 앞선 반면, 고급주택이 밀집한 평창동에서는 오 당선자가 1800표 앞섰다. 용산구에서도 다가구, 다세대 주택이 밀집한 청파동은 야당, 아파트가 몰려 있는 부자 동네인 한강로동과 이촌1동에서는 여당 지지 성향이 두드러졌다.

서울의 두 동네 이야기, 잠실7동과 논현1동

서울에서 투표율이 가장 높은 동네와 가장 낮은 동네는 어디일까. 분석 대상 518개 동네 가운데 2004년 총선과 2006년 지방선거 평균 투표율을 기준으로 투표율이 가장 높은 곳은 송파구 잠실7동이며, 가장 낮은 곳은 강남구 논현1동이다. 두 동네의 평균 투표율은 각각 69%와 39%로 무려 30% 차이다. 잠실7동은 두 차례 선거에서 각각 74%와 65%가 투표한 반면, 논현1동은 46%와 33%에 그쳤다.

투표를 가장 많이 한 동네와 가장 적게 한 동네가 모두 강남권에서 나온 것인데, 두 동네는 어떤 차이가 있는 것일까. 우선 주거생활의 격차가 눈에 띈다. 잠실7동에 사는 3163가구 가운데 90%인 2849가구가 주택을 소유하고 있는 반면, 논현1동은 1만 2514가구 가운데 75%인 9432가구가 무주택자다. 집을 두 채 이상 소유한 가구도 각각 17%와 3%로 잠실7동이 여섯 배에 달한다. 잠실7동은 동네 사람 전부가 아파트에 사는 반면 논현1동은 76%가 단독주택에 살고 14%는 다세대주택이나 연립주택 등에 살며 아파트 거주 가구는 10%에 머문다.

잠실7동 가구 중 1인 가구는 7%에 그치고 지하 또는 반지하방이나 옥탑방 등에 사는 가구는 존재하지 않는다. 반면 논현1동 가구 중 48%가 1인 가구이며, 13%는 지하 또는 반지하방에 살고 있다.

이처럼 잠실7동은 주택 소유자와 다주택자, 아파트 거주자 비중이 매우 높고 1인 가구나 반지하방 등 거주자는 극히 적거나 아예 존재하지 않는 등 매우 양호한 주거생활을 하는 동네로 나타났다. 이에 비해 논현1동은 무주택자와 단독주택 거주자 비중이 압도적으로 높고, 1인 가구와 반지하방 거주자 비중이 매우 높게 나타나는 등 주거생활이 매우 열악하다.

학력 수준의 차이도 엿보인다. 잠실7동에 사는 20세 이상 인구 7962명 가운데 89%가 대학 재학 이상 학력을 보유하고 있다. 이 가운데 83%는 4년제 대학 재학 이상 학력을, 21%는 대학원 재학 이상 학력을 보유하고 있다. 논현1동에 사는 20세 이상 인구 2만 2534명 가운데 대학 재학 이상 학력 보유자는 63%다. 또 4년제 대학 재학 이상은 46%, 대학원 재학 이상은 6%에 머물렀다.

종교생활의 차이도 나타난다. 잠실7동 거주자 중 종교 인구는 67%로 논현1동에 비해 14%가 높다. 또 잠실7동은 천주교 인구가 26%로 가장 많고 개신교(24%) 불교(15%)인 반면, 논현1동은 개신교 인구가 20%로 가장 많고 불교(17%) 천주교(6%) 순이다.

정당별 득표율에서도 차이가 나타난다. 정당명부 비례대표 득표율 기준으로 2004년 총선에서 잠실7동은 한나라당 66%, 민주당(열린우리당 포함) 25%, 민주노동당 5%로 한나라당이 가장 높았다. 반면 논현1동은 민주당(열린우리당 포함) 48%, 한나라당 32%, 민주노동당 13%로 민주당이 가장 높았다. 2006년 지방선거의 경우 잠실7동은 한나라당 82%, 민주당(열린우리당 포함) 14%, 민주노동당 4%로 한나라당 득표율이 더 올라갔다. 논현1동 역시 한나라당 67%, 민주당(열린우리당 포함) 25%, 민주노동당 8%로 한나라당이 가장 높았지만 민주당과 민주노동당 득표율은 잠실7동에 비해 상대적으로 높았다.

잠실7동과 같이 상대적으로 경제적 형편이 좋고 학력이 높으며 종교인구 비율이 높은 동네에서 투표율이 높고 한나라당의 득표율이 높으나, 논현1동과 같이 가난하고 학력도 낮으며 종교인구 비율도 낮은 동네에서는 투표율이 낮고 민주당 득표율이 높다. 이 같은 현상은 서울시 518개 동네 전역에서 비슷하게 나타난다. 수도권 1164개 동네도 마찬가지다. 또 전국 3537개 읍·면·동으로 대상을 확대할 경우 주택 소유 가구 비중이 높은 동네일수록 투표율이 높고, 반대로 무주택 가구 비중이 낮은 동네일수록 투표율이 낮은 현상이 발견된다.

또한 저소득층의 경우 투표하기가 여의치 않은 투표제도의 문제도 있다. 비정규직에게 투표 참여는 하루 일당을 포기하는 것을 의미하기 때문이다. 하지만 중요하게는 셋방 거주가구일수록 이사가 잦아 정치참여의 기반이 되는 동네 공동체 형성이 쉽지 않다는 이유가 있다. 2년이 지나면 셋방가구의 절반을 포함해 동네 사람 3분의 1이 바뀌고 5년이 지나면 셋방가구의 82%를 포함해 동네 사람의 3분의 2가 바뀌는 점을 감안하면, 셋방 사는 사람들은 현재 사는 동네를 '우리 동네'가 아니라 곧 떠나야할 곳으로 인식하게 된다. 가난한 사람들이 투표장에 가야 할 이유를 만들어주지 못하는 현실 정치의 한계가 크게 작용하는 것이다.

— 손낙구(『대한민국 정치사회 지도』 저자)

손낙구는 『부동산 계급사회』, 『대한민국 정치사회 지도』의 저자로, 한국의 부동산과 도시 재개발 문제에 대해 통계를 만들고 분석하며 한국의 부동산 사회문제를 연구하고 있는 노동운동가이다. 19년 동안 노동운동을 하며 민주노총 대변인과 심상정 의원실 보좌관을 지냈다. 현재 정치연구소인 '정치 바로'의 부소장을 맡고 있다.

▼서울 잠실7동과 논현1동의 동네지형 비교 (출처: 손낙구, 『대한민국 정치사회 지도』)

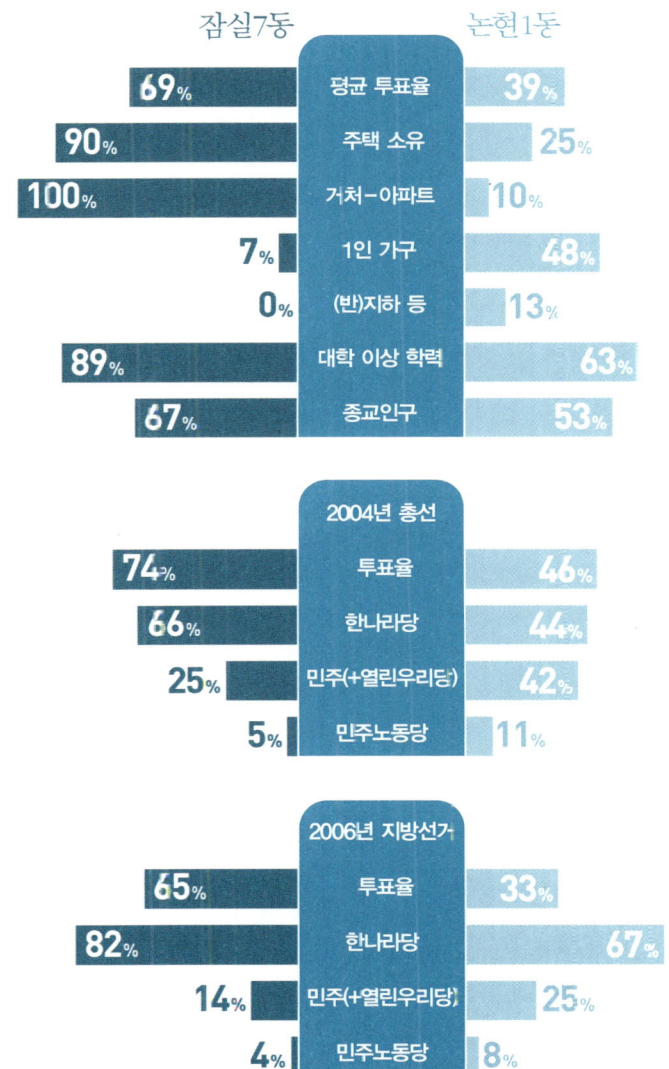

논현1동은 어떤 동네인가?

논현1동은 강남의 주요 상권인 강남역과 신사역에서 도보 15분 거리에 위치한 강남구의 중심부에 위치해 있다. 동네의 절반은 고급주택과 빌라들이 들어서 있는 전형적인 '강남 부촌'이지만 나머지 절반은 근처 직장인들을 대상으로 한 '강남 서민'들의 영역이다. 강남이라는 부유한 지역을 '대저택'에 비유한다면 이곳은 그곳에 서비스를 공급하는 이들이 주로 거주하는 '작은방'에 비유할 수 있다.

학동로 남쪽 마을 놀이터에서 만난 주민 김현회 씨(73세)는 "이 동네가 논현로를 가운데로 두고 남북으로 좀 특성이 다르다. 남쪽은 주로 다세대주택, 시장 등이 있고, 북쪽은 주로 아파트나 넓은 개인주택이 있다"며 "남쪽은 좀 번잡하고 시끌벅적한 느낌이라면 북쪽은 공원도 있고 조용하고 감시용 카메라 달린 집도 여럿 보인다. 이명박 현 대통령도 서울 시장을 지낼 당시 그쪽에 집이 있었다"고 말했다.

남쪽을 둘러봤다. 논현역에서 신논현역으로 이르는 학동로의 빌딩 숲에서 남쪽 지역 골목길로 들어가면 각종 음식점과 시장, 술집까지 상권이 형성되어 있다. 상가는 논현1동을 관통하는 학동로를 따라 계속 연결되어 상가를 이용하는 직장인들과 주민들로 분주한 분위기였다. 늦은 밤에도 술집에서 나오는 취객들로 거리가 붐볐다. 상가를 제외한 지역은 오피스텔들로 거리가 빼곡히 채워져 있다. 주로 월세로 운영된다. 이들 오피스텔 주변에는 헤어숍과 네일숍, 커피전문점 등 젊은 여성들을 겨냥한 가게가 많이 있다. 평일 낮임에도 편안한 차림의 젊은 여성들이 가게 안에서 한가롭게 손톱을 손질하는 모습을 쉽게 찾아볼 수 있었다. 젊은 여성들이 개를 끌고 산책을 다니는 모습도 심심찮게 눈에 띄었다.

북쪽에는 연립주택과 고급빌라, 고급주택 등이 형성되어 조용한 동네 분위기였다. 행인의 모습은 드문드문 보였으나 간혹 보이는 사람들도 학동 공원을 이용하는 사람들이나 산책을 나온 듯한 노년층이 대부분이었다. 길가에 주차된 외제차도 심심찮게 눈에 띄었다.

정년퇴임 후 논현1동 남쪽 지역에서 오피스텔을 임대해 생계를 꾸리고 있다는 김모 씨(70세)는 "논현1동의 주민 대부분은 세입자이며 이 지역의 상권이나 근처 테헤란로의 서비스업에 종사하는 젊은 사람들이 혼자 많이 세 들어 산다"며 "이 근처에 헤어숍이나 네일숍이 많은 것도 그런 이유"라고 말했다.

논현1동의 부동산 몇 곳을 취재한 결과 대부분 건물 매매보다는 원룸 월세와 전세

계약 귀주로 수입을 얻고 있었다. 2010년 현재 33㎡(10평)짜리 원룸의 경우 보증금 1000만원에 월 7만~75만원에서 거래가가 형성되어 서울 외곽 지역인 도봉구, 중랑구의 같은 평형대의 월세보다 30만원가량 비싸고 서울 월세값 평균인 35만원보다는 두 배 이상 비쌌다. 서비스업에 종사한다는 공모 씨(28세)는 "그래도 논현1동이 강남의 다른 지역보다는 세가 저렴해 만족하며 살고 있다"고 말했다. 특이한 점은 젊은 층 1인 가구의 경우 3~4개월 정도의 단기 거주가 많다는 점이다. 근처 상가나 강남 지역의 서비스업에 종사하는 이들로 비정규직이라서 고용과 수입이 불안정한 사람이 많다. 일자리를 찾아 이사를 자주 다니다 보니 이 지역 임대 거래는 전세나 1~2년짜리 월세 계약보다는 단기 월세 계약이 더 많다.

이러한 불안정한 정주는 정치에 대한 무관심으로 이어지는 것으로 보인다. 길에서 만난 박모 씨(32세)는 "논현1동 안에서만 세 번의 이사를 했지만 투표에 대한 필요성을 느낀 적이 없다"면서 "앞으로도 필요성을 못 느낀다. 내 집도 아니고 언제 떠날지도 모르는데 투표를 왜 하겠냐"라고 반문했다.

CHAPTER 12
경 기 는 지 금

2000년대 중반 이후 서울 전역에서 진행된 동시다발적인 재개발로 밀려난 사람들의 상당수가 경기에 정착한 것으로 추정된다. 이들은 서울에서의 높은 주거비 부담으로 거처를 옮겼으나 생계를 위해 대도시 인근을 떠나지 못하는 경우가 많다. 야당 성향이 강한 저소득층과 무주택자들의 유입이 경기의 경제적 계급 분포와 정치지형의 변화에도 적잖은 영향을 미치고 있다는 가설이 가능하다. 취재진은 서울 동대문구 '답십리 뉴타운'을 취재하는 과정에서 많은 주민들로부터 "여기 전셋값이 올라 버텨내지 못한 사람들이 다 남양주시로 이사를 갔다"는 얘기를 여러 차례 들을 수 있었다. 직접 발로 뛰어 현장을 확인했다.

서울에서 밀려난 사람들

경기도 남양주시 화도읍 묵현리. 4~5층 빌라와 단독주택들이 빼곡하게 들어서 있었지만 아파트는 좀체 보이지 않았다. 화도읍 인구가 8만 5000여 명인데 묵현리 인구는 3월 말 기준으로 2만 7120명(1만 233세대)이다. 화도읍 전체 면적 중 묵현리가 차지하는 면적은 11.65%에 불과하지만 인구수는 전체의 3분의 1 가까이 된다. 다닥다닥 붙어 있는 저층 빌라 촌에 사람들이 모여 살고 있어서다. 공식 통계는 없지만 세입자 비율이 50%를 넘는다고 한다.

묵현리에 있는 남양주시 외국인근로자복지센터에서 2010년 4월에 만난 김모 씨(43세·여)는 "묵현리는 한 마디로 사람들이 폭삭 망해서 들어온 곳"이라고 말했다. '서울에서 밀리고, 남양주 안에서도 밀린 사람들이 오는 곳', 즉 경기 속 '외딴 섬'이라는 취지였다. 그가 털어놓은 자신의 삶은 이랬다. 1997년에 결혼한 김 씨는 서울 도봉구 창동 아파트에서 시부모와 함께 살다가 분가를 하면서 남양주로 1998년에 이사 왔다. 보증금 3000만원짜리 아파트였다. 외환위기가 닥쳤다. 자기 집에 들어와 살겠다는 집주인 때문에 1999년 다시 평내동 아파트로 이사했다. 2년 후 집주인은 보증금을 5000만원으로 올려달라고 했다. 아이를 수술시켜야 했던 김 씨는 4000만원에 집주인을 설득하고 2년을 더 살았다. 다시 2년 후 집주인은 보증금을 7000만원으로 올렸고, 결국 김 씨는 묵현리 빌라로 이사 왔다. 지금 거주하는 89.2㎡(27평) 빌라는 오래된 집이라 3000만원 보증금을 주고 들어왔다. 하지만 또 이사를 걱정하고 있다. 서울에서 전세로 살던 집주인이 자신이 살고 있는 집의 보증금이 너무 올라 묵현리 자기 집으로 돌아오겠다고 통보한 것이다.

점차 소득이 낮아진 김 씨는 점점 평수가 작은 집에 살게 되었으며 주거 환경도 나빠졌다. 소득은 그대로이거나 낮아지는데 집값이 감당할 수 없을 정도로 비싸지면서 인근에서는 이사할 집을 찾을 수 없게 되고 결국 값이 싼 지역을 찾아 이사했다. 그렇게 서울에서 거리가 멀어질수록 주거 환경은 열악해졌다. 동네의 도로·은행·시장 등 인프라 구조는 열악해지고 치안 상태도 나빠지며 아이들의 교육 환경에까지 영향을 미치게 된 것이다.

열악한 주거 환경

묵현리는 시내인 평내로 나가는 인도가 없다. 마치 터널 속 어두컴컴한 통로를 지나야 평내로 갈 수 있다. 2010년 1월 4일 폭설이 내렸을 때 마을 사람들은 그 길을 걷는 데 세 시간이 넘게 걸렸다고 했다. 묵현리 사람들은 은행을 가려 해도, 시장을 가려 해도 버스를 타야 한다. 김 씨는 "이사 온 얼마 후에 애가 다쳤는데 애를 데리고 택시를 잡으려고 길가에서 한참을 발을 동동거리며 기다렸어요. 근데 택시가 오지를 않는 거예요. 여긴 일반 택시는 안 다니고 콜을 불러야 택시를 탈 수 있었던 거예요"라고 말했다.

은행도 한 곳 없다. 지난해 들어서야 현금 자동입출금기 두 대가 설치되었을 정도다. 은행 지점은 아니더라도 분점이라도 생겼으면

하는 게 묵현리 사람들의 바램이다.

문화시설도 없다. 재작년 보건복지부 사업으로 '드림키즈 오케스트라'와 '드림 패밀리 합창단'이 생겼을 때 마을 사람들은 환호했다. 두 프로그램은 기초생활수급 가정과 한부모 가정, 조손 가정, 차상위계층 가정을 대상으로 하는 음악 교육 프로그램이다. '드림키즈 오케스트라'는 아이들의 합주 프로그램이고, '드림 패밀리 합창단'은 부모와 아이들이 함께 노래를 부르는 합창단이다. 매주 토요일 두 시간씩 이곳 외국인근로자복지센터에서 어른들과 아이들이 어울려 노래를 부른다.

치안 상태도 열악하다. "동네가 사는 게 어려워서 그런지 좀도둑이 많아졌어요. 방범대원이 순찰을 돈다고는 하던데 밤에는 불안해서 나가질 못하고 있어요." 마을 사람들은 치안 부재 상태를 우려한다. 묵현리에는 그 흔한 지구대 하나 없다. 인근 마을에 마석지구대가 있을 뿐이다. 전국 통계로 볼 때 1개 경찰서 당 주민 1만 3006명의 치안을 맡고 있지만 묵현리가 포함된 화도읍은 경찰서 1개당 4만 6242명의 치안을 맡고 있다.[103]

교육 환경도 열악하긴 마찬가지다. 묵현리 아이들이 갈 수 있는 학교는 천마초등학교뿐. 중·고등학교는 버스를 타고 나가야만 다닐 수 있다. 김 씨는 연년생인 아이 두 명이 내년부터 버스를 타고 학교에 가야 한다며 "우리 같은 형편에 한 달 버스비도 작은 돈이 아니에요"라고 말했다. 사람들은 많지만 다들 생계 유지에 바빠 아이들을 지킬 사람이 없다. 조손 가정도 많고 부모 없이 방치된 아이들이 많다. 2009년 말 기준으로 화도읍 기초생활수급자는 남양주시 전체 중 18.7%(1404명)에 이른다. 그중 묵현리에 사는 기초생활수급자는 514명에 이른다. 화도읍 전체 기초생활수급자 중 3분의 1 이상이다. 한부모 가정도 283명이나 된다.[104]

그래도 13세 이하 아동을 보호하는 시스템으로는 지역아동센터 등이 있지만 중·고등학생을 보호해줄 시스템은 전무하다. 대신 PC방은 많다. 방치된 아이들이 시간을 보낼 장소로 어딘가를 찾다 보니 빚어진 현상이다.

마을 주민 이 모 씨(33세·여)는 "애 아빠가 일하다 다 말아먹고 묵현리로 들어왔다. 묵현리에서마저 쫓겨나야 할 상황까지는 안 갔으면 좋겠다. 마음 좀 편하게 살고 싶다. 이곳도 개발이 되면 죽어야지(웃음). 아니면 강원도 산골로 들어가야지"라며 쓴웃음을 지었다. 석모 씨(37·여)는 "없는 사람은 1년 적금도 못 붓는데, 2년에 한 번씩 이사해야 하면 복비까지 200만원은 든다. 노후대책이라는 건 아예 없고, 사실 난 '개목숨'이라고 생각한다"고 말했다.

제도 정치에 기대를 접다

묵현리처럼 서입자 비율이 높거나 생활이 어려운 지역은 투표율이 낮다. 2008년 총선 남양주시 갑 전체 투표율은 44%. 묵현리가 속한 화도읍 투표율은 39%에 그쳤다. 가장 투표율이 높았던 조안면(51%)보다는 무려 12%포인트나 낮은 수치다. 묵현1리·15리가 속한 투표소 투표율은 33%까지 떨어진다. 마을 어귀에서 만난 장모 씨(35세·여)는 "진보정당이라는 사람들도 말만 앞세우지 우리를 위해 해주는 것은 없다"며 "먹고살기 바빠 죽겠는데 정치에 관심을 가질 시간도 없고, 삶에서 누릴 수 있는 게 점점 없어지는 것 같다"고 말했다.

박상훈 박사(정치학)는 "영국 수상 디즈렐리는 정당이란 고전적인 의미에서 정치·사회적으로 조직된 의견이라고 했는데 한국 사회에서 제1당은 유효 투표자의 절반 이상을 차지하는 무당파, 즉 투표하지 않는 사람들이고 제2당은 한나라당, 제3당은 민주당"이라고 말했다. 묵현리가 속한 화도읍은 오히려 한나라당을 찍은 비율이 높았다. 박상훈 박사는 "평균 투표율에 훨씬 못 미치는 '저투표 지역'에서는 투표할 여력이나 투표할 의사가 별로 없는 중하층의 비정규직이 많아 오히려 투표 의사가 높은 한나라당 지지자의 투표율이 높게 나타나는 경향이 있다"고 말했다.

최장집 고려대 명예교수는 『대한민국 정치사회지도』 출판기념회에서 "오늘날 한국 정치는 대표된 영역과 대표되지 않은 영역 간의 갈등, 사회경제적으로 안정적인 중산층 이상의 제도 내로 통합된 사회계층과 서민으로 통칭되는, 제도 내로 통합되지 못한 노동자·사회적 약자·소외 세력 간의 갈등을 특징으로 한다. 그러므로 한국 민주주의에서 가장 심각한 문제는 '참여의 위기'다. 이는 사회경제적 불평등이 정치적 참여의 불평등과 중첩되고 있다는 사실이다"고 지적했다.

'연구공간 수유너머'의 고병권 박사는 이를 '주변화'로 설명한다. 그는 『추방과 탈주』에서 "공장이 노동자를 내치고 학교가 학생

▼2008년 총선 남양주시 갑 화도읍
(유권자 수: 5만 6107, 투표자수: 2만 1697, 투표율: 38.6%, 자료: 화도읍사무소 홈페이지)

| 한나라당 44.0%, 친박연대 7.6% | 51.6% | 45.9% | 통합민주당 45.9% |

▼2008년 총선 남양주시 화도읍 투표율과 진보·보수진영 득표율

지역	투표율	유권자수	투표자수	진보개혁진영 (득표수/비율)	보수진영 (득표수/비율)
창현 7,8,9,10리	49 %	4092	1986	911 / 46 %	1024 / 52 %
금남 1,2,3리	44 %	1196	530	178 / 34 %	333 / 63 %
창현 11,12리	42 %	3336	1413	738 / 52 %	645 / 46 %
창현 2,3,5,6,13,15, 16리, 차산 1,2,3리	40 %	4819	1916	778 / 41 %	1095 / 57 %
가곡 1,2,3리	39 %	2533	981	389 / 40 %	564 / 57 %
마석우 7리 묵현 4,6,9,13리	39 %	4372	1704	789 / 46 %	884 / 52 %
마석우 4,11,12리	39 %	3473	1368	759 / 55 %	580 / 42 %
마석우 1,3,10,13리	38 %	3313	1256	619 / 49 %	611 / 49 %
묵현 3,8,11,14리	38 %	4894	1880	987 / 53 %	860 / 46 %
구암 1,2,3리 답내 1,2,3리 월산 1,2,3,4리	38 %	3078	1160	409 / 35 %	733 / 63 %
묵현 2,7리	37 %	4592	1721	810 / 47 %	864 / 50 %
녹촌 1,3,4,5,6리	37 %	3157	1160	570 / 49 %	558 / 48 %
마석우 5,8,9리	37 %	3631	1357	619 / 46 %	690 / 51 %
묵현 5,12,16,19리 녹촌 2리	36 %	4107	1491	608 / 41 %	849 / 57 %
마석우 2,6리 묵현 1,15리	33 %	3589	1180	527 / 45 %	630 / 53 %
창현 1,4,14리	31 %	1925	594	286 / 48 %	287 / 48 %
계	39 %	5만 6107	2만 1697	9977 / 46 %	1만 1207 / 52 %

들을 내치고 농토가 농민들을 내치고 나라가 이방인들을 내치면서 집은 텅 비고 길은 꽉 찼다"며 지난 10여 년간 한국사회에서 일어난 일을 '추방'이라고 표현했다. 사다리꼴 '계급'의 아래에 위치하는 것이 아니라, 시장근본주의가 확산되는 과정에서 삶을 결정하는 정치사회적 중심부로부터 대중이 '추방'되어 멀어졌다는 설명이다. 그는 주변화된 사람들은 "국민 전체의 생존이 위기에 처해 있다고 간주될 때 가장 먼저 희생을 요구받는 이들"이고 '비국민'이며 '내부 난민'이라고 말한다.[105]

그렇다면 이들의 희망은 뭘까. 고 박사는 "주변은 '공백'이고 정치가 '부재'한 공간이지만 주변화된 대중들은 '탈주'를 시도할 것"이라며 "합의와 공공성에서 배제된 자들이야말로 의견이 다른 사람들의 연대와 새로운 공공성을 만들어낼 수 있는 적임자일 수 있기 때문"이라고 말했다. 하지만 추방의 압력이 심화될수록, 또 기존의 제도가 더 이상 자신들의 목소리를 대변하지 못한다고 느낄수록, 이들이 제도라는 '통로'를 통하지 않고 중심부로 곧바로 뛰어드는 현상이 일어날 수도 있다. 2010년 2월, 재개발 보상금에 대한 억울함을 하소연하며 은평구청 앞에서 분신자살을 시도했던 한 주민의 모습은 그 같은 현상으로 볼 수 있을 것이다.

최장집 교수도 "누구보다 보호를 필요로 하는 노동자와 사회적 약자를 대변할 수 있는 정당들이 사실상 투표의 대상으로서 존재하지 않는 상황에서 노동자들, 사회적 약자들이 투표할 수 있는 그들의 정치적 대표 조직을 건설하는 문제가 새로운 노동운동의 방향이 되어야 한다"고 강조했다.

경기의 변화와
진보 교육감 당선

대자본과 국가에 의한 개발정책에 의해 주변으로 밀려나는 이들이 경기도에 모여들면서 경기도의 경제적 계급분포와 정치지형이 달라지기 시작했다는 분석이 제기되고 있다. 2009년 4월 경기도 교육감 선거 결과는 경기의 '변화' 조짐을 엿볼 수 있는 하나의 사건이다.

'MB식 교육정책 심판'을 내걸고 진보개혁 진영의 단일 주자로 나선 김상곤 후보는 당시 현역 교육감으로 보수단체의 지지를 받고 있던 김진춘 후보를 제치고 경기의 첫 직선 교육감에 당선되었다. 고교 평준화와 학교 급식 100% 직영화 등 이명박 정부의 교육정책을 정면으로 뒤집는 공약을 내세운 김상곤 후보와 현 정부의 교육정책을 지키려는 김진춘 후보 간 경쟁은 '보·혁 대결' 양상을 띠며 박빙의 승부를 펼칠 것으로 점쳐졌다. 결과는 김상곤 후보의 여유 있는 승리였다. 김상곤 후보는 42만 2302표(40.8%)를, 김진춘 후보는 34만 8057표(33.6%)를 얻었다.

김상곤 후보는 경기의 전체 44개 선거구 중 27곳에서 승리했다. 수원·성남·고양·과천·안양·부천·시흥·남양주·안산·의정부 등 서울과 인접한 대도시 지역에서 압승을 거둔 결과다. 사교육 열풍이 거센 안양 평촌, 고양 일산 등 신도시에서 이겼고 '경기의 강남'으로 불리우는 성남 분당에서도 542표차로 신승했다.

안양2동에 사는 최모 씨(29세)는 "엄마들 사이에서는 2008년부터 누가 공정택을 선택했냐며 경기도 교육감은 잘 뽑아야 한다는 얘기가 나왔다"며 "교육에 관심 많은 학부형들끼리 후보들 공약을 뽑아 비교해 보기도 하고 김상곤 후보에게 힘을 실어 주자는 분위기가 있었다"고 전했다.

경기 교육감 선거 결과에 대해 여러 해석이 뒤따르지만, 서울의 뉴타운 개발과 이로 인한 경기도 구성원의 변화에서 원인을 찾을 수 있다는 시각이 주목을 받고 있다.

서울대 박배균 교수(지리교육학과)는 "서울 금천·관악구 등에 살던 사람들이 밀려나 경기도에 거주하고 이들의 비율이 커지면서 나타나는 정치적 변화가 있다"며 "지난해 교육감 선거결과를 두고 경기도의 진보화라 단정하긴 힘들지만 사람들의 지리적 분포가 변하면서 투표행태로 표출된 결과라 생각해볼 여지가 있다"고 말했다.

실제 손낙구 씨가 쓴 『대한민국 정치사회지도』에 따르면 경기 주민들은 전국에서 거주기간이 가장 짧고 이사를 가장 많이 다니는 것으로 나타난다. 경기의 100가구 중 66가구는 현재 사는 집으로 이사 온 지 5년이 안되고, 이 중 36가구는 2년이 안된다. 서울이나 지방으로의 전·출입이 잦기 때문으로 추정해볼 수 있다.

하지만 교육감 선거결과로 경기의 진보화를 단정 짓기는 이르다는 반론도 있다. 교육감 선거의 투표율(12.3%)이 저조했고, 보수진영 후보가 분산되었으며 교육이라는 이슈 자체의 특수성 등을 감안해야 한다는 것이다. 중앙대 신진욱 교수(사회학과)는 "김상곤 교육감 당선과 한나라당 소속인 김문수 경기지사의 높은 지지도 사이의 간극을 어떻게 해석할 것이냐의 문제가 있다"며 "경기의 계급적 지형이 변하고 있는 것은 사실이지만 때로는 그것을 압도할 만한 다른 정치적 변수들이 작용하기 때문에 진보화 추세로 단정하기는 힘들다"고 말했다.

남양주의 활발한
지역 커뮤니티

경기도의 개발은 주로 '택지개발' 형식으로 이루어졌다. 논밭 등 '빈 땅'에 기반시설 없이 아파트만 달랑 지어놓은 형식이었다. 도로·학교·은행·병원 등 기반시설은 턱없이 부족했다. '삶의 질'도 열악했다. 남양주에서는 이러한 개발 형식이 주민들의 정치의식을 발전시켰다. 스스로 "내 동네를 잘 가꾸고 발전시켜 보자"고 움직인 것이다. '인터넷 커뮤니티'인 호평동·평내동의 '호평·평내 사랑', 화도읍의 '화도 사랑', 와부읍의 '덕소 사랑'은 그렇게 시작되었다.

'호평 평내 사랑'은 2005년도에 아파트 입주자들이 만든 인터넷 커뮤니티다. 가입 회원이 1만 5000명을 넘는다. 전체 인구가 7만 5000여 명이니 큰 커뮤니티다. 고규원 씨(43세)는 "택지 개발로 2004~2005년에 인구 유입이 급작스럽게 늘었다. 인구가 2000명에서 2만 명이 되었으나 시청은 '나 몰라라' 하는 부분이 많았다. 그래서 주민들이 직접 민원을 넣는 등 지역을 위한 활동을 많이 했다"고 말했다. 윤용건 씨(42세)도 "대부분 서울에서 온 젊은 사람들이다. 서울로 돌아갈 형편은 아니니까 '남양주를 서울처럼 만들어보자' 해서 '커뮤니티의 힘'이 생긴 것"이라고 말했다.

인구가 7만 1601명인 와부읍의 '덕소 사랑'은 1만 3500명 정도가 회원이다. 오프라인 회장인 백경택 씨(42세)는 서울 강동에서 살다가 2002년에 남양주로 이사 왔다. 아이들이 초등학교를 졸업하면 서울로 돌아갈 계획이었다. 백 씨는 "살아보니까 너무 좋아요. 이웃사촌이 있고, 시골 풍경이 남아 있고, 텃밭이 있어서 아이들이 흙을 밟을 수도 있고요. 이제 서울로 돌아갈 생각 안 해요"라고 말했다. 그는 '덕소 사랑'을 '지역이기주의가 팽배한 커뮤니티'라고 표현했다. '건강한 이기주의'라는 것이다. 대신 함께 살아가는 방향의 이기주의를 추구한다. 와부읍에 서울 시민들을 위한 구의자양 취수장이 들어서자 거부하는 대신 덕소에서 강남 가는 1700번 버스를 만들어달라고 요구, 성공했다. 요즘은 '경춘고속도로 요금 인하 투쟁'을 벌이고 있다.

'화도 사랑'은 어려운 가정을 돌보는 봉사활동을 펴고 있다. 기초생활수급자가 가장 많아서다. 2009년 말 기준으로 18.7%(1404명)에 이른다. 이경인 씨(45세)는 "화도읍에는 남양주 안에서도 소외받고 가난한 사람들이 많다"고 말했다. 재작년 12월 묵현리 청소년들을 위한 공부방을 열었다. 2013년까지 들어설 묵현역의 위치를 정할 때도 묵현리 사람들을 가장 고려했다. 이들이 대중교통을 필요로 하는 사람들이기 때문이다.

세 커뮤니티는 대부분 30~40대 젊은 층이 만들었다. 2008년 총선 당시 3개 커뮤니티는 각 정당 후보들에게 공약 질의서를 보냈고, 후보들의 답변서를 커뮤니티에 공개해 회원들이 평가·판단하게 했다. 당시 승리한 후보는 자신의 86개 공약에 세 커뮤니티가 제안한 42개를 포함시켰다. 이경인 씨는 "남양주에 와서 동네를 사랑하는 마음이 생겼고, '이웃'이라는 개념을 알게 되었다. 내 일상이 제일 변했다"고 말했다.

일각에서는 이 같은 커뮤니티의 활동이 모두 긍정적이지만은 않다는 반응을 보이기도 한다. 주거환경 개선이 결국 집값 상승을 노린 것이 아니냐는 곱지 않은 시선을 보내기도 한다.

하지만 급속한 도시화 과정, 특히 신도시 형성 과정에 있어서 커뮤니티 형성의 경험이 없는 현재로서는 일종의 과도기가 불가피한 측면이 있다. 2008년 '화도 사랑'을 분석했던 송경재 경희대 교수(인류사회재건연구원)는 "지역 인터넷 커뮤니티에서 형성된 시민참여문화는 정치와 행정 과정의 조정자로, 견제자로 기능할 가능성이 크다. 이러한 커뮤니티가 인터넷을 통해 촉진되고 발전되는 선순환이 이루어진다면 지역의 풀뿌리 전자민주주의 중요한 자양분이 될 것"이라고 말했다.

Part Four
다시, 집을 생각한다

부동산 무용담을 넘어서 - 기고
부동산 불패 신화 이후 - 전문가 대담
도시를 함께 만든다 - 독일
과오로부터 배운다 - 일본
미래의 집을 위하여

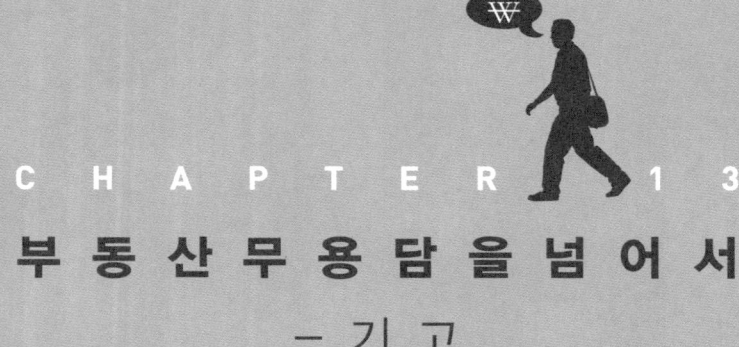

CHAPTER 13
부동산무용담을넘어서
- 기고

판자촌이니 불량주택이라고 하면 우리는 으레 싹 쓸어버리고 거기에 새 아파트를 지어야 한다고 생각하기 십상이다. 하지만, 세계 여러 나라의 빈민 주택을 연구한 어떤 학자는 판자촌이야말로 놀라울 정도로 경제적이고 과학적이며 인간적이라고 말한다. 가장 저렴하며, 주어진 공간과 지형을 최고로 잘 이용하고 있고, 무엇보다도 사람 사는 냄새가 진하게 배어 있다는 것이다. 그러나 그런 곳에 살아보지 않은 사람들은 그걸 모른다. 그저 없애야 한다고 생각한다. 그래서 판자촌이나 불량주택 마을을 전면 철거해버리고 그 대신 대형 아파트를 들어앉히는 주택정책이 계속되고 있다. 물론, 기존 주택에 비해서 아파트는 널찍하고 편리하다. 하지만 대부분의 아파트는 감옥과 같이 인간관계를 단절시키는 시멘트 구조물이다. 대단위 아파트 단지 건설은 기존의 판자촌이나 불량주택 마을을 없애버릴 뿐만 아니라 그 속에 담겨 있던 훈훈한 인간관계의 망도 날려버린다.

사 람 은 없 는 아 파 트 숲

　소득수준이 높아질수록 좋은 인간관계가 우리의 행복에 점점 더 중요해진다. 소득수준은 계속 높아지는데 국민의 행복지수는 높아지지 않는 '선진국 병'의 주원인은 경제성장 과정에서 훈훈한 인간관계가 점점 바래지기 때문이다. "사람은 보지 않고 주택만 보는" 우리나라 주택정책은 '선진국 병'을 우리나라에 퍼뜨리는 데 일조할 뿐이다.

　사람은 보지 않고 주택만 보는 전문가들은 그들 나름대로의 기준에 입각해서 판자촌이나 불량주택 마을이 비위생적이고 비인간적이라고 단정한다. 그러고는 우선 인간답게 살 수 있는 최소 주거기준을 정해서 이를 실시해야 한다고 주장한다. 예를 들어서 거실, 화장실, 부엌 등이 갖추어져 있어야 하며 3인 가구라면 부부의 방과 자녀의 방이 따로 있어서 최소한 29㎡(8.8평)은 되어야 한다는 식이다. 그걸 누가 모르나. 중요한 것은, 영세민들의 경제력이다.

　최소 주거기준을 아무리 잘 정하고 이것에 맞는 주택을 공급한들 영세민의 지불능력을 크게 초과한다면 그림의 떡에 불과하다. 설령 영세민들이 그런 주택에 실제로 들어가 살 수 있게 만들어 주어도 이들은 오래 견디지 못하고 더 잘사는 사람들에게 팔거나 재임대하기 일쑤다. 결국, 영세민들은 다시 판자촌으로 돌아가게 된다. 실제로 이런 일이 그동안 비일비재하였다. 그러므로 최소 주거기준을 정하는 데에만 신경을 쓸 것이 아니라 영세민들로 하여금 최소 주거기준에 맞는 주택을 구입할 수 있는 경제적 여력을 갖추어 주는 것부터 생각해봐야 한다. 이런 점에서 보면, 날로 악화되는 빈부격차가 더욱 더 걱정스럽다. 빈부격차를 줄이는 것이 우리나라 주택문제 해결의 중요한 실마리다.

투기를 부추긴 아파트 공급

흔히 우리나라를 토건 공화국이라고 말한다. 다른 나라에 비해서 토건 부문의 비중이 너무 높다고 해서 붙여진 악명이다. 토건 부문은 온갖 부패와 비리의 온상으로 알려져 있다. 기술이 발전하면서 토건산업의 고용 효과도 그리 높지 않다고 한다. 그럼에도 불구하고 우리나라 주택정책의 기조는 여전히 공급 우선 정책이다. 우선 공급부터 해놓고 보자는 식이다. 그래야 부동산 가격을 안정화시킬 수 있다는 논리가 깔려 있다.

이런 논리는 투기성 유동자금이 별로 없을 때(즉 가수요가 별로 없을 때)나 통하는 얘기다. 2005년 우리나라에서 유동자금의 규모는 약 800조원으로 추산되었다. 2007년에는 그 규모가 1000조원에 달한다는 얘기도 있었다. 이 중 상당 부분이 부동산 시장을 넘나드는 것으로 알려져 있다. 우리나라 부동산 투기 열풍의 진원지는 마땅한 투자처를 찾지 못한 과다한 유동자금이다. 무역수지 흑자로 해마다 막대한 수익금이 국내로 유입되어 소수의 부자들 손에 집중되면서 유동자금의 규모가 눈덩이처럼 불어났다.

이렇게 투기성 자금이 천문학적 규모일 경우에는 아파트 공급 물량을 최대한으로 늘린다고 해도 투기 수요의 극히 일부분만 충족시킬 수 있을 뿐이다. 예컨대 500조원 규모의 가수요를 충족시키기 위해서는 5억원짜리 아파트를 100만 채 지어야 한다. 가수요의 대부분은 수도권에 집중되어 있는데, 1~2년 사이에 수도권에 아파트를 100만 채 짓는다는 것은 거의 불가능하다. 공급을 늘려 봐야 가수요의 극히 일부분만을 충족시킨다면, 부동산 가격을 떨어뜨리지도 못하면서 일부 투기꾼들의 투기 욕구를 충족시키는 정도로 끝나게 된다. 오히려 투기에 성공한 사람의 수를 늘림으로써 투기를 더욱 더 부추길 우려가 있다. 실제로 우리 사회에 부동산 투기 성공

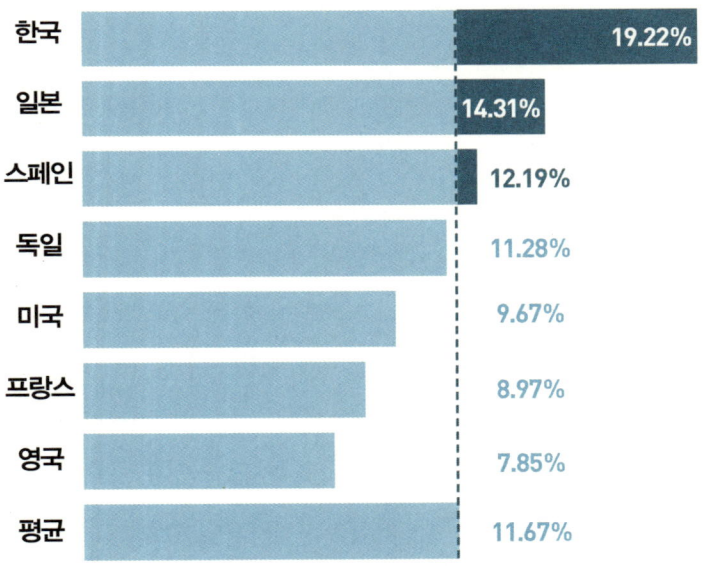

▲건설 투자의 GDP 대비 나라별 비중 (자료: 경제개혁연대, 2008)

담이 널리 퍼져 있고 이것이 부동산 투기 열풍을 불러일으키는 주된 요인이 되고 있다. 투기 성공담이 부동산 시장에 활력을 불어넣는다는 것은 부동산 실무자들도 잘 알고 있다. 요컨대, 공급 증대 정책은 투기에 성공한 사람의 수를 늘림으로써 오히려 투기를 조장할 수 있다는 것이다. 지난 수년간 정부는 아파트 공급을 지속적으로 크게 늘렸지만, 늘릴 때마다 아파트 가격은 내려가기는커녕 올라가기만 했다. 성공한 투기꾼들의 무용담이 급속도로 퍼지면서 투기판도 커지기 때문이다.

이 결과 주택을 돈벌이와 재산 증식 수단으로 생각하는 풍조가 널리 퍼지게 되었다. 이런 풍조 때문에 주택 공급이 서민들의 주거 안정보다는 채산성을 위주로 이루어질 수밖에 없고, 따라서 저렴한 소규모 주택의 공급보다는 고가의 중·대규모 주택의 공급이 더 큰 비중을 차지하게 된다. 우리나라와 같이 빈부격차가 큰 나라에서는 이런 결과는 당연한 것이다. 중·대규모 주택은 돈벌이가 잘되는 반면, 소규모 주택은 경제성이 없다. 이렇게 중·대규모 주택 위주로 주택 공급이 이루어지다 보면, 자연히 영세서민들이 살 곳은 점점 더 줄어들게 된다.

재개발이나 뉴타운 사업 등 전형적인 대규모 주택 공급 사업들은 기존의 주택들을 전면 철거한 다음 새로 아파트를 짓는 방식, 즉 '전면 철거형' 개발 방식을 취하고 있다. 사업이 종료되고 나면, 철거된 주택들보다 훨씬 더 큰 주택들이 공급된다. 그러다 보니 사업 전에 그 지역에 살던 주민들, 특히 영세민의 대부분이 사업 후에는 다른 곳으로 떠나버리게 된다. 예를 들어서 서울 길음 4구역 재개발

사업의 경우 90%에 가까운 주민들이 사업 이후에 그 지역을 떠났다고 한다. 새로 지어지는 주택들은 대부분 아파트들이며 중소기업이 아닌, 대형 토건회사들이 지은 집들이다. 그래서 재개발이나 뉴타운 사업은 서민들을 삶의 터전에서 몰아내며, 도시의 미관을 망가뜨리고, 중소 건설업체들을 망하게 하는 사업이라는 비판을 받고 있다.

임대문화의 시대

어차피 빈부격차를 줄이기 어렵고 그래서 영세서민들의 주거 구입 능력을 높이기 어렵다면, 서민들을 위한 임대주택을 더 많이 공급하는 것도 한 가지 방안이 될 수 있다. 물론, 임대주택 공급에는 많은 자금이 필요하다. 하지만, 채산성만 너무 따지다 보면 임대주택보다는 분양주택의 비중이 커질 수밖에 없다. 장기적으로 정부의 주택정책 기조도 임대주택보다는 분양주택을 더 많이 공급하는 방향으로 잡혀져 있는 것 같다.

그러나 앞으로 먼 미래를 내다본다면 이 정책기조는 다시 한번 더 생각해볼 필요가 있다. 제러미 리프킨은 『소유의 종말』이라는 저서에서 앞으로 임대문화의 시대가 온다고 예고하고 있다. 예를 들면, 미국의 부자들은 자동차를 소유하지 않고 빌려 쓴다고 한다. 자동차를 빌려 쓰면 선택의 폭이 넓어진다. 오늘은 빨간 스포츠카, 내일은 검정색 세단, 모레는 뚜껑 없는 노란 차, 이런 식으로 차를

미국 : 자가보유 촉진

(자료: 미국 통계청)

자가보유율 66.9% (2010년 3분기)

공공주택 비율 1.5%
- 공공주택 비율은 추정치
- 하위 20% 저소득층에게 주택바우처 형식으로 주거 보조비 지급

한국 : 자가보유 촉진

(자료: 통계청, 「2005 인구주택총조사」)

자가보유율 55.6% (2005년)

공공주택 비율 3.0%
- 주택바우처 제도 검토중
- 서울시에서 임대보증금 일부 시행 예정

유럽 : 공공 임대주택 공급 활성화

(자료: Hugo Priemus and Frans Dieleman, "Social Housing Policy in the European Union : Past, Present and Perspectives, *Urban Studies*, Vol.39, No.2, 2002, pp.191~200)

각국의 공공 임대주택 비율

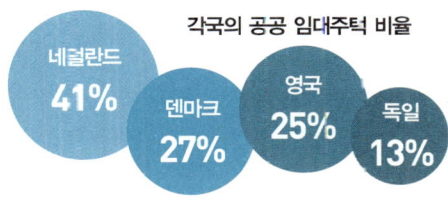

- 네덜란드 41%
- 덴마크 27%
- 영국 25%
- 독일 13%

▲각국의 주택정책 방향과 임대주택 공급 현황

마음대로 골라 탈 수 있다. 차를 소유하고 있으면 맨날 같은 차를 타고 다녀야 하고 유지 관리비도 만만치 않다. 일주일에 한 번 쓸 청소기도 빌려 쓰는 것이 경제적이다. 냉장고, 가구, 세탁기 등을 빌려 쓰면 이사 갈 때 아주 편하다. 날이 갈수록 세상은 빠르게 변하고 있다. 이런 세상에서 사업을 하는 사람들에게 아주 중요한 것은 재빠른 변신이다. 물장사 하다가 잘 안되면 옷장사로 바꾸고, 옷장사가 잘 안되면 음식장사로 바꾸고. 이런 변신이 긴요하다. 이런 점에서 보면 부동산은 큰 걸림돌이 된다. 부동산의 최대 약점은 환금성이 떨어진다는 것이다. 따라서 부동산의 소유는 변신을 어렵게 한다. 그래서 미국에서는 땅이나 건물도 소유하지 않고 빌려서 사업하는 사람들이 늘어나고 있다고 한다. 이 세상에서 제일 미국과 비슷한 나라는 우리나라라고 하는데, 그렇다면 우리나라에도 머지않아 부동산 소유를 기피하는 풍조가 생기지 않을까.

- 이정전(서울대 환경대학원 명예교수)

이정전은 한국 경제위기의 구조적 본질이 개발주의에 편향된 부동산 문제에서 비롯된다고 지적해온 경제학자다. 서울대 경제학과를 졸업하고 미국 아이오와 주립대학에서 경제학 석·박사 학위를 받았으며 저서로 『두 경제학의 이야기: 주류경제학과 마르크스경제학』(1993), 『녹색정책』(1996), 『토지경제론』(1991), 『분배의 정의』(1994), 『토지경제학』(1999), 『환경경제학』(2000) 등이 있다. 또 『우리는 행복한가』(2008)를 통해서는 경제성장과 소득증대가 인간의 행복과 무관함을 역설했다. 경실련 환경개발센터 대표와 서울시 도시계획위원, 환경경제학회 이사, 한국자원경제학회장 등을 지냈으며 현재 시민단체인 '환경정의' 고문과 기후변화센터 정책연구위 위원장을 맡고 있다.

CHAPTER 14
부동산 불패 신화 이후
- 전문가 대담

우리나라에서 '집'은 개개인의 삶의 질을 좌우할 뿐만 아니라 정치·경제·사회·문화 등 다방면으로 영향을 미치는 존재다. 주거공간인 동시에 재산증식 수단으로서 집이 갖는 복합적 의미 때문에 정부가 부동산 정책을 내놓을 때마다 울고 웃는 지역과 계층이 갈린다. 전문가들은 서구 선진국에 비해 사회안전망이 부족한 상황에서 집이 노후 대비를 위한 자산으로서 과도한 비중을 차지하는 구조를 타파해야 한다고 말한다. 이를 위해선 사회보장 강화, 공공주택 공급 확대, 소외된 주거지에 대한 지원 등을 위한 공공의 역할이 강화되어야 한다는 지적이다. 2010년 4월 26일 박철수 서울시립대 건축학부 교수, 신진욱 중앙대 사회학과 교수, 조명래 단국대 도시계획학과 교수, 홍헌호 시민경제사회연구소 연구위원과 함께 주거문제의 원인을 진단하고 해법을 모색해 봤다.

부동산 거품 붕괴론과
부동산 시장에 대한 전망

홍헌호 시민경제사회
연구소 연구위원

홍헌호 연구위원(이하 홍) = 우리나라 부동산 시장이 대세 하락기로 접어들었다는 데에는 많은 사람들이 동의하는 것 같다. 논란의 핵심은 하락폭이 어느 정도까지 깊어질 것인지 여부인데, 일본처럼 반 토막 날 것으로 보지 않는다. 일본식 거품 붕괴에 동의하지 못하는 이유는 1990년대 일본과 지금 우리나라 사이에는 상당한 차이가 있기 때문이다. 첫째, 양국의 주택가격 대비 대출액 비율(LTV: Loan To Value Ratio)에는 상당한 차이가 있다. 1990년을 전후하여 일본의 LTV는 100%를 넘어섰다. 그러나 지금 우리나라는 40~50% 수준이다. 이 차이가 경제주체들의 건전성에 미치는 영향은 생각보다 훨씬 더 크다. 둘째는 일본 구조조정 과정상의 특수성이다. 일본의 거품 붕괴가 심각한 문제를 불러일으킨 것은 금융 구조조정이 10년 이상 장기간 지연되어 '복합불황'이 나타났기 때문이다. '복합불황'이란 실물부문과 금융부문이 동시에 불황에 빠져 악순환을 지속하는 현상을 말한다. 이런 일본식 복합불황의 원인으로는 크게 세 가지가 지목된다. '금융기관 구조조정 지연', '기업들의 흑자도산', '정부의 미온적인 태도'가 그것이다. 일본의 경우 대장성의 전근대적인 조직문화, 즉 퇴직한 선배를 평생 충성으로 챙기는 독특한 문화가 금융기관 구조조정을 장기간 지연시킴으로써 일본경제를 파탄으로 이끌었다. 우리나라에서도 '코피아'란 이름으로 재정부의 전근대적인 조직문화가 자주 거론되고 있지만 일본처럼 심각한지는 의문이고, 또 1997~1998년 금융기관 구조조정 경험이 있기 때문에 일본처럼 이 문제가 장기화되리라 보이지 않으며, 결정적으로 대기업들에 상상 이상의 현금이 쌓여 있기 때문에 일본식 복합불황이 실현될 가능성은 그렇게 높지 않다고 본다.

박철수 서울시립대 건축학부 교수

박철수 교수(이하 **박**) = 전반적으로 대세 하락이 주요 추세가 될 것 같다. 얼마 전 읽은 책 중 베이비붐 세대로 태어난 전 세계 40대 중반~50대 초반 사람들의 자산보유 형태를 보면 한국이 매우 특이하다고 되어 있다. 한국의 베이비붐 세대들은 자산의 90% 이상을 부동산에 투입하고 그 이외 자산은 거의 없다. 한국 베이비붐 세대들은 33평형 아파트 하나 가지면 사회적으로 중간층은 되었다고 생각하는데 그들의 95%가 융자를 끼고 있다고 한다. 그래서 정부가 고금리 정책을 쓰면 실질소득이 확 줄어 경제를 지탱하는 중간층이 붕괴될 가능성이 높더라. 반면 네덜란드, 영국, 일본은 안 그렇다. 이들 나라의 베이비붐 세대는 자산의 55%만 부동산이고 나머지는 펀드 등 다른 투자처로 포트폴리오를 짜고 있다고 한다. 이런 점을 보면 한국이 대세 하락기라 하더라도 급격히 꺾어지는 걸 정부가 놔두지도 않을뿐더러 우리 시장이 그런 충격을 받아낼 여력도 없을 것 같다. 적정하게 꺾이는 점에서 완만하게 유지하는 정도가 아닐까. 다만 아파트 이탈 세력은 증가할 것이라는 점은 확신한다. 대한민국 국민 60% 이상이 아파트에 살고 공급도 신축 주택의 90%가 아파트인 양상이 좀 다르게 변할 것 같다. 요즘 제가 보는 징후들이 몇 가지 있다. 최근 한 5년간을 보면 길을 자기 생활공간으로 만들려는 노력이 굉장히 많아졌다. 길거리 공용 공간을 쓰는 커피점이 엄청나게 많아졌고, 아파트나 학교 담장 허물기 등 지금까지 구분되어온 공용 공간과 사적 공간을 섞는 곳이 늘어났다. 아파트에서도 테라스 주택의 인기가 무지 높다. 판교에서 보듯 단독주택 용지에 대한 구매수요가 많고 스스로 자기 집을 지으려는 욕구가 분출되고 있다. 또 아파트 최상층이 과거에는 기피층이었지만 지금은 선호층으로 바뀌었다. 아파트에 갇혀 있던 생활에 이젠 질리게 된 것이다. 조금 다르게 나아가고자 하는 동향이고, 이런 것이 정책적으로 엮어진다면 아파트로부터 이탈하려는 새로운 유동층이 생성된다고 거칠게는 진단할 수 있을 것 같다.

신진욱 중앙대 사회학과 교수

신진욱 교수(이하 신) = 여러 가지 연관 체계를 봤을 때 일본이나 미국 서브프라임 사태 같은 폭락이 있을 가능성은 높지 않다는 느낌이다. 1980년대 이래 부동산은 폭등과 안정화를 주기적으로 반복해 왔다. 참여정부 때인 2000년대 중반이 부동산이 폭등한 유일한 시기가 아니다. 그리고 2000년대 이후 부동산 경기 변동에서 금융정책이 아주 중요한 역할을 했다.

현 정권이 부동산 경기 폭락을 허용하는 정책을 펴진 않을 것이다. 현 정부의 지지기반이 부동산 경기에 이해관계를 가진 토건기업과 주택 보유층이라는 측면에서 큰 틀에서는 부동산 경기의 커다란 하락을 가져올 만한 정책을 펼 것으로 보이진 않는다. 현재 정부 정책들은 상당히 정치적인 고려에서 나오고 있다. 서울시 장기전세주택(SHIFT), 정부 보금자리주택, 최근 총부채상환비율(DTI) 규제 완화와 미분양 주택에 대한 공적자금 투여 등은 일관된 정책 방향을 갖고 있다기보다는 서로 다른 계층을 겨냥한 정책들이 아닌가. 오히려 진보진영과 야당에서 지지를 호소할 수 있는 사회계층을 현 정권의 지지층으로 유인하기 위한 시그널을 보내는 것이 아닐까.

조명래 단국대 도시계획학과 교수
ⓒ경향신문

조명래 교수(이하 조) = 서브프라임 모기지 사태나 일본의 버블 붕괴를 보면 우리보다 경기 사이클이 훨씬 더 깊숙이 빠졌다가 헤어나지 못했다. 반면 우리는 경기 변동이 시작된 지 얼마 안 되었다. IMF 외환위기가 한국 자본주의 시작 후 처음이었고, 지금은 아마 일종의 소규모 위기라고 볼 수 있다. 지금의 부동산 상황은 2008년 경제위기의 후유증이 아닌가 생각된다. 실물 경기가 나빠지면서 부동산 쪽으로도 투자할 여력이 없어진 것이다. 지난 1~2년간 소득이 줄면서 집을 사야 하는 사람들이 못 사고 있다. 일본과 달리 우리 국민들은 경제적 여력이 많지 않다. 자본주의 역사가 짧아 축적된 자본이 많지 않고 가처분소득 대비 금융부채도 굉장히 높다. OECD 평균의 두 배 정도다. 축적된 돈이 없어 조금만 빌려도 부담이 큰 상황이다. 한편에서는 우리 주택시장에 구조적 변화가 있는 것 같다. 과거처럼 주택이 활황하면서 가격이 오를 땔감이 많이 소진되었다. 현재 30~40대가 집을 사야 하는데 경제력이 충분치 않다. 그동안 우리나라 주택시장은 공급자 중심으로, 소비자가 소비할 수 있는 것 이상으로 공급해 왔다. 전반적으로 수요 시장이 약화되면서 지금의 상황이 만들어진 것이다.

부동산 계급화와 불평등에 대한 우려

조 = 주택 계급 개념은 1980년대 중랑구 개발할 때 처음 적용되었다. 그때 주택공사에서 단지를 지으면 어떤 사람들이 들어올지 예측 평가하는 용역을 냈다. 당시 예측을 해보니 주택이 차지하는 지위와 사회 계층적 지위가 95가 넘을 정도로 거의 일치했다. 주택이 대리 지표가 될 수 있을 정도로 유관성이 있는 것으로 주택 계급이 어제오늘의 얘기는 아닌 것이다. 다만 계층 간 격차가 더 심해진 건 사실이다. 신자유주의 논리로 주택 공급을 해왔고 사회정책도 거기에 기반을 뒀기 때문에 외환위기 이후 서울에서 공간적으로 강남·북 격차가 드러났고 부동산을 매개로 더욱 확대되었다. 최근 집값이 떨어지면서 조금은 완화되는 추세지만 2006년 주택가격이 최고점일 때 강남의 주상복합 아파트 사는 사람과 쪽방 사는 사람 간 주거 역량의 차이는 엄청나게 벌어졌다.

박 = 어느 소설에서 정년퇴직한 교사가 결혼하는 아들에게 연립주택을 사주려고 하니까 며느리 될 사람이 "연립주택은 사주셔도 짐입니다"라고 하는 대화가 나온다. 주택의 유형이 시장 속에서 어떻게 위치하고 있는가를 보여주는 것이다. 한때 아이파크, 타워팰리스 같은 초고층 아파트에 산다는 것 자체가 사회적 상징이었다. 이후 초고층이 워낙 많이 지어지고 그것의 희소성이 떨어지니까 요즘은 타운하우스 붐으로 가고 있다. 우리나라에선 주택의 유형 및 소유·거주 형태와 사회적 상징이 정확히 일치한다. 또 40대에 40평, 50대에는 50평형 집을 가져야 사회에서 뒤처지지 않는다고들 생각했다. 주택 시장에서도 가장 하위시장을 점유한 게 다세대 다가구 밀집지역이다. 주택의 평당 시장적 가치도 가장 낮고 인프라도 가장 열악하게 되어 있다. 앞으로 집값이 떨어진다면 이렇게 계층을 구분했던 게 다소 불투명해질 수도 있을 것이다. 지금은 건설회사들이 고민에 빠져 있는 시기다. 기본적으로 건설사는 중대형 아파트를 대단위로 집중 공급해야 돈이 되는데 부동산 경기 하락 때문에 함부로 집은 못 짓고, 체질은 거대 공룡 체질이라 작은 건 처리할 여력이 없는 상태다.

신 = 부동산, 자산의 문제를 종합적 시각에서 볼 필요가 있다. 한국이 가계 자산에서 부동산 비중이 상당히 높은 건 사실이다. 하지만 국제적으로 보면 서구 선진국 중에서도 실물 자산 비중이 한국보다 더 높은 경우도 있다. 또한 1980년대 이후 서구에서도 부동산 불평등도가 높아지고 부동산 지니계수도 한국보다는 낮지만 아주 낮진 않았다. 다만 부동산 비중이 높거나 부동산 불평등도가 높다고 해서 이것이 총체적인 불평등으로 이어지진 않았다. 그렇다면 한국은 왜 다른가. 한국에선 일자리가 불안해 임금소득에 많은 걸 기대할 수 없고 사회보장이 채워주지 못하면서 자산 불평등이 모든 불평등을 낳는 주범이 되었다. 부동산 자체를 볼 때 한국에선 주거공간으로서의 주택보다는 자산으로서의 부동산이 중요하게 여겨지고 있다. 부동산의 투자가치가 중요하고 부동산 투자를 통해 순자산이 증가할 여지가 점점 커지고 있다. 이처럼 부동산은 투자가치로서 중요한 의미를 가지면서도 교환가치, 사용가치를 갖고 있다. 부동산이 하나의 상품이긴 하지만 다른 종류의 상품과는 구분되는 특수성을 갖고 있으며 지역의 주거환경이라는 점과 밀접하게 연관되어 있다. 고가 부동산을 구매할 능력이 있는 사람은 그곳에 거주함으로써 여러 교육환경과 사회적 자본을 동시에 얻을 수 있다. 특히 교육이 중요하게 작용한다. 고가 주택 밀집지역에서 교육환경을 비롯해 파생적인 계급적 불평등 요인들이 함께 제공되기 때문에 부동산 불평등이 총체적 불평등으로 이어지는 것이다.

홍 = 교육 인프라에 대해서는 좀 짚고 넘어갈 점이 있다. 보수언론에서는 강남 중심으로 부동산 가격이 오른 주요 요인으로 교육 인프라를 지목한다. 그러나 나는 그런 주장에 동의하지 않는다. 2001년 강남 부동산 가격이 폭발하기 직전까지 10여 년간 강북아파트와 강남아파트 가격상승률에는 큰 차이가 없었다. 당시 교육 인프라가 큰 영향을 끼쳤다면 그런 결과가 나오지는 않았을 것이다. 2001년 강남 부동산 가격이 폭발하게 된 가장 큰 이유는 강남의 '재건축 개발이익' 때문이다. 특히 강남구의 경우 1980년대 초 건설된 용적률 90~100%의 15평, 17평, 19평, 21평 아파트가 많이 들어서 있었다. 이 소형 아파트들이 용적률 200~220%로 재건축될 경우 소유자들이 엄청난 불로소득을 얻을 수 있기 때문에 전국의 투기꾼들, 부유층들, 사회지도층들이 더거 강남으로 몰려들었다. 또 이 소형 아파트들은 강남 지역 전체에 착시현상을 불러일으키기도 했다. 재건축 대상 소형 아파트들이 강남구 평균 평당 가격을 과도하게 높여 놓자, 재건축 대상 아닌 주택가격도 별다른 이유 없이 덩달아서 뛴 것이다. 국가가 건전하게 발전하려면 여러 계층들이 같은 주거지역 혹은 가까운 지역에 살면서 자주 접촉하여 편견과 오해를 불식시키고 원활한 소통과 통합을 만들어가야 한다. 그러나 불행히도 최근 몇 년간 부유층들과 사회 지도층들이 특정 지역에 과다하게 집결하면서 계층 간 주거지 분리 현상이 심각하게 나타나고 있다. 이것은 발전이 아니라 우려스러운 퇴행이다.

선진국 주거 정책의 교훈

박 = 서구 선진국에도 부동산 지니계수가 높은 나라가 많지만 주택 계층은 큰 편차가 없다. 서구의 경우 사회기반 시설이 균등하게 되어 있는 반면 대한민국은 사적 오아시스를 만들고 있기 때문이다. 우리나라는 아파트 단지로 지구 지정이 되고 개발되는 순간 그 안의 모든 비용을 입주자 부담으로 한다. 용인의 어느 아파트는 9홀짜리 골프장을 단지 안에 만든다고 한다. 단지가 완공되는 순간 그 도시의 다른 주거 공간과 인프라 격차가 엄청나게 커진다. 서구에선 단독주택도 주변 인프라를 충분히 갖고 있어서 사람들이 특별한 주거 영역으로 몰릴 이유가 없는 데 반해, 우리나라의 단독주택은 자치구가 어떤 시혜를 베풀어야 공원이나 주차장이 생긴다. 또 아파트 안에서도 중대형이 가진 우위, 대형 개발이 갖고 있는 우위가 있다. 상가 분양광고를 보면 항상 수천 세대 단지가 지어져 여러 시설이 완벽히 제공된다는 것을 강조한다. 서울 성북동의 오래된 고급 주택지가 쇠퇴하는 이유가 바로 그런 이유 때문이다.

신=서구에선 임금이나 고용 측면에서 노동시장의 불평등도가 한국만큼 크지 않고 여러 인프라가 공공에서 제공되는 가운데 자산이 이뤄지는 데 비해 한국에선 그게 안 되기 때문에 자산 불평등도가 더 크게 나타난다. 한국에선 비싼 집에 살고 있다는 것이 자산 증식을 할 상품을 갖고 있다는 걸 의미하기 때문에 불평등도를 필요 이상으로 함축하게 된 것이다.

조=서구에서는 1960~1970년대에 복지주택이 대량 공급되었다. 이것이 상당 정도 집값을 안정시키는 역할을 했다. 그런 제도가 우리나라에는 없다. 강남은 강남이란 이유로 돈 있고 힘 있는 사람들이 몰리고 그게 또 강남 집값을 만들어내고 있다.

홍=유럽 선진국에서 공공주택이 늘어난 데에는 역사적인 맥락이 있다. 제2차 세계대전 직후 유럽의 부동산 시장은 폭발하기 일보 직전이었다. 많은 국가들이 전쟁에 참여한 탓에 대부분의 주택들이 파괴된 상황에서 전후 경제부흥기를 타고 가계 소득이 급증했기 때문이다. 주택 공급에 시간이 걸리는 상황에서 가계 소득이 급증하면 주택가격은 천정부지로 치솟을 수밖에 없다. 이때 유럽 국가들은 전시에 준하는 초강수를 두었다. 민간 임대주택 임대료를 장기간 동결한 것이다. 학자들은 당시 이런 초강수 정책이 가능했던 이유로 전후의 특수성을 든다. 전쟁 직후라 국민들이 이런 정책에 묵묵히 따랐다는 것이다. 어쨌든 정부는 민간 임대주택이 슬럼화될 정도로 장기간 임대료를 동결한 대신, 정부가 주도적으로 공영 임대주택을 대폭 늘렸다. 전후 서유럽 각국의 주택정책이 우리에게 주는 교훈은 경제발전단계에 따라 강도 높은 부동산 정책을 써야 할 때가 따로 있다는 것이다. 지금 우리나라 주택정책은 선진국의 주택정책보다 훨씬 더 강력해야 한다. 노무현 정부 주택정책에 아쉬운 점이 있다면 지나치게 선진국들 수준을 의식해 싱가포르나 대만에 버금가는 강도 높은 주택정책을 취하지 못했다는 점이다. 2003년 '시장 친화적 주택정책' 운운하며 군사정부가 큰 효과를 보았던 '분양가 상한제' 도입에 소극적이었던 것, 그것이 결국 그들의 운명을 갈라놓고 말았다.

부동산을 욕망하는 구조

박 = '20호의 미학'이라는 게 있다. 우리나라 주택 공급에 관한 규칙을 보면 20가구 이상 주택은 모두 일반에 공개 분양해야 한다. 법적으로 집을 20가구 이상 짓는 경우는 무조건 해야 하는 것들이 있다. 아파트 단지마다 테니스장을 넣도록 하고 단지 내 모든 주택은 4인용으로 하는 등 세세하게 규정되어 있다. 1960년대 이후 열악한 환경 속에서 한번도 체험하지 못한 노인정, 어린이 놀이터 등을 갖춘 것은 아파트밖에 없고 종류와 내용의 풍요로움도 아파트로만 집중되어 갔다. 그래서 1970년대 이후 모든 사람들이 아파트로 몰려가고 아파트의 일반화 요인이 생겼다. 단독주택지에도 별도로 힘이 배분되어야 하는데 단독주택에는 힘을 안 주고 있다. 아파트에 계속 힘을 모으니까 단독주택은 지속적으로 열악해지는 것이다. 아파트는 모든 비용을 입주자가 부담해야 하니까 평형이 커질수록 현금 동원능력이 높은 사람들이 계속 쏠려가고, 비용 부담을 못하는 사람들은 주거비가 낮은 곳으로 내려와야 한다. 그래서 공간적 극화가 생기는 것이다. 그 안에서도 단독주택지 나름대로, 아파트 나름대로 극화를 만들고 있다. 이는 아파트 자체가 범인이 아니라 국가가 해야 할 기본적 책무에 관한 문제다. 국가가 예산을 어떻게 분배하느냐의 문제인 것이다. 민간이 주택의 97%를 공급하니까 정부는 택지지구만 지정하고 끝낸다. 단독주택지에 가면 늘 나오는 얘기가 아이들의 통학로가 안전하지 못하다는 것이다. 주차장도 없고 길도 좁고 하니까 위험할 수밖에 없다. 이렇게 공간적으로 나뉘게 되고 상대방에 대해 질시하거나 우월감을 갖게 된다. 좋게 말하면 자기 발전의 동력이 되지만 나쁘게 보면 헛된 욕망을 불 지르는 구조다.

신 = 그러한 욕망과 관련해 강남과 비강남의 차이가 무의미한 건 아니지만 동시에 서울과 비서울, 수도권과 비수도권 등 다양한 층위의 구분선이 있다. 몇 년 전부터는 지방에서까지 강남·비강남 구분 같은 지역화가 나타나고 있다. 지방에서도 특정 구가 대구의 강남, 부산의 강남이라고 언급될 정도로 확대되고 있다. 부동산 계급화는 전국적으로 확대되고 있다. 한국에서 아파트는 투자 상품으로 가치를 갖는 자본이 되는데, 부동산 자본의 지리적 집중이 나타나고 그에 따라 계급이 지역화되고 있다. 특권을 가진 지역에 거주하고 싶은 욕망을 갖게 되는 것이다. 정책적 측면에서는 투기적 가수요를 높이면서 리스크를 축소시키는 각종 금융, 부동산 정책이 그러한 욕망을 유인하는 요인이다. 하지만 1997년 금융위기 이후 고용 불안, 소득 불평등 등의 문제와도 무관치 않다. 40~50대면 노동 시장에서 퇴출되는데 수명은 늘고 자식은 어려 임금소득으로는 문제 해결이 안된다. 부동산, 주식, 펀드에 대한 투기적 욕망이 커가기 쉬운 삶의 조건이다. 자산 증식에 대한 욕망이 현실적인 불안에서 나온 것이 아닌가. 돈 나올 곳이 없으니 자산 시장에 눈을 돌리게 되는 것이다. 재테크 베스트셀러들을 보면 직장인들이 스스로 잘못 살고 있다는 느낌을 가지도록 하고 있다. 대기업의 30대 과장이지만 40대면 퇴사 압력, 50대 초면 회사를 나와야 하는데 80세까지 어떻게 먹고살 것인지에 대한 답을 묻는다. 매달 먹고사는 돈 외의 돈이 있어야 미래의 리스크를 대비할 수 있는데 그에 대한 공적 안전망이 부재하다 보니 사람들이 자산 증식에 몰릴 수밖에 없다.

홍=1년 전쯤 본 TV 프로그램이 생각난다. 사회자가 캐나다 사람과 일본 사람에게 사랑과 돈 가운데 무엇을 택하겠냐는 질문을 던졌다. 캐나다에서 온 친구는 국가가 노후를 다 보장해 주기 때문에 사랑을 택하겠다고 말한 반면 일본에서 온 친구는 그래도 돈이 중요하지 않느냐고 말했다. 나는 일본 친구 말이 이해가 가더라. 우리나라는 노후가 보장되지 않기 때문에 고령층은 격렬하게 부동산에 투자하고, 참여정부 때 세제 정책에 격렬하게 반대했다. 국가가 국민에게 책임을 물을 때에는 국가가 뭘 해주고 책임을 물어야 한다. 노무현 정부에서 주가가 많이 올랐다고 하는데, 과거 주식시장의 역할은 기업에 자금 공급하는 것이었지만 지금은 완전히 투기판이 되었다. 대학생들이 주식 동아리 만든다고 하는데 거기서 투기 방법이나 배우지 경제에 대해 뭘 배우겠나. 서구에서 금융산업 발전시킨다는 미명하에 1980년대 규제를 엄청나게 풀어서 피해를 많이 봤다. 부동산 시장도 마찬가지다. 건설업 부양 효과보다 그로 인한 손실이 훨씬 크다. 주식이든 부동산이든 투기보다는 땀 흘려 일할 수 있게끔 밀어주고 고령층에 대해서도 안전망을 확보해줘야 한다. 노후 보장이 안되면 사람들이 투기에 관심 가질 수밖에 없다.

신 = 집 문제는 교육과 노후 문제에 밀접히 관련되어 있다. 여러 연구 결과에 따르면 한국에서는 사람들의 생애 과정 전반에 가장 큰 영향을 미치는 요인이 교육이다. 직업적 지위, 경제적 소득 수준에 상당한 영향을 주며 노인기의 자산 수준에까지도 큰 영향을 미친다. 또 많은 이들이 청년 실업은 걱정하면서도 노후 문제는 고령화 저출산의 인구학적 맥락에서만 말한다. 그런데 불평등도를 연령대별로 보면 고령층의 불평등도가 증가하는 속도가 매우 높다. 고령 노동과 노인 빈곤이 심각한 문제다. 때문에 30~40대 직장인이 고령 노동을 하지 않고 빈곤한 노후생활을 하지 않기 위해 젊은 시절에 임금소득 이외의 자산을 축적해야 한다는 현실적인 필요가 생기는 것이다.

조 = 자산축적 대상으로서의 주택, 부동산, 금융이 자본주의 체제에서 불가피한 측면이 있다는 것을 인정하지만 주택의 경우 일반화하기는 조심스럽다고 본다. 주택은 주거 수단과 자산 축적 수단이라는 두 가지 성격이 복합되어 있다. 주택이 과다하게 자산 축적 수단으로 일반화된다면 나머지 반쪽 기능이 위축되어 버린다. 자산 축적 대상으로만 삼지 않는, 그 반대의 측면을 담론화하는 것이 필요하다. 우리나라에서 재개발·재건축 하는 것을 보면 공공이 전혀 돈을 안 쓰고도 건물 다 짓는다. 재개발에 공공 재정을 하나도 안들이고 대단지 만들어내는 것은 우리나라뿐인 듯하다. 거기에 주택가격, 평수, 분양방식이 따라가게 되고 이 조건을 갖지 않은 사람들은 접근할 수 있는 기회가 사라지는 거다. 주택을 탈상품화하기 위한 방식으로 많이 지어야 한다. 공공주택을 짓는 것은 물론 소유, 금융 등 여러 측면에서 정책을 펼 수 있다고 본다.

주택의 탈상품화와 공공의 역할

홍 = 한국토지주택공사와 서울시 SH공사의 손익계산서를 분석해보면 둘 다 국민임대주택이나 장기전세주택을 짓는 재원을 분양주택 수입으로 충당한다. 두 공사의 매출액과 매출 원가를 비교해보면 아주 유사하게 120%로 나타난다. 매출 원가 대비 20%의 수익률을 남겨 임대주택도 짓고 인건비도 지불하고 세금도 내는 것이다. 문제는 이런 공기업 수익구조가 고분양가의 주범이 되고 있다는 것이다. 임대주택 건설, 유지, 관리비용의 상당 부분을 분양주택

수입에 의존하다 보니 분양가가 높아졌다. SH공사의 분양원가와 분양가 사이에 큰 차이가 나는 이유도 이 때문이다. 문제는 공기업의 이런 고분양가가 민간 기업 분양가를 끌어올린다는 것이다. 앞으로 정부기관인 주택청 등을 만들어 이들로 하여금 공영 임대주택 공급을 전담하게 하여 더 이상 공기업들이 고분양가를 선도하는 일이 없도록 해야 한다. 물론 그런 방식으로 개혁을 하자면, LH공사의 천문학적인 자산을 국가와 공기업이 어떻게 배분할 것인가가 문제가 된다. 그러나 공기업의 주택 공급 방식을 현행대로 유지할 경우 공기업의 고분양가 선도 행위는 앞으로도 지속될 수밖에 없다. 많은 사람들이 서울시 시프트에 기대를 걸기도 하는데 시프트 공급으로 인한 약간의 혜택 또한 고분양가라는 희생의 대가라는 것을 알아야 한다.

박 =6·25 전쟁 직후에는 보건사회부가 주택 담당 부처였다. 피폐해진 환경을 치유하려면 위생학이 가장 중요하기 때문에 보건 영역에서 주택 공급을 했다. 이후 건교부, 국토해양부에서 담당 부처가 바뀌었다. 일단 많이 지어내는 것이 중요했다. 우리나라는 문화론이 너무 허약하다. 언론에서 주택 전문가로 나오는 사람들이 애널리스트나 부동산 정보회사 대표 등이다. 김영삼 정부 때 주민 동의율을 확 낮추면서 재개발·재건축의 원칙이 흐트러졌다. 제도적인 최소 기준은 한번 낮추면 올릴 수 없다. 국민의 실제 생활과 관련된 부분에 대해 친시장적으로 계속 만들어온 것이 한국 주택 정책의 역사다.

신 =저 역시 주택의 탈상품화에 해결방안이 있다고 본다. 한국에서 부동산 값이 폭등한 건 주기적으로 있었던 일이지만 정치적으로도 영향이 컸던 건 2000년대 중반 이후 두드러진 현상이다. 2006년 5·31 지방선거가 두드러졌고, 2008년 18대 총선에서 부동산과 정치 성향 사이에 상당히 뚜렷한 연관관계가 드러나기 시작했다. 과거의 부동산 폭등은 많은 경우 토지와 관련된 데 비해 2000년대 들어 아파트 중심으로 변하고 사람들의 정치적 선택과 밀접한 연관을 갖게 되었다. 또 1997년 외환위기 이후 고용 불안이 심각하게 체감되면서 부동산을 하나의 잠재적 자산으로 간주하게 된 정도가 과거에 비해 훨씬 커졌다. 특히 부동산 값 폭등이 모든 계급 계층에게 동일한 영향을 미치진 않았다. 전통적으로 한국에서 저소득층, 저학력층은 보수성향이 강하고, 30~40대 대졸자는 진보성향이 강하면서 중심지가 수도권이었다. 그러나 2000년대 들어 중산층, 386이 보수층으로 돌아서면서 한국 정치 전반의 보수화에 큰 변수로 작용했다. 2000년대 들어 영호남의 '출신 지역주의'와 수도권의 새로운 '거주 지역주의'가 중첩된 현상이 나타나고 있다. 전통적으로 중요한 건 '출신 지역주의'였으나 2002년 대선에서 '이념 및 세대 변수'가 커지고 '출신 지역 변수'가 약화되었다. 2007년 대선 때에는 '이념 및 세대 변수'가 약화되고 '거주 지역주의'가 강해졌다. 일반적으로 한국에서 지역주의 투표를 상수로 놓을 때 가장 중요한 게 수도권이었다. 그런데 2000년대 중반 이후 수도권이 부동산 정치에 포섭되고, 이 측면에서 진보 진영이 보수 진영에게 패배하고 있는 것이라 생각된다. 6월 지방선거를 앞둔 정부의 여러 대책들이 이런 역동을 보여준다. 진보 진영은 전통적으로 빈곤층의 주거 문제를 중시한다. 그러나 중산층에게는 자산가치로서의 문제도 중요한 것이 현실이다. 진보 진영이 저소득층의 주거복지 문제만 주목할 경우 중산층을 놓칠 가능성이 크다. 중산층은 내 집 마련의 욕망을 갖고 있으면서, 동시에 부동산이 자산 가치를 상실하게 되는 것에 대해 두려움을 갖고 있다. 그렇다고 진보 진영이 뉴타운 재개발을 하겠다고 하면 더 이상 진보가 아니다. 주택의 상품으로서의 의미를 축소시키는 정책을 펴되, 그에 대한 중산층의 불안과 저항을 상쇄시킬 다른 안전망을 함께 제시해야 한다. 그게 노동시장이건 사회안전망 측면이건 중산층이 불안해하지 않도록 다른 경로를 함께 제시해야 집을 부동산 자산으로만 생각하는 경향이 약화될 수 있고, 거품 해소에 대한 불안과 저항을 완화시킬 수 있다.

조 = 탈상품화된 주택이 전체 주택에서 20~30%를 차지할 때까지 비중을 늘려야 한다. 임대주택도 쓸 만하다는 생각이 커져야 한다. 지금은 임대주택에 살면 자산 축적 기회를 놓친다고들 인식하고 분양주택으로 쏠리고 있다. 탈상품화 주택은 주택의 소유권과 임대권 전반을 공공이 갖는 것이다. 이는 여러 유형이 있을 수 있다. 누군가는 고양이 목에 방울을 달아야 하는데, 임기 동안 빛을 볼 수 없으니까 어느 정권도 그런 정책을 펴려고 하지 않는다. 우리나라 주택 정책을 보면 10~20년을 넘어가는 정책이 없다. 모두 단기 정책이다. 주택의 구조를 바꿀 주택 뉴딜 정책이 필요하다. 주택 공급 방식은 시장에 맡기되 정부가 시장의 투명성을 조절하면 된다. 또 정부는 20~30% 공공주택 공급하는 데에 자원을 배분하고 각종 새로운 주택을 도입해야 한다. 그러려면 정부가 땅을 많이 가져야 하며 토지 비축부터 시작해야 한다. 스웨덴 스톡홀름은 전체 주택공급에 필요한 토지의 60%를 공공이 비축해둔 것을 방출해서 조달한다. 우리나라도 이젠 주택공급율이 100%를 넘고 민간 시장이 돌아가는 만큼 정부는 약자를 위한 주택공급을 해야 한다. 주택행정도 보건복지부나 그 산하에 주택청을 만들어 해야 한다. 서구 선진국을 보면 복지 정책의 최고 영역이 주택 부문이다. 지금까지 해왔던 건 100% 공급주의자, 시장을 위한 것이었다. 그건 정부가 안 해도 된다.

박 = 1968년 만들어진 제2차 경제개발계획에 대한민국 주택은 민간이 공급한다고 되어 있다. 그때부터 정부는 늘상 인허가와 사업승인권만 휘둘러 왔다. 탈상품화가 말로는 쉬운 일이지만 대한민국을 다시 만드는 일이다. 50년된 일을 정리해야 하는 일이니까. 그럼 구체적인 대안은 무엇이냐. 공공주택 공급기관이 자기 역할을 회복하는 거다. 정부는 정부 투자기관들에 대해 경영평가를 한다. 그 속에서 공공기관은 시장적 조건에서 경영 합리화를 해야 하면서도 공공기관 역할에 대한 요구를 받는다. 고호한 자기 역할을 정리해줘야 한다. 주택은 민간이 공급하게 두더라도 적어도 LH, SH, 지방공사 등 공공주택을 공급하는 기관들이 제 역할을 하면 된다. 토지 비축이든 임대주택 관리든, 시장에서 소외된 사람들을 도와주는 것, 저소득층의 거주 안전성을 확보해주는 것이다.

신 = 주거 문제를 해결하려면 거시 산업구조의 개혁, 자산 불평등 완화, 주거복지 개선책이 필요하다. 이들 영역의 관계를 고려한 종합적 비전을 제시해야 한다. 가장 직접적인 것이 주거복지 개선을 위한 대책으로 주택에 대한 광범위한 공적 공급이다. 특히 중산층 일부와 저소득층에게 최소한 안정적 주거공간을 제공한다는 점에서 의미가 있다. 하지만 이런 주택은 투자가치가 없기 때문에 자산 불평등 문제가 해소되지 않는다면 중산층과의 경제적 격차가 더 벌어질 수도 있다. 공공 임대주택 등에 거주하는 분들 중에는 내 집 마련이나 자산 증식에 대한 희망이 없는 경우가 있다. 자산 불평등 문제가 완화되지 않으면 민간주택과 공공주택 사이에 사회적 낙인이 생길 수 있다. 많은 중산층에게 부동산은 미래의 자산 증식과 신용 증대를 위한 중요한 조건이다. 집값이 올라야만 대출을 해서 자영업을 하든 뭐라도 할 수 있다. 버블 해소가 중산층의 저항을 받지 않기 위해선 부의 대안적 원천을 제시해야 한다. 산업적 측면에서는 토건산업이 주범 아니겠나. 한국에서 연간 투자액 중 토건산업 투자 비중이 20%가 넘는다. 많은 대기업이 토건산업을 통해 부를 증대하는 구조다. 기업사회 내부에서도 빈익빈 부익부 현상이 생긴다. 많은 중소기업이 대기업 토건의 하청 구조 속에 있다. 이들은 종속적이고 불안정한 위치에 있음에도 불구하고 부동산 경기에 대해 공동의 이해관계를 갖고 있다. 부동산 경기를 냉각시킬 경우 대기업뿐만 아니라 연동된 중소 하청업체 노동자도 영향을 받는 구조다. 이 같은 비생산적, 투기적, 독점적 산업구조를 생산적이고 건강한 산업구조로 개선해서 그로부터 창출되는 부와 일자리로 부동산 거품 해소의 빈자리를 채울 중장기적 프로그램이 요구된다.

조 = 지금까지 지속되어온 우리나라의 주택정책을 계속 유지한다면 자산 불평등 문제가 남을 수 있다. 그러나 공공주택 공급을 통해 부동산 시장의 건전성을 만들어내는, 즉 투기적 가격 대신 적정한 가격이 형성되고 투명한 절차를 만들면 해결될 수 있다. 공공주택은 시장을 정상화시키자는 뜻도 있다. 제가 말하는 탈상품화 정책은 구제만 하는 것이 아니다. 주택 시장으로 가는 사람들을 양성하고 주택시장의 투기화와 불법화를 줄여 누구든지 자산이 없는 사람도 자산 계층으로 진입할 여력을 만들어주자는 의미다.

홍 = 중산층은 부동산 가격이 과도하게 올라가도 싫어하고 과도하게 내려가도 싫어한다. 과도하게 올라갈 때는 자신들 소신에 안 맞기 때문에 싫어하고, 내려갈 때는 손해가 나기 때문에 싫어한다. 경제위기나 거품붕괴가 온다고 진보 진영에 반드시 유리한 것은 아니다. 사람들이 오히려 우경화할 소지도 많다. 따라서 진보 진영에서도 부동산 시장 연착륙 방안에 대해서 고민해야 한다. 진보 진영의 공공택지 확보 방안과 부동산 시장 연착륙 방안을 결합하면 좋은 대안이 나올 수도 있을 것이다. 공공택지는 부동산 시장이 과다하게 냉각되어 일본식 복합불황의 우려가 있을 때 확보하는 게 좋다. 정부가 싼 값으로 토지를 확보할 수 있고, 또 과도한 부동산 시장 침체도 막을 수 있기 때문이다.

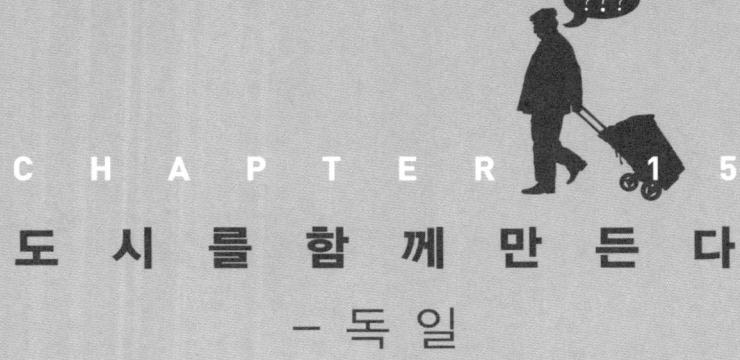

CHAPTER 15
도 시 를 함 께 만 든 다
- 독 일

주민이 디자인하는 도시

2010년 4월 22일 오후 7시. 독일 뮌헨 시 19구 퓌어스텐리트의 주민센터에서 공청회가 열렸다. 많은 주민들이 참석하는 바람에 500개의 좌석이 모자라 좌우 통로와 뒷자리까지 주민들로 북적거렸다. 19구 주민 8만 2000여 명 중 600여 명이 공청회에 참석, 구의원 한스 바우어의 안건에 대한 설명에 귀를 기울였다.

열기 띤 심야 공청회

"지역에 높이 100m의 쇼핑센터 건물이 들어올 예정입니다. 우리 구에 필요한 것인지, 필요하다면 얼마나 큰 크기가 필요한지 의견을 말해주시기 바랍니다. 일단 도시계획국에서 이 문제에 대한 워크숍을 제의해 왔는데, 반대하신다면 적극적인 의사 표명을 부탁드

▲ 뮌헨 시 19구 퓌어스텐리트 주민센터에서 열린 공청회에서 한 주민이 발언하고 있다. ⓒ경향신문

립니다."

　브리핑 이후 주민들의 자유발언이 이어졌다. 이 동네에서 45년을 살았다는 마랄드 크라우트가 단상 위에 올랐다. "우리 동네는 교통량이 많아서 대기오염과 소음공해가 심한 편입니다. 교통량을 완화시키도록 외곽도로를 만들어 주시길 바랍니다. 초고층 건물의 유치는 모든 법적 조치를 동원해서 막을 겁니다. 그래도 들어온다면 우회로를 조성하고 신호를 조정해서 도로를 멈추지 않고 갈 수 있도록 조정해 주십시오." 뒤이어 다른 주민이 나섰다. "뮌헨 시의 라머스도프에서는 도로를 확장해서 역사경관이 무너졌는데 지금 계획대로라면 우리도 그 전철을 밟게 될 겁니다. 우리 동네를 돕지 않는 정치인들에게는 표를 주지 않겠습니다." 발언이 끝나자 방청석에

서 지지의 박수가 쏟아졌다. 강단 위의 시 공무원 세 명과 자치 경찰은 진지한 표정으로 주민들의 의견을 듣고 있었다.

그리고 찬반투표가 시작되었다. 이날 부쳐진 안건에 대해 찬성하는 사람은 노란 종이를 들어서 의사를 표현하는 방식이다. 이 의견은 공식 기록으로 남고, 시청 담당 부서도 이를 공식적인 제안으로 받아들인다.

회의가 끝난 것은 세 시간여가 지난 밤 10시 30분. 늦은 시간임에도 주민 일부는 강당에 남아 구의원, 공무원들과 대화를 계속했다. 뮌헨 시장을 대신해 참석한 시청 관계자는 "공청회에서 주민들이 의견을 내면 공무원들은 하나하나 답변할 의무가 있고, 그 답변 내용을 토대로 주민이 소송을 제기할 수도 있다"고 말했다.

공청회에서는 대형 개발계획만 다뤄지는 것이 아니다. 교통계획, 어린이집과 학교 문제, 휴양 시설, 주민 스포츠, 노인 복지, 주민모임 지원 등 다양한 안건이 토론을 거쳐 정책화된다.

문득 2010년 3월 경기도 안산에서 열렸던 주민 공청회가 떠올랐다. '안산시 2020년 기본 경관 계획'을 발표하면서 일반 주민은 참석이 어려운 오후 세 시를 공청회 시간으로 잡았다. 담당 공무원이 통장 등 주민 30명을 대상으로 계획을 설명했고, 주민들은 듣는 입장이었다. 이 자리에서 주민 두 명이 공무원에게 질의를 했지만 4월 말 현재까지 답을 듣지 못하고 있었다.

독일 주민들이 공청회에 적극적으로 참석하는 이유는 뭘까. 무엇보다 자신들의 의견이 정책에 반영되기 때문이다. 뮌헨 시청 도시계획국 동부 총괄자 보임러는 "독일의 도시계획에는 두 가지 원칙이 있다. 주민이 관심을 갖게 하는 것, 그리고 주민의 피드백을 받는 것"이라고 말했다. 도시계획의 '구경꾼'이 아니라 '주인'으로서 권리를 주장하는 것이다.

섬세한 조율을 통한 개발

공공 부문은 물론 민간 부문 개발을 원해도 주민들과 섬세한 의견조율 과정을 거쳐야 한다. 한 예로 뮌헨에 45만㎡ 부지의 공단을 소유한 지멘스사가 이곳을 주거용도로 변경하고자 했을 때 뮌헨 시청 도시계획국 소속의 건축·도시계획 전문 공무원들이 개발할 경우와 어떻게 달라지는지 공간 개념을 그림으로 만들어 주민 공청회에서 공개했다. 그다음 건축가·정치인·공무원·지멘스·건축사무소 등 다양한 주체가 모여 워크숍을 열었다. 이 워크숍 토의 내용이 다시 주민들에게 공개되고 논의를 거친 뒤 지구상세계획안(Bebauungsplan)을 마련했다. 이 계획안은 신문 공고를 통해 지역주민에게 알려지고 4주 동안 시청에 전시된다. 개발의 세세한 내용을 주민들에게 알리자는 취지다.

이튿날 들른 뮌헨 시청 1층 로비에서는 한스 자디엘 광장의 공모전이 열리고 있었다. 해당 지역 주민 10여 명과 함께 이곳을 찾은 마그너스는 "공모전 전시에 대한 지역 신문 기사를 보고 찾아왔다. 2~3등 작품들은 공공 공간이 적은데 1등 작품은 주민센터 등 쉴 수 있는 공간이 많이 있어서 마음에 든다"고 말했다. 전시기간 동안 주민들은 자신의 의견을 시청에 제출하고, 도시계획국은 서신으로 답한다.

그 후에도 다시 주민 의견을 듣는 시간이 마련된다. '주민과의 산책' 시간이다. 전문가들이 현장을 안내하고 도시계획국 공무원들이 개발 과정·목표 등을 알기 쉽게 주민들에게 설명한다. 이 과정에서 저절로 도시계획에 대한 주민 교육이 이뤄진다. 또 30일간 주민의 견서를 접수받아 시의회 자료로 보관하는 데 이후 기간에도 주민의 반대 의견이 나오면 계획안은 다시 수정된다. 주민들의 수정 의견이 없으면 그때서야 시의원들이 표결을 한다. 이 과정이 다 끝난 뒤에도 이의를 제기하는 것이 가능하다. 법원에 감정 요청을 할 수 있는 것이다. 만약 '건물이 들어서서 그림자가 생긴다, 잔디밭이 없어지는 걸 반대한다'는 등 주민 반대 모임이 결성된다면 공구원들은 개발하려는 사람들에게 소음이나 녹지 감소, 채광 등에 대해 개발 이후에 생길 수 있는 변화를 감정하라고 요구할 수 있다. 개발 주체들은 이를 반드시 수용해야 한다.

브란덴부르크 기술대학 도시환경 연구소의 문기덕 연구원은 "독일과 달리 한국은 미리 마련된 정책이 주민들의 의견과 큰 상관없이 추진되는 구조라 공청회 참여율이 낮을 수밖에 없는 것"이라고 설명했다.

공청회 이외에도 뮌헨 시는 여러 형태로 소통의 장을 마련한다.[106] 도시 공간 모델을 만들어 보면서 주민들과 대화를 하는 '계획 놀이'(simulation game)시간도 있다. 큰 판을 가져다 놓고 모래를 이용해 용적률·건폐율 등을 변화시켜 보며 공간을 함께 형성해 보는 것이다. 이 과정에서 주민들이 의견을 내면 이에 대해 전문가들이 조언을 하면서 놀이 형태로 도시 공간에 대해 함께 생각해 보는 시간을 갖는다.

건축가 혹은 건축 전공 학생들이 3일 동안 공개 워크숍을 하는 방법도 있다. 예를 들어 시장·쇼핑센터처럼 사람들이 많이 모이는 곳에서 이들이 작업하는 모습을 3일 동안 보여주면 관심 있는 주민들이 그 주변을 지나다니면서 질문을 하고 이에 대해 전문가인 건축가가 대답한다. 마지막에는 3일간의 결과물로 공개 프레젠테이션을 하며 주민들을 초대하기도 한다. 어린이를 대상으로 '멋있다고 생각하는 장소'를 사진으로 찍어보도록 하는 공모전을 하기도 한다. 어릴 때부터 '의미 있는 공간'에 대한 의식을 키우는 것이다.

브란덴부르크 기술대학 도시계획과 프랑크 슈바체 교수는 "독일에서 도시계획이란 행정기관과 주민들이 신뢰를 기반으로 도시를 만들어가는 과정"이라며 "관청은 과정을 투명하게 보여주고 주민들을 대표하는 시의원들이 도시계획의 실질적인 결정권을 갖는다"고 설명했다.

이렇게 주민 참여가 활발한 것은 도시계획 과정과 관련 법이 이해하기 쉬운 덕분이다. 뮌헨 시청의 보임러가 보여준 건설법 책자 요약본과 도시계획 과정에 대한 그림은 중고등학교를 졸업한 사람이라면 누구나 이해할 수 있는 수준으로 구성되어 있었다. 반면 우리나라의 재개발 관련법의 경우에는 한자투성이의 암호문과도 같은 데다 법조계에서조차 "법 조항 내에서도 충돌되는 부분이 있다"는 지적이 있을 정도로 지적 '접근성'이 떨어진다. 이해하기조차 힘든 법조문이라면 주민들이 자신들의 권리를 주장하기란 어려운 일인 데다, 법조문을 이해할 수 있는 능력이 있거나 전문가를 고용할 수 있는 이들이 이익을 보는 구조로 쉽게 왜곡될 수 있다.

개발 이익 환수에 대한 사회적 합의

이 같은 독일의 도시개발 과정이 너무 복잡한 건 아닐까. 도시계획국의 케르허는 "오래 걸리고 비용도 많이 드는 건 사실입니다. 하지만 의견을 수렴할수록 민원이 적어지고, 궁극적으로는 시간과 비용을 줄일 수 있거든요"라고 말했다.

개발에 따른 이익을 일부 환수해서 공공의 이익을 위해 분배하는 것 역시 독일 도시개발의 원칙이다. 사회적 합의에 의한 토지사용, 즉 '소본'(SoBoN: Sozialgerechte Bodennutzung)이 바로 그것이다.

뮌헨 시는 1990년대 초 "개발로 이익을 얻는 측이 공공 공간에 대한 비용을 지불해야 한다"며 개발이익 환수의 패러다임을 제시했다. 당시 아파트를 개발할 때 용적률이 250%에서 500%로 늘어나면 그만큼 인구가 늘어나고, 이를 뒷받침할 상하수도, 학교, 공원 등 기반시설이 늘어나야 하는데 그 비용 전액을 지방자치단체가 고스란히 부담하는 바람에 재정적인 어려움에 봉착했기 때문이다. 이후 뮌헨 시는 개발 당사자가 공공 공간에 대한 비용을 부담하도록 조례를 도입했고, 1994년부터 시행에 들어갔다.

'소본'은 어떤 방식으로 적용될까. 개발 과정에서 용적률이 높아지면 토지 소유자는 상승한 토지가격만큼 이익을 추가로 얻게 된다. 필지가 명확하게 구분되는 1:500 축적의 법정 지구상세계획을 수립할 때 지구상세계획을 수립하게 되면 토지소유자는 건설 가능한 용적률을 받게 되므로 토지가격이 상승한다.

이 상승가격 가운데 최소 33%, 약 3분의 1은 토지보유자와 투자자들의 기본적인 이익으로 보장한다. 적정한 이익수준을 보장함으로써 도시가 슬럼화하지 않고 지속적으로 개발될 수 있도록 하는

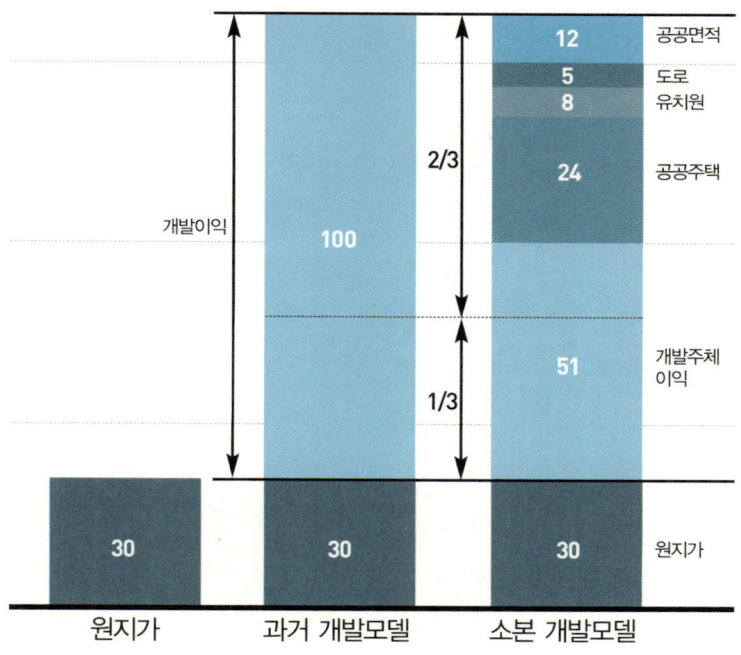

▲독일은 개발 이익을 어떻게 환수하나 (출처: 뮌헨시 소본 계산법)

것이다. 그러나 동시에 이들이 가져가는 이익이 개발로 인한 토지 가격 상승분의 51%를 넘지 않도록 하는 것이 '소본 계산법'의 얼개이다. 오른 땅값의 최소 49%에서 최대 67%를 공공시설을 확충하는 재원으로 환수하는 것이다.

공공시설 확충분은 구체적 사용처를 규정하고 있는데 지역마다 조금씩 차이가 있지만 공공시설이 12%, 도로 5%, 유치원 8%, 지원주택 24% 등으로 구성된다.

만약 공공시설 개발에 대한 부담을 안 한다면 토지소유주와 개발업자는 100% 이익을 가져가게 될 테지만, 개발이익과는 상관없는 해당 지역의 납세자들의 돈으로 공공시설을 만들어야 하는 불공정한 상황이 된다는 것이 뮌헨 시의 설명이다. 개발이익이 최소 33%만 남더라도 개발이 가능하다는 것이다.

가장 중요한 것은 공공시설 확충 부담금이 3분의 2 이상을 넘지 않도록 하는 것이다. 이 규모를 넘으면 개발할 가치가 없어지거나 개발이 위험해질 수도 있다는 의미로 받아들여지기 때문이다. 개발자가 이를 부담하는 방법이 여러 가지다. 개발 면적 일부를 떼어줄 수도 있고 현금으로 납부할 수도 있으며, 두 가지 방법을 절충해서 하는 방법도 있다.

2009년 11월까지 뮌헨 시는 소본을 통해 2억 유로(3000억원)의 도로건설비용, 8250만 유로의 녹지조성 비용, 1억 2000만 유로의 사회복지시설, 3730만 유로의 계획 비용을 충당했고 387만 4000㎡의 토지를 공공용지로 기부받았다.

이 제도는 시행 초기 '빨갱이들의 망상'이나 '약탈세'라는 비난을 감수해야 했다. 투자자를 잃어 도시경쟁력이 떨어질 것이란 우려도 나왔다. 그러나 현재 제도는 성공적으로 정착했고, 함부르크 등 개발 압력이 큰 다른 대도시들이 이 제도를 앞다퉈 배우고 있다. 국제적으로도 '공공 대 개인 파트너십'(PPP: Public Private Partnership)의 일환이자 현 시대에 적절한 도시개발 방법이라는 평가를 얻어가고 있다.

뮌헨 시 도시계획국 지구계획 작성 담당 베르너 로만은 "한국도 일반 시민들로부터 걷은 세금으로 빌딩과 토지를 소유한 이들을 위한 인프라를 제공하고, 이에 따라 빌딩 또는 토지 소유자들이 그 이익을 독식하는 게 맞는지 질문해야 할 시점"이라며 "개발이익 환수의 필요성에 대한 인식의 변화가 있어야 새로운 시스템을 마련할 수 있다"고 말했다.

주민이 이해하기 쉬운 도시계획

독일에서는 비법정 계획 '라멘플란'(Rahmen Plan: 도시의 골격구상계획)을 토지이용계획과 지구상세계획 사이에 활용해 주민 참여와 실질적인 소통이 가능하도록 하고 있다. 라멘플란은 구속력이 없는 비법정 계획이지만 연방건설법에 의해 규정되어 있는 공식적인 제도다. 커뮤니티(동네) 단위 토지의 건설계획에 대한 가이드라인 및 준비과정을 제시한다.

라멘플란의 일차적 과제는 문서화된 개발의 목표를 도면상으로 시각화시키는 작업이다. 법정계획에서는 표현방법과 축척이 명확히 규정되어 있어 해독하기 어려울 정도로 복잡한 경우가 많다. 반면 라멘플란은 부분적인 확대나 단면상황, 스케치나 3D화, 색깔·화살표·그림문자·주석 등을 통해 이해하기 쉽게 특정 부분을 부각시킬 수 있다. 따라서 시민들이 참여했을 때 도면을 이해하기가 쉽다.

1970년대 독일에서는 도심과 외곽 지역 사이에 위치한 공간이 황폐하게 버려지는 현상이 발생했다. 특히 비약적 성장이 이루어진 지구에서 오히려 '문제 지역'들이 나타나기 시작했는데 이 지구들에 대한 개선대책으로 '부분 지역계획'이 마련되었다. 이때 계획이 수립되는 초기 단계에 지역민들의 요구가 분명하게 표현되지 않으면 계획이 실현된 이후에도 많은 민원과 분쟁이 있었다. 이를 방지하기 위해서 재개발 계획에 시민참여가 필수적인 절차라는 것을 깨달았다.

독일의 경우 변화가 수반되는 지역은 거의 지구상세계획이 수립되어 있으며 비법정 계획인 라멘플란이 완충 역할을 하고 있다. 실제로 독일에서는 법정계획보다 훨씬 많은 계획 용역이 라멘플란에서 이루어지고 있으며 전문가의 참여도 이를 통해 활발하게 이루어지고 있다. 무엇보다 계획 목적에 따라 종류 및 형식이 다양하고 스케일이나 범례 기준도 다양하게 시도할 수 있다는 것이 장점이다.

세입자를 위한 나라

퀼링(44세)네 가족은 1998년부터 베를린 시 프리드리히스 하인 구의 5층짜리 아파트에서 살고 있다. 월세는 130㎡(39평)에 660유로(100만원)로 3.3㎡(1평)당 2만 5000원쯤이다. 가구소득 중 주거비 부담은 8분의 1 수준이라 부담스럽지 않다고 했다.**107)** 지난 10여 년간 살면서 2000년 창문과 난방 기기를 교체할 때 20유로를 더 내고, 2009년 월세가 10% 오른 게 전부다. 2010년까지 월 30유로(4만 5000원)가 오른 셈이다. 연 5% 이상 폭등하는 서울의 전셋값을 생각하면 변동폭이 미미하다. 그뿐 아니다. 월세인데도 한 집에서 12년간 안정적으로 거주해 왔다고 한다. 독일 주택과 부동산 시장을 40년 이상 분석해온 GEWOS 연구소 2009년 통계에 따르면 독일 세입자의 평균 거주기간은 12.8년이고 20년 이상 한곳에서 산 세입자도 전체의 22.7%에 이른다.

독일의 세입자들에게 '이사 공화국' 한국의 세입자들은 과연 어

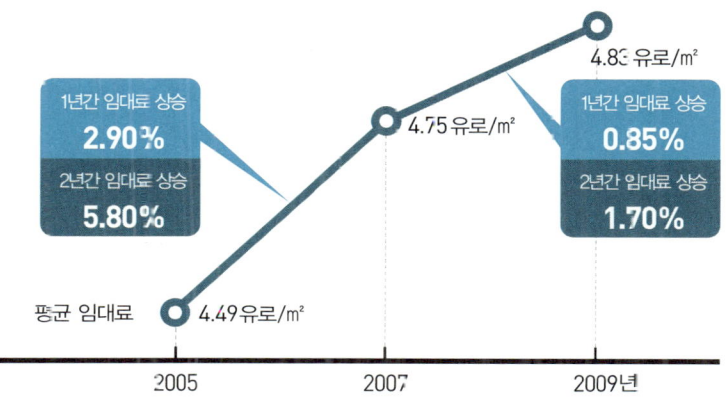

▼베를린 시 임대료 상승률
(2006~2008년 2년 동안 물가상승률 4.7%, 자료: 베를린시 도시개발국, 2010))

떻게 비쳐질까. 1~2년마다 이사를 다니고 수천만원씩 임대보증금이 오르는 한국의 상황을 전해 들은 퀼릿은 "가혹하다"며 놀라워했다. 그는 "이사를 많이 다녀야 하는 한국의 아이들은 뿌리가 없어지는 것이라고 생각한다. 만약 임대료가 해마다 올라 외곽으로 계속 내몰리는 상황이라면 나라도 무리해서 집을 사려고 할 것"이라고 달했다. 그는 현재 거주지에서 계속 임대로 살 계획이냐고 묻는 기자의 질문에 가볍게 웃으며 'Ja(네)'라고 답했다.

확고한 임대 정책

독일에서 임대는 보통 월세다. 월세의 적정 가격은 집의 위치·상태에 따라 민법인 임대차법에서 규정하고 있다. 임대료 인상 범위는 물론이고, 인상 이전 15개월간 임대료가 오르지 않았어야 한다거나 임차인의 동의가 있어야 한다는 조건 등이 이 법에 모두 들어있다.[108]

집주인은 집세를 올리려면 '임대료 기준표'(Mietspiegel)나 차임정보은행(Mietdatenbank)의 자료, 전문가의 감정서 또는 최소 세 개의 비슷한 주택의 차임 현황 등을 근거로 제시해야 한다. 집주인 맘대로 세입자를 쫓아낼 수 없다. 임차인이 계약상 의무를 어겼거나, 임대인의 가족 등이 해당 주택을 필요로 하거나, 오래된 건물을 고치는 경우 등이 세입자를 내보낼 수 있는 사유에 든다. 단지 임대료를 올리려고 계약을 해지하는 것은 사실상 불가능하다.

이는 '임대료 기준표'가 있어 가능하다. 기준표는 공공과 민간이 함께 임대료 상하한선을 책정한 것으로, 임대인과 임차인 단체에 주택 임대가격 정보를 제공한다. 임차인들은 이 표를 보고 월세의 적정 가격을 가늠한다. 베를린의 경우 1987년부터 4년마다 전면 갱신을 하고 2년마다 수정을 한다. 총 120만 개의 월셋집 중 무작위로 1%를 뽑아 건축년도·주택위치·평수 등 세 가지 척도를 기준으로 표를 만든다.

이때 중요한 것은 세입자 단체와 임대인 단체가 상호합의를 하는 과정이다. 지자체는 조정자 역할을 하면서 월세 가격의 적정 여부에 대해 의견을 나누고 조율한다. 상호합의를 통해 만들어진 기준표는 신뢰도가 높아서 이 제도를 도입한 이후 임대료와 관련한 법정분쟁은 거의 없는 편이다.

베를린 시청 도시개발국의 임대료기준표 담당과장 뮌케뮐러는 "1987년 이후 2년마다 수정한 것까지 합치면 16회의 조사 과정이 있었고, 매년 400여 건의 민원을 해결하면서 표가 점차 더 정교해지고 정밀해지고 있다"고 말했다. 그 결과 2006년부터 2008년까지 2년간 물가상승률은 4.7%였으나 임대료(2007~2009년)는 1.7% 상승에 그쳤다.

이처럼 임대료를 안정시키고자 하는 노력은 독일의 전후 혼란기에 사회적 요구에 의해 시작되었다. 제1차 세계대전 때까지 건물의 임대차 계약은 현재 우리나라처럼 당사자 합의에 따라 이루어졌다. 그러나 전쟁 이후 주택이 부족해지자 임대인이 계약을 마음대로 해지했고 임대료가 폭등해 임차인 보호가 어려워졌다. 결국 1923년 임대차보호법이 제정되면서 강력하게 임차인이 보호되었다. 이 법은 여러 차례 부분 개정으로 점차 완화되다가 1933년 전면 철폐가 주장된다.

제2차 세계대전의 결과 주택난은 더욱 심각한 문제로 대두되고 그 후 '주택통제경제폐지법'과 1960년 6월 '사회적 임대차보호법'이 제정된다. 독일민법 내에서 임차인의 사회적 보호 조항들은 임차인의 법적 지위를 종전의 독일 민법에서보다 크게 강화시켰다. 그러나 임대인의 자유로운 계약해지권을 원칙적으로 허용하고 있었기 때문에 임차인 보호의 측면에서는 큰 의미가 없었다. 그런 관계로 해지 변경은 결국 임대료 인상의 수단이 되었다.

1971년 '제1차 주택해지보호법'은 임대인이 자신의 이익을 위해 세입자와 계약을 해지하는 권한을 제한시켰고 임대료 인상을 목적으로 계약을 해지하는 것도 엄격하게 제한했다. 1975년 1월 1일 '제2차 주거공간계약해지보호법'이 의회에서 과반수 이상의 찬성을 얻어 통과되면서 계약해지 보호가 법적으로 영속적인 보장을 받게 되었다.

1974년부터 독일연방의회는 연방정부에 임대차법의 개정을 요구했는데 이는 여러 곳에 흩어져 있던 국민 주거생활의 사회보장과 관련된 규정들을 정비하고 이를 통일적으로 민법전에 규정함으로써 당사자들이 쉽게 임대차와 관련된 권리관계를 이해하게 하기 위해서였다. 이에 2001년 9월부터 주택임대차와 관련된 복잡한 법률규정을 이해하기 쉽게 재구성하고 현대화한 '개정임대차계약법'이 시행되었다.

민간 임대의 한 방식, 조합 주택

독일의 민간 임대 시장은 비율로만 따지면 우리나라와 비슷하다. 2007년 통계에 따르면 독일의 민간 임대 비율은 49%로 다른 유럽 국가인 네덜란드(11%), 스웨덴(21%), 영국(11%) 등에 비해 매우 높다. 자가소유·민간 임대·사회주택 비율도 46 대 49 대 6으로 우리나라(55 대 43 대 2)와 유사하다.

하지만 민간 임대라도 시장주의에 휘둘리진 않는다. 저렴한 주택을 공급하는 주체가 지자체, 조합, 자발적 결사체, 노동조합 등 다양하기 때문이다. 시에서 공급하는 주택과 주택조합에서 공급하는

▲ 독일 베를린 근교 코트부스에 들어선 조합 주택의 전경. 독일 전역에 민간에 의해 조성된 조합 주택이 240만 가구나 된다. ⓒ경향신문

주택이 질이나 가격에서 큰 차이가 없다는 뜻이다. 독일의 민간 임대주택에는 크게 개인 소유의 월세 주택과 국가나 공영기관이 관장하는 임대주택이 있지만 조합 임대주택(Gemeinn uetzige, CWG)이 더 많다.109)

주택조합은 집을 지어 조합원(회원)들에게 공급하고 임대하는 자발적 조직체다. 조합에서는 회원들이 모든 결정권을 갖는다. 시와 같은 공공 기관이나 다른 외부 조건의 영향 없이 조합이 나아갈 방향을 스스로 결정할 수 있는 구조다. 조합원들은 1년에 한 번씩 모여 조합 규약을 변경하고 예산을 보고하는 모임을 갖는다. 조합원들이 다 모이긴 어렵기 때문에 150명당 1명이 대표를 맡아 회의에 참가한다.

베를린 외곽 코트부스 시의 조합 주택에 사는 스콜레(69세·여)는 이 지역의 조합 대표다. 그는 "연 1회 코트부스 전역에 있는 대표들이 모이면 100명이 넘는다"고 소개했다.

그렇다면 조합 주택에 거주하기 위한 조건은 무엇일까. 스콜레의 경우에는 조합 주식(1200유로) 8주를 갖고 있다. 그는 "조합 주택에 살기 위해서는 사용권을 맺는 월세 계약과 주식 지분을 사는 회원권 등 두 가지 계약을 맺어야 한다. '방이 하나일 때는 주식 6주(900유로), 방이 하나 반이면 주식 7주(1050유로)'라는 식으로 주식 지분을 사고 따로 월세 계약을 맺는다"고 설명했다.

코트부스 시의 총인구 중 약 25% 이상이 조합 주택에 거주한다. 이곳의 주택조합 운영회장 하트리히는 "집을 투기하려는 게 아니라 안정적으로 '거주' 하기 위해 주민들이 직접 만들고 발전시켜온 단체"라며 "조합 주택은 투기 현상을 잠재우는 역할을 하면서 동시에 집값은 물론 세입자들의 주거권 안정에도 기여한다"고 말했다.

주택조합은 "주민이 주인"인 느슨한 조직이다. 조합 역사가 100년이 지났음에도 불구하고 주민들은 스스로 현대적이고 민주적인 방식으로 발전시켜 나가고 있다. 조합 주택에 사는 사람들은 모여 살기 때문에 공공 공간을 마련하기도 쉽다. 주민들이 동아리를 만들어서 활동하기도 한다. 봄 축제를 한다면 조합에서 비용을 지원하거나 공간을 제공하고 축제 진행을 돕기도 한다.

뮌헨, 함부르크 등 도시마다 조합이 있는데 모두 독립적으로 운영된다. 베를린 브란덴부르크 주에만 조합이 209개다. 독일 전역에 조합 주택의 총수는 240만 개에 달한다.

각 지역마다 임대주택 조합이 있고 그를 연합한 모임이 쾰른에 있는데 GdW(Gesamtverband der Wohnungswirtschaft: 주택산업 총연합)라고 부른다. 이들은 정치적인 목적으로 영향력을 행사하기 위해 연합체를 조직했고 실제 정치 기능을 하고 있다. 베를린 브란덴부르크 건설회사들과 조합들, 즉 주택 공급 업체들이 주 정부에서 어떻게 지원받아야 하는지 의견을 내고 있다.

저소득층을 위한 주거안정 대책

저소득층을 위한 공공부문의 주거안정 대책도 다양하다. 자녀가 12세 이하, 소득이 연간 7만 3000유로 이하인 경우 집을 살 때는 30%의 금액을 보전해 준다. 대신 10년 동안 매매금지 등 까다로운 조건으로 투기를 방지한다. '뮌헨 모델'이라 불리는 세입자 지원책은 조합에서 임대주택의 50%를 먼저 저소득층에게 빌려 줄 수 있도록 했다. 장애인을 위해서는 시가 직접 건설회사에 시유지를 싸게 공급하고, 건설회사가 법에 따라 지어야 하는 지원 주택(30%)을 공급하는 방식으로 문제를 해결한다.

그중에서도 주거 빈곤층에게 지원하는 가장 고전적인 방식은 주거보조금인 '본겔트'(Wohngeld)이다. 본겔트는 가족구성원 수·소득·주거비용·주거지의 월세 수준·주택의 노후화와 설비에 따라 결정된다. 일반적으로 월세의 10% 정도를 보조받는다. 주민들은 12개월 단위로 해당 지자체에 보조금을 신청한다. 베를린의 경우 3만 3300여 가구가 이 본겔트 혜택을 받고 있다.

스스로 보호하는
임차인 결사단체

독일에는 임차인(세입자)의 이해를 직접 대변하는 임차인협회가 있다. 베를린에서 라이너 발트 베를린 임차인협회장을 만났다.

협회의 기능은 무엇인가.

집주인이 세입자를 마음대로 내쫓을 수 없게 하는 것, 임대료가 올라도 세입자가 보호받을 수 있도록 하는 것, 이 두 가지가 협회의 가장 중요한 기능이자 존재 이유다. 협회는 정치적인 역할을 한다. 베를린 시는 서울시처럼 하나의 도시인 동시에 '특별시'이기 때문에 세입자 이익을 대변하는 의견을 직접 연방의회에 제출한다. 독일에는 새로운 법이 제정될 때 관련 이익단체를 초대해 의견을 듣는 절차가 법으로 지정되어 있는데 이때 적극적으로 의견을 제시한다. 지역 의원들을 직접 설득해서 영향력을 행사하는 방법도 있다. 임대료 기준표를 만들 때도 적극적으로 의견을 개진한다. 베를린 주 정부가 작성하는 이 기준표는 세입자들이 임대료를 감시할 수 있는 기능을 한다. 협회는 임대료가 부당하게 오르지 않도록 노력한다. 또 자체 신문을 발행해 세입자들에게 정보를 제공하는 역할도 하는데 신문은 구청이나 지역 임차인협회 사무실에서 무료로 볼 수 있다.

협회는 어떻게 만들어졌나.

1900년 10월 라이프치히 시에서 25개 임차인협회가 연맹을 결성한 것이 계기가 되었다. 2차대전 때 도시 유입 인구가 많아지자 임대인들은 월세를 올리기 위해 임차인들을 내쫓았다. 그때 임차인협회 결성은 대중운동이 되었고, 1923년에는 '임차인 보호법'이 발효되었다. 1960년대에는 당시 집권당인 기민당(CDU)이 더 이상 시장을 국가가 통제하지 않아도 된다고 주장했고, 당시 건설교통부 장관의 이름을 딴 법안 '파울 뤼케' 법안이 임차인협회의 거센 반대에도 불구하고 의회에서 통과되었다. 그 후 임대료가 급격하게 상승하고 계약해지 파동이 일어나자 임차인협회도 정치적인 이익 집단으로 활발한 활동을 펼쳤다.

협회 회원은 몇 명이고 어떻게 조직되어 있나.

협회는 독일에서 가장 큰 조직체다. 베를린 회원만 11만 5000명이다. 전체 세입자가

160가 명 정도 되는데 그중 6%가 회원인 셈이다. 독일 전체로 보면 협회 회원은 100만 명에 이른다. 또 독일임차인협회 연합은 도시마다 있는 단체 360개 이상을 아우른다. IUT(International Union of Tenants: 국제임차인협회·http://www.iut.nu)에는 3개 임차인협회가 속해 있다. IUT는 1927년 취리히에서 임차인들의 권리를 보호하기 위해서 만들어진 비정부기구로 2009년 10월 현재 46개국 58개 협회가 소속되어 있다.

협회에서 일하는 사람들은 누구이고 재정은 어디서 충당하는가.

이 사무실에만 총 40명이 일하고 있다. 20명이 변호사이고 자체 신문기자, 문서 작업을 하는 사람, 저판 평가자, 운영·회계 업무 등이 있다. 그 외에도 100여 명의 변호사가 있는데 이들은 일주일에 2~4시간씩 계약해서 일을 한다. 또 100여 명의 자원봉사자들이 정보 연결자로 일한다. 예를 들어 상가 세입자들이 조합을 만들기 위한 요건에 대해 문의하면 이게 대해 정보를 제공하고 조언하는 역할이다.

협회는 회원들의 회비로만 운영된다. 저소득층·학생·정년퇴임자 등은 한 달에 3.5유로(약 5200원)를 내고 일반 회원은 7.5유로(약 1만 2000원)를 낸다. 전체 회원 중에 20% 정도가 저소득층이다. 이러한 회비는 변호사의 조언을 받거나 상담을 받는 비용, 문제가 생겼을 때 변호사가 집주인·공공기관에 쓰는 비용, 보험 등으로 쓰이고 있다. 보험이란 세입자가 법적 싸움에서 졌을 때 대신 비용을 대주는 역할을 한다. 주 정부 등에서 지원을 받지 않기 때문에 정치적인 독립이 가능하다.

앞으로의 과제는.

임대료 기준표는 기존 계약관계에만 적용되는데 새로운 계약 때에도 임대로가 통제될 수 있도록 하고 싶다. 리모델링할 때 세입자에게 11% 정도를 부담시키는데 이것을 제한하는 방법도 고민하고 있다.

CHAPTER 16
과오로부터 배운다
- 일본

무너진 부동산 불패 신화

'부동산 불패 신화'로 의기양양하던 일본사회에 1991년부터 시작된 부동산 버블의 붕괴는 큰 충격이었다. 은행과 기업의 도산, 이에 따른 실업률 증가 등 소위 '잃어버린 10년'은 버블 붕괴의 대표적인 후유증이었다. 2010년 현재, 일본의 부동산 시가는 20년 전 대비 70%가량 하락한 상태다. 부동산 투자로 재산을 증식하는 것은 옛말이 되었다. 일본의 쓰라린 경험으로부터 우리가 배울 것은 무엇일까.

부동산 거품에 취하다

도쿄 아다치 구에 사는 기노시타 히라노(48세)는 2000년에 현재 살고 있는 76㎡(23평)짜리 아파트를 구입했다. 집값이 더 이상 크게 떨어지지 않을 것으로 판단한 시점에 내린 결정이다. 가격은 3900만 엔(약 4억 3000만원). 부동산 버블이 한창이던 때의 절반도 되지 않은 액수였다. 그는 "집을 장만하기 전 월세 15만 엔(약 185만원)에 주택을 임대했는데, 주택을 구입하더라도 월 대출상환액이 15만 5000엔으로 큰 차이가 없어서 내린 결정"이라고 말했다. 그는 "부동산 거품이 꺼지기 전인 1980년대에는 집값이 오를 것으로 예상하고 주택을 구입한 사람들이 많았지만, 그런 얘기는 더 이상 일본엔 없다. 나처럼 대출상환 부담과 월세를 비교해서 큰 차이가 없거나 상환을 부담할 수 있는 사람이 주택을 산다"고 덧붙였다.

버블 붕괴 이전까지 일본의 상황은 한국 주택시장의 풍경과 '판박이'였다. 일본 메이카이 대학의 표명영 교수(부동산 학부)는 이미 "한국 부동산 시장이 거품 붕괴로 고통을 겪고 있는 일본 부동산 시장을 그대로 닮아가고 있다"고 지적한 바 있다. 시장의 유동자금이 부동산으로 마구 쏟아져 들어왔고 개인과 기업을 가리지 않고 모두 부동산 수익을 기대한 상황이 특히 그랬다.

여기에는 몇 가지 요인이 얽혀 있다. 1985년 플라자합의로 엔화 가치가 1달러 240엔에서 120엔대로 급상승하자 일본 정부는 엔고에 따른 불황을 막고 국내 수요를 활성화하기 위해 연 2.5% 저금리 정책을 장기간 유지했다. 또 당시 보수 성향의 나카소네 내각은 법인세를 42%에서 30%로, 소득세 최고세율도 70%에서 40%로 낮추는 등 대대적인 감세 정책을 펼쳤다. 그 바람에 늘어난 부유층의 가용자금은 부동산과 주식시장으로 흘러들었다. 1980년대부터 정부가 용적률을 완화하고 민간 자본을 공공 투자에 활용해 토지가격이 급상승하면서 버블경제는 본격화되었다.

은행들은 우량 제조업에 대한 대출 대신 부동산 투자나 민간의 주택융자를 통해 수익을 냈다. 풀린 돈은 다시 투기자금화하면서 부동산으로 쏠려 집값과 땅값이 마구 뛰기 시작했다. 1980년대 후반에 접어들어 도쿄 23개구의 땅값이 미국 전 국토의 땅값과 맞먹는 수준이라는 평가가 나올 정도였다.

거품에 취한 기업과 은행의 경영은 방만했다. 기업은 담보로 잡힌 토지의 가격 상승을 예상하고 경영을 다각화하거나 위험한 사업에 뛰어들었다. 수익률을 높이기보다는 부동산 가격 상승에 따른 자산 부풀리기에 더 신경을 쏟았다. 은행은 통상 토지담보 평가액의 70%까지 융자하던 것을 120%까지 확대했다.

민간에서는 소위 '주택 주사위 놀이'가 벌어졌다. 주택 주사위 놀이란 젊었을 때 소형주택을 구입한 뒤 이를 굴려 큰 집으로 늘려나가는 방식을 일컫는 표현이다. 도쿄에 거주하는 기쿠치 켄(40세)은 "요즘만 해도 젊은이들이 집을 사려는 엄두를 못 내지만, 당시에는 대출을 끼고 집을 산 뒤 이를 되팔아 차익을 남기면서 더 큰 집으로 옮기는 것이 일반적이었다"고 회고했다.

집값은 얼마나 올랐나. 1981년 수도권의 신축 아파트 평균 가격은 2616만 엔. 1990년 버블의 정점에는 6123만 엔으로 10년 만에 무려 두세 배가 뛰었다. 미룰수록 '내 집 마련'이 어려워질 것이라는 우려가 확산되자 너도나도 앞다퉈 집을 사려고 했고, 수요자가 늘수록 집값은 가파르게 올랐다. 심지어 부모가 자신의 소득으로 주택을 구입할 여력이 없을 경우 자녀의 소득으로 부족분을 메울

수 있는 '2세대론'까지 등장했다.

주택가격 폭등은 공급 부족으로 빚어진 게 아니었다. 1973년에 이미 도쿄 등 모든 광역자치단체의 주택보급률은 100%를 넘어선 수준이었다. 문제는 주택이 '주거'가 아닌 '투자재' 개념으로 변질되어 있었다는 점이다. 주택투기로 성공한 사례가 늘어날수록 주택의 추가 공급은 투기 확대의 호재일 뿐이었다. 도쿄 도심 23구에 더 이상 개발할 곳이 없을 정도가 되고, 땅값도 계속해서 치솟자 건설회사들은 수도권으로 눈을 돌렸다. 이때 요코하마, 사이타마 등 주변의 신도시들에 대한 개발이 진행되었다. 건설사들은 부동산 투기를 목적으로 여기저기에 리조트를 개발하는 사업을 늘렸다.

부동산 경기의 과열 징후는 뚜렷했다. 1980년대 후반의 1인당 GNI 대비 부동산가격 지가지수의 비율은 장기적인 평균치보다 최대 25% 높았고, 6대 도시의 경우 최대 102% 정도를 상회했다. 그 정도에 상응하는 '거품'이 끼어 있었다는 것으로 해석된다. 하지만 일본 정부는 경고를 심각하게 받아들이지 않았다. 주택가격 상승은 개인들의 재산수준에 대한 착시, 즉 '재산 효과'를 일으켰다.[110]

버블 붕괴의 교훈

붕괴는 완만하게 시작되었다. 전국적인 땅값이 1991년 3·4분기를 기점으로 하락하기 시작했다. 각종 데이터를 통해 유추할 때 정확한 시점은 1990년 11월쯤으로 보인다. 정작 일본 정부는 1992년 경제백서를 통해 일본 경제가 일시적 조정국면이며, 거품 붕괴로 일본 경제가 큰 타격을 받는 일은 없을 것이라고 장담했다. 이를 뒷받침하는 각종 통계와 분석자료를 제시했다. 일본 정부는 이때의 경기침체를 단순한 경기순환에 따른 것으로 오판했다. 이 때문에 구조조정을 하기보다는 재정 확대로 경기 부양을 꾀했다. 실제 부동산에 과도하게 투자한 기업과 가계의 파산으로 금융기관의 부실채권이 크게 늘어났는데도 일본 정부는 금융기관 부실을 우려해 각종 금융완화 정책을 내놨다. 이로 인해 100조엔 이상의 막대한 예산을 금융기관 등에 투입했지만 성과 없이 정부의 재정 건전성만 악화되었다.

부동산 버블이 심각해진 뒤에서야 금융긴축 정책을 꺼내들었다. 하지만 너무 서두르는 바람에 정책의 연착륙에 실패했다. 특히 15개월 만에 공정금리가 3.5% 인상되자 시장은 얼어붙었다. 게다가 토지세, 상속세 강화 등 세금을 통한 규제는 1992년에서야 도입되면서 오히려 버블 붕괴를 심화시켰다. 경기침체는 뚜렷해졌고 1997년 이후에는 정리해고와 채용 억제 등 민간 부문에서 고통이 심화되었다. 가격 추락의 공포가 확산되면서 부동산 투매가 계속되었지만 살려는 사람이 없었다. 사태의 본질을 뒤늦게 깨달은 일본 정부가 금융기관 구조조정을 본격 추진한 것은 1998년 2월 관련법을 제정하면서였다.

불패 신화는 깨졌다. 도쿄의 평균 지가는 1992년부터 13년간 연속 하락해 2004년의 평균 공시지가는 1991년의 45% 수준에 불과했다. 1991년 1억 1520만 엔에 달했던 도쿄 23구내 신규 분양 75㎡

▼부동산 버블 전후 일본의 지가 추이(자료: 일본 국토교통성)

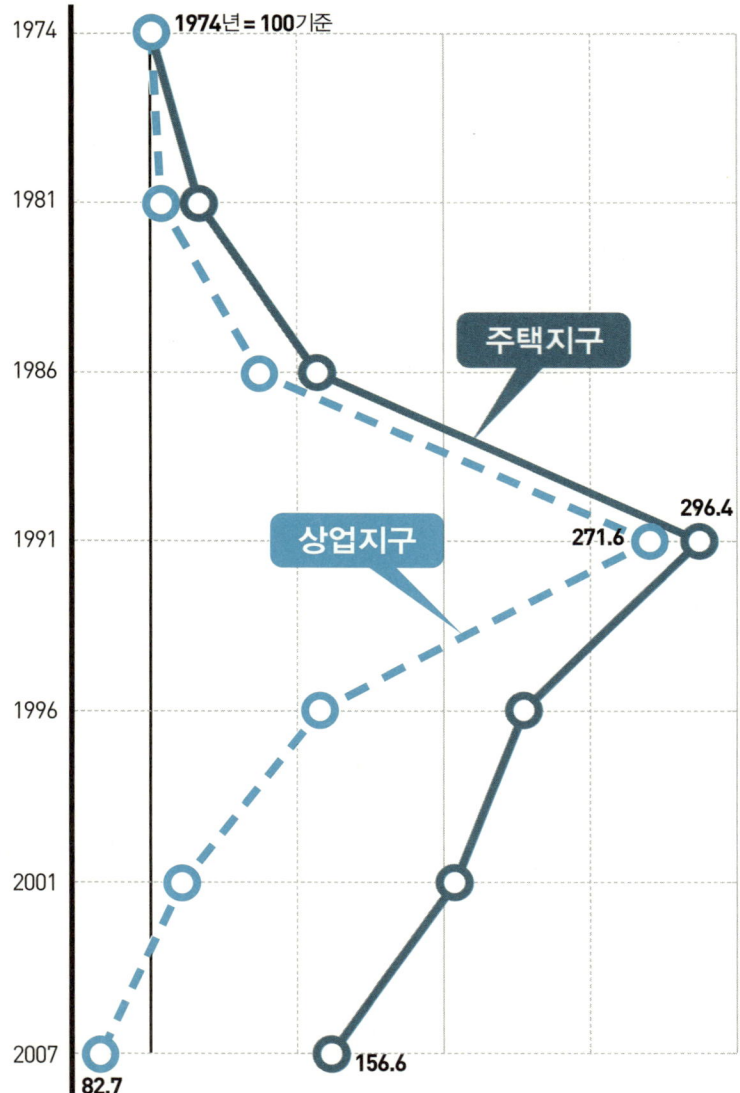

▼도쿄 평균 주택 가격 추이 ([ ]은 전년 대비 변동률, 단위: 만엔, 자료: 일본 주택금융 공고)

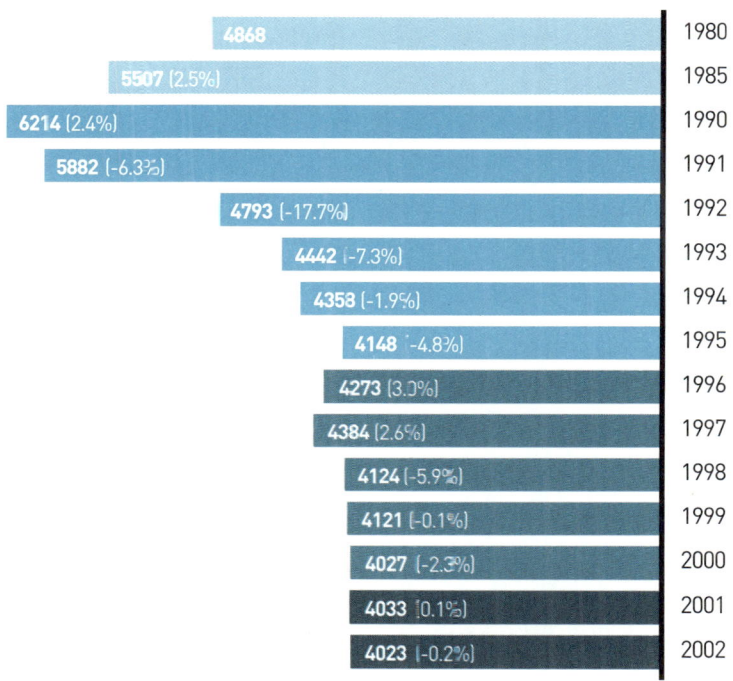

연도	가격 (변동률)
1980	4868
1985	5507 (2.5%)
1990	6214 (2.4%)
1991	5882 (-6.3%)
1992	4793 (-17.7%)
1993	4442 (-7.3%)
1994	4358 (-1.9%)
1995	4148 (-4.8%)
1996	4273 (3.0%)
1997	4384 (2.6%)
1998	4124 (-5.9%)
1999	4121 (-0.1%)
2000	4027 (-2.3%)
2001	4033 (0.1%)
2002	4023 (-0.2%)

▼도쿄 주택 공시지가 (단위: 엔/㎡, 자료: 일본 국토교통청, 도쿄도)

	도심 23구	도쿄도
1988년	136만 1000	95만 1000
2006년	44만	31만 8000

▼도쿄 도심 23구 신규 분양 아파트 가격 변화
(75㎡[23평] 기준, 자료: 일본 부동산경제연구소 · 도쿄도)

- 1억 1520만엔 (1991년)
- 5355만엔 (2006년)

(23평)짜리 맨션의 가격은 현재 반값도 안 되는 5400만 엔 수준이다. 수도권의 같은 크기의 맨션 가격도 고점을 찍은 1990년 1억 298만 엔에서 현재 반값 미만인 4965만 엔으로 떨어졌다.[111] 서울의 강남에 해당하는 도쿄의 아카사카·아오야마·아자부 등 '트리플 A' 지역의 분양가는 현재 평당 2000만원을 넘지 않는다. 내진설계 등 특수공법으로 건축비가 한국보다 더 들지만 서울 강남보다 1000만원 정도 낮은 가격이다. 버블 당시 도쿄 외곽에 지어졌던 신도시에는 빈 집들이 늘어나 사회문제가 되고 있다.

집에 대한 일본인들의 생각은 버블 붕괴를 기점으로 크게 달라졌다. 재일교포 3세인 직장인 금기철 씨(51세)는 13년 전 도쿄 시내에서 차량으로 한 시간 거리의 외곽 지역에 단독주택을 구입한 것을 후회한다고 말했다. "출퇴근이나 아이들 등하교도 모두 한 시간쯤 걸리는데다, 주택구입 당시에 비해 집값이 계속 조금씩 떨어지고 있어요. 도심의 편리한 위치의 주택은 아직도 사려는 사람들이 많지만, 그렇지 않은 곳의 주택은 가격이 싸도 사려는 사람이 없어서 팔려고 내놔도 나가질 않습니다. 어찌되었든 버블이 끝난 다음에는 서민들도 어떻게든 집을 살 수는 있게 되었어요."

도쿄 도에 따르면 1991년에 신규 분양한 맨션 가격인 1억 1520만 엔은 도쿄 도민 평균 연수입의 15.8배에 달했다. 그러나 2006년 현재 이 비율은 여덟 배까지 낮아졌다.[112]

일본 국민의 '집'에 대한 생각은 이제 보유에서 임대로 변화하고 있는 상태다. 일본 국토교통성의 「토지동향에 관한 연차보고서」에 따르면 "토지는 소유와 임차 어느 쪽이 유리한가?"라는 질문에

1993년 일본인 66.7%가 "소유하는 것이 유리"하다고 답했다. "임대하는 것이 유리"라는 답은 29.4%에 불과했다. 버블 붕괴가 휩쓸고 간 2003년 같은 질문을 던지자 38.1%만이 "소유하는 것이 유리"하다고 답했다. 반면 "임대하는 것이 유리"라는 답은 40.6%로 증가했다.[113]

"굳이 집을 사거나 더 넓은 집으로 이사 갈 필요성을 느끼지 못하고 살아요. 그냥 아내와 함께 월세를 내면서 지금처럼 평범한 빌라에서 살 생각입니다. 집은 가족이 함께 살아가는 곳이잖아요." 도쿄의 연립주택에 거주하는 다즈케 가즈히사(43세)의 말이다.

분별 있는 일본의 개발 문화

일본 도쿄 도 스미다 구의 한 마을에서는 2009년 '마치즈쿠리'(まちづくり: 마을 만들기) 사업의 일환으로 쭉 뻗은 이면도로를 낼 계획이었다. 그러나 새 길이 닦일 위치에 사는 한 가옥주가 "사는 집에서 계속 살고 싶다"며 보상금을 거부했다. 행정기관의 설득에도 가옥주의 결심은 바뀌지 않았다. 결국 도로는 이 집을 우회했다. 마을의 개발에 있어서 주민 개개인의 의사를 존중하는 일본의 모습을 보여 주는 단적인 사례다.

주거권 우선하는 일본의 개발 문화

오늘날 한국의 도시 개발이 거주민의 권리보다 '이익 창출'을 우선시하는 반면, 일본은 주민들의 복지를 목표로 개발을 진행한다.

▲ 도쿄 스미다구의 한 마을이 곧게 뻗은 이면도로를 계획했으나 한 주민이 공사를 거부하는 바람에 이 집을 우회하는 새 길을 조성했다. ⓒ변창흠

주민들이 주체가 된 커뮤니티 형성 운동, 즉 '마치즈쿠리'가 그 중심에 있다. 마치즈쿠리는 지역 사회의 재생을 위해 주민이 중심이 되어서 행정기관, 전문가들과 연계하는 방식으로 1970년대부터 활성화되었다. 도로, 공원, 하수도, 건물 등의 시설을 다루는 '도시계획', 환경, 복지, 교육, 정치 행정 등 사회시스템을 다루는 '사회계획', 산업진흥이나 산업입지 등의 '산업계획'을 총체적으로 포괄한다. 특히 주거에 있어서 공공기관은 주민들의 재정착과 주택 증가를 목표로 개발을 진행하고, 주민들은 자신들이 계속해서 살아갈 마을의 모습을 만들기 위해 적극적으로 참여한다. 현재 일본에는 마치즈쿠리를 위한 비영리단체(NPO)가 1500여 개에 달하며, 지방자치단체들도 이를 지원하기 위한 조례를 갖추고 있다.[114]

마치즈쿠리가 활성화된 도쿄 세타가야 구는 인구 86만 명의 제법

큰 자치구다. 1970년대 구청이 개발 사업을 일방적으로 추진하자 주민들이 재산권 침해를 들어 반대한 것이 이 풀뿌리 운동의 시작이 되었다. 수년간 갈등을 겪던 양측은 주민들이 구청 측 제안으로 전문가들의 도움을 받아 만든 사업안을 구청에 전달함으로써 해결의 물꼬를 텄다. 주민과 행정기관이 협력하는 정비사업 방식이 그 요체였다. 1975년 다이시도 지역의 낡은 목조주택을 재정비하는 사업은 주민발의를 수용한 구청에 의해 실현되었고, 이후 작은 숲 조성, 공장굴뚝에 색칠하기 등 주민들의 제안이 하나둘 씩 당국에 의해 채택되었다. 1982년 마치즈쿠리 조례 제정과 마치즈쿠리 협의회 구성이 공식적인 제도로 자리잡았다.

마치즈쿠리를 초기부터 이끌어온 일본희망제작소 하야시 야스요시 이사장은 "시작 당시에는 집이나 도로 등 시설 부문에 제한되었지만 이후 마을환경을 가꾸는 것으로 바뀌고, 지역의 복지와 지역 경제의 활성화까지 범위가 넓어지고 있다"고 설명했다. 그는 "기존에는 행정기관의 활동을 '공공'이라고 칭했으나 이제는 마치즈쿠리를 통해 주민이 자치적으로 주도하는 '새로운 공공'이라는 개념이 도입되고 있다"고 말했다. 현재 세타가야 구에서는 개인주택의 정원이나 서고를 지역사회에 공개하는 움직임과 더불어 노부부 또는 독거노인의 개인주택에 청년 세입자가 함께 살면서 노인의 고립감을 해소하고 젊은이들은 주거문제를 해결하는 식의 다양한 활동이 펼쳐지고 있다.

마치즈쿠리의 전통이 깊은 고베 시 마노 지구의 경우 공해 반대 운동이 그 출발점이었다. 1970년대부터 주민자치회를 기반으로 만들어진 마치즈쿠리 협의회가 고베 시에 계획안을 제출하고, 고베 시가 이 내용을 반영한 지구계획을 만드는 과정이 확립되었다. 이 지역은 1995년 한신 대지진 당시 소방차가 도착하기 전에 주민들이 자체적으로 진화 활동에 나서 피해를 줄이고, 복구 활동에도 참여하는 등 마치즈쿠리의 우수 사례로 손꼽힌다.

이러한 문화로 일본에서는 주택재개발 사업 때도 주민들의 의견을 무시할 수 없다. 공무원들 역시 "주민들이 원하지 않는 개발은 있을 수 없다"고 입을 모을 정도다. 공공기관은 물론 기업 주도의 개발에서조차 일부 주민이 찬성하면 나머지 주민의 토지나 주택을 강제수용할 수 있는 한국과 대조적이다. 일본 재개발의 대표적 사례인 도쿄 미나토 구의 롯폰기 힐스나 오모테산도 힐스 등 대규모 개발사업 역시 주민 동의하에 진행되었다.

또 지역의 도시계획을 마련하는 도시계획위원회에는 행정당국과 전문가와 함께 일반 시민도 참여한다. 일본인들이 살고 싶어 하는 도시로 손꼽는 도쿄 도 무사시노 시는 1970년부터 시민들이 주도하는 시민위원회를 구성해 녹색마을 만들기에 대한 계획을 세우고 실행하고 있다. 위원회에서 시민들이 도시 녹화에 관한 정책을 계획하면 행정기관이 이를 실행하는 구조다. 가와사키 시의 경우 주민과 시공무원들이 도시계획을 함께 세우는 시·정·촌 마스터플랜을 작성하는 것이 제도적으로 보장되어 있다.

도시계획에 대한 회의나 공청회 시간도 주말이나 평일 저녁으로 정해 직장에 다니는 일반 시민들이 회의에 참여하는 데 어렵지 않도록 배려하고 있다. 공청회 등에 참여하지 못한 주민들을 의해서는 추가 설명회나 공보를 통해 개발과 관련된 정보를 투명하게 공개한다. 놀이터 하나를 만들 때도 행정기관과 전문가, 주민이 수 차례의 워크숍을 열어 주민들이 원하는 놀이터의 모습을 만들어간다.

세입자들의 주거권도 철저히 보장되고 있다. 차지차가법(借地借家法), 즉 부동산임대법에 따라 임차인의 권리가 보호되기 때문에 세입자들이 제대로 된 재산상의 보상 없이 집에서 내쫓기는 경우는 있을 수 없다. 세입자들도 지역의 주민이라는 인식이 보편화되어 있어 세입자를 포함한 주민 3분의 2 이상이 찬성해야만 재개발이 진행된다.

경관 보존 노력의 역사

일본의 대표적인 역사 도시인 교토는 인구 147만 명의 대도시다. 시청 주변과 교토 역 주변 등 일부 중심지를 제외하고는 대부분 저층 건물들로 이뤄져 있다. 주택가는 대부분 단층이나 4~5층 이하의 저층 건물로 이루어져 있고 기온신바시, 산네이자카 등의 지역은 근대에 지어진 건물들이 고스란히 남아 있다.

교토 시 토박이인 시게모토 나오토(60세)는 "중심지가 재개발이 진행되면서 아파트와 상업시설이 많이 들어서서 걱정되지만 일본의 다른 지역에 비교해서는 상당히 양호한 편"이라며 "교토는 다른 대도시와 달리 차분한 분위기와 역사 경관이 잘 보존되어 있어서 주민들이 자부심을 갖고 있다"고 말했다.

▲ 전통적 건조물군 보존지구인 일본 교토 산녠이자카 지역에 200년 전후의 역사를 가진 목조가옥들이 들어서 있다. ⓒ국토연구원

일본에는 교토처럼 비교적 경관이 잘 보존된 도시가 많은 편이다. 정부, 지방자치단체가 경관 보존을 위해 일찍부터 관련 법규를 제정한 노력을 기울였을 뿐 아니라 개발에 맞서 마을 경관을 지키고자 하는 주민들의 노력이 함께 존재했던 덕분이다.

1966년 일본 정부는 교토, 가마쿠라, 나라 등 문화재가 많고, 경관 보존의 필요성이 높은 도시를 대상으로 하는 '고도보존법'을 제정했다. 역사적 풍토보존지구로 지정된 지역의 개발 행위를 제한하기 위해서다. 2004년에는 '경관법'을 제정해 문화재 보존이나 건물 높이 제한뿐 아니라 마을 분위기와 자연풍경 등도 보존할 수 있는 근거를 마련했다. 이 법에 따라 가마쿠라 등 모두 28곳의 지자체가 관련 조례를 만들어 마을 분위기와 풍경 등 경관을 보호할 수 있는 근거를 마련해 놓고 있다.

지방자치단체들도 경관보호 조례를 제정해 무분별한 개발을 막고 도시 경관을 보호하려는 노력을 하고 있다. 교토 시는 1970년대부터 도시 경관을 보존하기 위한 노력을 기울여 왔다. 1972년 '시가지 경관 조례'를 제정해 미관지구 지정, 역사지구 보전, 옥외광고물 규제 등을 실시해 왔다. 오카야마 현 쿠라시키 시는 1968년부터 '전통미관 보존 조례'를 만들어 건축물 규제뿐 아니라 거리 형태를 보호하고 있다. 이시카와 현 가나자와 시도 1968년 역사적 환경이 파괴되는 것을 막기 위한 '전통환경 보존 조례'를 제정하는 등 현재 약 500여 개의 지자체가 경관 보존을 위한 조례를 두고 있다.

주민들의 노력도 현재의 경관을 유지하는 데 큰 역할을 했다. 교토에서는 1980년대 거품경제 시기 곳곳에서 개발이 진행되면서 전통가옥이 사라지고, 60m 높이의 교토역 등 고층 건물이 들어서자 이른바 경관 논쟁이 시작되었다. 높이 규제만으로는 불충분하고 규제를 강화해야 한다는 주민들과 경관 규제가 지역 경제 발전에 걸림돌이 된다는 기업들의 논쟁이 진행된 후 교토 시는 1995년 '풍치지구 조례'와 '시가지 경관 정비 조례' 등을 개정했다. 이 개정 조례들에 따라 교토 시는 건축물이 마을 정경과 조화를 이루도록 하는 미관지구 제도를 정해 건물을 지을 때 적합성을 허가받도록 하고 있다. 건물을 지을 때 산림 등 풍경과 조화로운 디자인을 만들도록 공공기관과 협의하는 내용도 도입했다.

교토 내 기온신바시 지구는 1970년대 주민들이 보존운동을 펼친 사례다. 고층 건물로 새로 짓고, 땅값이 오르는 것보다 현재의 모습을 유지하면서 살고 싶다는 인식을 갖게 된 주민들이 시에 지역 경관을 보전할 것을 요청했다. 이에 따라 이 지구는 1976년에 '중요

전통적 건조물군 보존 지구'로 지정되어 현재까지 예전의 경관이 보존되어 있다.

최근 일본에서는 단순히 건물의 높이만 제한하는 것이 아니라 자연풍경을 훼손하지 않기 위한 지자체와 시민들의 노력도 이어지고 있다. 효고 현 아시야 시의 경우 시에서 만든 경관 조례를 통해 개발업자들의 고층 건물 건설을 막고 있다. 지방자치총합연구소 스가와라 도시오 연구원은 "아지야 시의 경관 조례는 건물 높이 제한뿐 아니라 건물의 색채에 대한 규정도 들어 있어 일본에서도 독특한 사례 중 하나"라며 "지자체의 노력을 통해 경관을 보존하게 된 좋은 사례여서 일본 전역으로 전파될 것으로 기대한다"고 말했다.

CHAPTER 17
미 래 의 집 을 위 하 여

'부동산 불패 신화'가 공고했던 한국의 주택시장이 일대 전환기를 맞고 있다. 중대형 아파트의 대량 보급과 자가 보유가 중심이 되어 왔던 주거문화는 저출산에 따른 인구 감소와 고령화 등으로 인해 향후 10년 안으로 큰 폭의 구조조정이 예상된다. 그렇다면 우리에게 앞으로 '집'은 어떤 곳이 되어야 할까. 그런 '집'을 만들기 위해서 경제·정치·사회 부문은 어떻게 달라져야 하는가. 전문가들과 함께 그 방향을 가늠해 봤다.

자가 보유에서 임대 주택으로

지금까지 한국의 주택정책은 '자가 보유'를 늘리는 공급만능 주의였다. 하지만 집값과 서민 주거를 안정시키기 위해서는 임대주택의 공급 확대가 필수적이다. 보급률 100%를 목표로 주택시장에 계속 새 집을 공급하면 집값이 떨어진다는 주장은 '투전판'이 된 한국의 주택시장에서 심각한 오류를 드러냈다. 공급이 늘어나도 집값은 오히려 치솟는 '기현상'이 계속되어 왔다.

많은 전문가들은 공공 임대주택의 비율을 늘려 집값과 임대료의 지나친 상승을 막고 서민 주거를 안정화해야 한다고 주장한다. 현재 3%(약 46만 개)인 공공 임대주택 비율을 10%까지 늘리고 민간 임대를 제도화함으로써 투명성을 확보해야 한다는 지적이다. 김수현 세종대 교수(부동산학) 등은 "수도권의 택지 부족, 재정문제 등을 감안하면 자가 60%, 민간 임대 30%, 공공 임대 10%의 비율에 맞춰 정책 방향을 맞추는 게 현실적 접근법"이라고 말한다.

아파트 위주의 공공 임대주택 패러다임도 변화가 요구된다. 서울과 수도권 외곽에 보금자리, 국민임대 등 새 아파트를 공급하는 방식을 벗어나 앞으로는 도시형 생활주택 공급으로 전환해야 한다는 것이다. 서울시정개발연구원 장영희 박사는 "임대주택을 아파트로 지으면 비용이 많이 들어 많은 가구를 공급하기 어렵다"며 "서울시는 오래된 다가구주택을 1600채가량 매입해 왔는데, 이것을 도시형 생활주택으로 바꾸면 다가구 주택 한 채당 20~30가구씩 최대 4만 8000가구 공급이 가능하다"고 말했다. 기존 인프라를 유지할 수 있는 이점도 있다.

민간 임대도 인식 전환이 필요하다. '다주택자'의 경우 보유세를 내거나 임대사업자로 등록하도록 제도화하는 것이다. 김헌동 경실련 국책사업 감시단장은 "전체 주택의 98%를 민간이 보유한 상황에서 민간 임대가 이뤄지고 있는데 현재 우리나라에서는 다주택자가 주택임대업을 하는 것이 법률상으로는 불법이라 등록법인이 없다. 이들의 등록을 유도해 정부가 관리 감독를 해야 한다'고 지적한다. 법률상으로는 전세 계약 2년 뒤 보증금을 5% 이상 올릴 수 없도록 하고 있으나 공공 관리의 사각지대에 방치된 탓에 집주인 마음대로 임대료를 올리거나 세입자를 내쫓는 사례가 빈발하기 때문이다.

민변의 김남근 변호사는 "주택임대차 보호법을 개정, '갱신청구권'을 만들어서 2년 동안 집값이 폭등하면 임차인들이 갱신청구권을 갖고 4년까지 연장될 수 있도록 해야 한다"고 제안했다. 김 변호사는 '임대차 등록제도를 실시해서 '공시' 기능을 갖춤으로써 모든 임차인들이 임대료 거래 내역을 볼 수 있도록 할 필요가 있다'고 덧붙였다.

현재 주먹구구식인 임대료의 '기준'을 설정해야 한다는 목소리도 높다. 세입자와 임대인 양측이 합의할 만한 기준표를 작성해 주택임대 시장을 안정시킬 기반을 다지기 위해서다. 여기에 필요한 재원은 고가 부동산에 대한 세금과 재개발에서 발생하는 이익 환수, 주택임대사업에 대한 과세 등을 통해 마련할 수 있다. '셋방살이'에 가슴앓이만 했던 세입자들이 자신의 권리를 위한 단체를 결성하는 것도 고려할 만하다.

임대주택의 공급을 통해 서민의 주거가 안정되려면 기본적으로 최저임금의 현실화 등 소득 수준이 보장되어야 한다. 참여정부 당시 저소득층을 대상으로 공공 임대주택을 대거 공급했지만 비싼 관리비를 감당하지 못해 떠난 경우가 적지 않았다. 이정전 서울대 명예교수는 "주거는 소득 수준에 부담되지 않는 선에서 결정되는 경향이 있으므로, 저소득층의 낮은 소득 수준을 끌어올리는 것이 바로 큰 틀에서의 주거복지"라고 말했다. 만약 주거비용을 감당할 수 없는 저소득층이라면 '바우처' 발급 등을 통해 주거보조비를 지원하고, 집주인에게 정부가 인센티브를 주는 방식으로 세입자의 안정된 주거를 확보할 수 있다. 그러나 민간 임대 시장에서 임대료가 오르면 소용이 없기 때문에 공공 임대 비율을 일정 수준으로 늘려 임대료를 안정시키는 작업이 선행되어야 한다.

결혼과 출산에까지 영향을 미치는 청년층의 주택난에 대해서도 정부의 적극적인 대책 마련이 요구된다. 집값이 폭등할 경우 '저출산'이 심화되는 부작용을 낳는다. 진보신당은 현재 만 35세 이상에게만 내주는 전세자금 대출을 35세 이하로 대상을 확대할 것을 제안해 놓은 상태다.

현재 서울시의 장기전세주택인 시프트가 앞으로 임대주택의 모델이 될 수 있을까. 한 전문가는 "누구나 들어가고 싶은 임대주택이지만 공급이 적어 당첨만을 노리게 한다는 점에서 '로또'나 다름없다"며 "지금 가격도 너무 비싸고, 집을 살 수 있는 능력이 있는 사람도 계속 시프트에 산다는 점에서 형평성에 문제가 있다"고 말했다. 이주원 '나눔과 미래' 지역사업국장은 "장기 전세일 경우 보증금이 20년간 묶여 있어서 SH공사의 부담이 지나치게 크다"고 지적했다.

이익 중심 재개발의 폐해

　민간기업 중심의 불투명한 재개발 행정에 대한 개선이 절실하다. 현 재개발은 착수 이전에 기반시설 비용을 포함한 추가 비용이나 용적률 등에 대한 정확한 정보를 제공하지 않은 상태에서 추진되고 있다. 영세 가옥주들은 개발이 착수된 뒤에야 추가 분담금이 예상치의 두세 배에 달한다는 사실을 알게 된다. 결국 분담금을 낼 수 없어 집값이 싼 외곽으로 밀려나는 게 다반사다. 길음 뉴타운의 경우 집주인의 재정착률은 22%에 불과했고 세입자를 포함할 경우 원주민의 재정착률은 이보다 더 낮다. 이처럼 원주민의 정주권을 인정하지 않는 철저한 '이익' 중심의 개발은 어느 선진국에서도 찾아보기 어렵다.

　김남근 변호사는 "개발 이익이 많은 중대형 아파트 위주의 재개발 건축이 대부분이라 원주민들이 재정착할 수 있는 중소형 저가 주택이 턱없이 부족했다"면서 "반면 수익성이 낮은 지역은 재개발조차 이뤄지지 않아 주거환경의 양극화가 심화되는 상황"이라고 지적했다. 그는 "아파트 재개발의 경우 큰 평형의 비율을 20%까지 줄이고, 각 지자체는 현행법에 규정된 대도 재건축 초과 이익을 환수해 낙후 지역의 도로 건설 등 기반 환경을 개선하는 데 투입해야 한다"며 "서울은 연간 1조원, 경기·인천은 연간 5000억원을 몇 년간 축적하면 낙후된 지역에 기반시설을 깔 수 있다"고 말했다. 이렇게 도면 집 고치는 비용을 부담하는 수준에서 균형개발을 할 수 있다는 논리다.

또 재개발을 민간조합과 건설회사 간의 계약에만 맡겨둘 게 아니라 공공이 직접 개입해야 한다는 주장도 나온다. 각종 재개발 비리 사건에서 볼 수 있듯이 특정 조합 임원과 시공업체들의 야합으로 일반 가옥주들이 피해를 보는 경우가 적지 않다. 그래서 공공이 제3자적 위치에서 이를 관리, 감독할 필요가 있다는 것이다. 조합원의 25%만 찬성해도 개인의 재산권에 변동을 주는 관리처분계획이 가능한 현행법도 앞으로는 임차인이 참여할 수 있도록 개선되어야 한다.

궁극적으로는 "헌 집 줄게, 새 집 다오"에 그쳤던 '재개발'에 대한 개념이 주민 중심의 '도시 재생'으로 변화해야 한다. 이주원 '나눔과 미래' 지역사업국장은 "영국은 뉴타운을 만드는 데 보통 20~30년씩 걸린다. 단순히 주택을 공급하는 것뿐만 아니라 커뮤니티 활성화와 일자리 만들기까지 포함하기 때문"이라며 "현재 우리나라처럼 물리적인 환경 개선에만 집중하는 것은 기존의 일자리와 커뮤니티를 해체하기 때문에 선진국에서는 하지 않는 방식"이라고 말했다. 재개발 과정에서 집과 일터를 한꺼번에 잃는 상가세입자나 기존 상권이 붕괴하는 현상은 이 같은 한국형 재개발에 있어 '병증'을 단적으로 보여주는 사례다.

재개발의 폐해는 우리나라의 주택공급 체계가 '양적 팽창'에만 치중해온 데서 비롯된다. 1960~1990년대까지만 해도 수도권의 인구가 급증하는 바람에 산술적으로는 매일 200채씩 주택을 지어야 공급이 충족될 정도였다. 정부는 목표 달성을 위해 싼 값에 민간의 토지를 수용한 뒤 민간 건설회사에 공급, 고층아파트를 건설하는 방식으로 '최소 비용, 최대 공급'의 주택정책을 견지해 왔다.

이 과정에서 주택 수요자라는 다수의 이익을 위해 기존의 공동체를 파괴하는 등 소수 철거민들의 희생이 수반된 게 사실이다. 이 때문에 '민간 이익'을 창출하기 위해 '강제취득권'을 인정하고 있는 제도를 바꿀 필요가 있다고 여러 학자들이 지적한다. 김용창 서울대 교수(지리학)는 "국가가 개발에 개입할 때는 공공성이 있어야 하는데, 현재 구조를 보면 민간 이익 창출을 돕느라 공공이 수용권을 발휘하는 게 문제"라며 "보상 역시 현금 보상이 중심인데, 현 보상 기준으로는 부족하기 때문에 보상할 재산적 가치를 더 확대해야 할 것"이라고 말했다.

구조와 제도의 개선

보통 재개발·재건축을 통해 집값, 즉 건물값이 오른다고 여긴다. 하지만 실제로는 건물이 위치한 '땅값', 즉 토지 가격이 상승하는 것이다. 서울 강남의 낡은 아파트가 지방의 새 아파트보다 비싼 이유다. 이 때문에 전문가들은 주택 문제를 해결하기 위해서는 근본적으로 '토지공개념'을 바로 세워야 한다고 강조한다. 토지는 다른 자본과 달리 공급이 제한되어 있어 가격이 계속 오를 수밖에 없고, 토지를 소유함으로써 '불로' 이익에 대한 권리가 보장된다면 너도나도 토지, 또는 구체적 형태인 '주택'을 보유하려 할 것이기 때문이다. 이 구조가 곧 '투기'의 원인이다.

'토지와 자유' 연구소의 남기업 연구위원은 "개인이 점유한 토지의 현행 임대료만큼의 돈을 정부에 매년 납부하도록 해서 '수익권은 공공에, 이용권과 처분권은 개인에게' 두는 시장친화적인 토지공개념을 도입해야 한다"고 제안했다.

이를 위해서는 선진국과 비교해 낮은 수준의 우리나라의 부동산 관련 세금을 조정할 필요성이 제기된다. 보유세와 임대소득세가 선진국보다 낮다 보니 건설업자와 다주택자에게만 유리한 구조이기 때문이다. 근로소득보다는 '불로' 소득인 임대소득과 양도소득에 대해 더 많이 과세하는 것이 선진국 방식이다. 부동산값이 올라서 불로소득이 늘어날수록 열심히 일하는 이들의 근로소득을 '침해'할 가능성이 크다는 판단에서다. 남기업 연구위원은 "부동산값이 오를수록 부동산을 임대하거나 구입할 때 더 많은 돈이 드는데, 이는 사실상 노력으로 얻은 소득 중 더 많은 부분이 부동산을 가진 이의 '불로' 소득으로 건네지면서 빈익빈 부익부가 심화된다"며 "그런 의미에서 진정한 '사유재산'을 보장받으려면 토지 불로소득을 환수하는 시스템을 갖춘 사회가 되어야 한다"고 말했다.

부동산 소유 및 재개발·재건축을 통해 얻는 이익 중 일정 부분을 공공 부문에서 환수하는 독일 뮌헨의 재개발 사례와 같은 정책 패러다임의 변화도 절실하다. 현재 우리나라의 주택과 관련한 각종 법은 건설업계가 쉽게 수익을 낼 수 있도록 만들어진 반면 개발이익의 공공환수 개념은 크게 미흡하다. 도시주택과 관련된 법이 한결같이 '촉진법'이나 '특별법'이라는 사실은 빨리 부수고, 빨리 짓는 우리의 주택건설 문화를 대변한다.

구체적으로 '보금자리주택건설 등에 관한 특별법'(2009)은 택지개발촉진법보다 규제가 덜해 지구지정만으로도 그린벨트 해제를 할 수 있다. '도시재정비촉진을 위한 특별법'(2005)은 재정비촉진 지구 내에서 다른 법률에 우선 적용할 수 있어 개발 속도를 올렸다. 전두환 군사정부 때 지정된 '택지개발촉진법'(1980)은 정부가 택지를 지정해 싼값에 매입함으로써 사실상 민간의 재산권을 침해한다는 지적을 받아온 지 오래다. 참여정부 때에는 부동산개발 관련 특별법이 무더기로 만들어지면서 토지의 공공성을 실현하려던 당초의 계획이 뒤틀렸다.

김궁창 교수는 "왜곡된 공공복리, 정치적 이해관계에 따른 국책사업을 추진하려고 특별법을 남발하다 보니 법제도 시행이라는 점에 있어서도 큰 문제가 빚어지고 있다"며 "헌법재판소가 토지재산권의 사회적 제약에 대한 기준을 일관성 있게, 구체적으로 제시해야 한다"고 지적했다.

주택 금융도 달라져야 한다. 우리나라는 원리금을 만기에 일시 상환하는 방식을 택하고 있다. 이는 집값이 오른다는 '가정' 하에 주택 구입을 위한 개인의 무리한 대출을 부추기는 측면이 있다. 장영희 박사는 "현 주택 금융 방식은 집값이 오를 때에나 가능한 얘기"라며 "외국식 모기지는 20년 동안 원리금을 조금씩 갚아나간다. 이 경우 DTI(총부채상환비율)보다 더 강력한 규제가 되고 무리한 부동산 구입을 막을 수 있어서 주거안정에도 효과적"이라고 말했다.

투기 주범들에 대한 수술

집값 거품은 건설회사들이 고가로 신규 분양을 하면서 부풀린 측면이 있다. '아파트값 거품빼기 운동'을 주도해온 김헌동 경실련 단장은 건축비에 그 혐의를 둔다. 그는 "원래 정부가 '주공아파트'를 통해 아파트 표준형 건축비를 정해서 민간 건설사들이 비싸게 팔지 못하도록 규제했던 게 지난 정부가 공기업의 '수익경영'을 용인하면서 깨졌다"고 진단했다.

그는 또 "현재 국토해양부에서 제시하는 '기본형 건축비'는 평당 500만원 이상으로 10년 만에 배 이상이 올랐는데도 구체적인 내역을 공개하지 않고 있다"고 지적했다. 불투명한 비용 구조가 건설사들의 수익 보장에 악용되고 있다는 것이다. 김 단장은 "아파트 자재는 콘크리트 등을 제외하면 중국 OEM이 60~70%이고, 건설 인력에는 저임금 외국인노동자가 많아서 건축비가 많이 오를 이유가 없다. 정부가 의지를 갖고 건축비 구성 내역을 밝혀야 할 것"이라고 말했다.

토건과 금융의 유착관계도 '수술'이 요구되는 대목이다. 선진국의 경우 건설회사는 토목·시공에만 집중하지만 우리나라는 금융보증이나 은행 프로젝트파이낸싱(PF)과 연결되어 있다. 이렇다 보니 건설회사들의 영향력은 필요 이상으로 커지고 도시개발은 수익을 최대화하는 '자본의 논리'로 쉽게 왜곡된다. 이렇듯 건설산업의 몸집이 커지면서 정부정책마저 그 인질이 되고 말았다는 비판이 적지 않다. 집값이 하락할 때마다 양도소득세 감면 등 부동산 부양책을 남발하고, 건설사의 수익을 극대화하는 후분양제를 유지하며 분양가 상한제 폐지를 논의하는 게 현실이다.

도시사회학자 테오도르 폴 김은 이러한 비윤리적 현상이 "평생 '노동'한 무주택자의 피와 땀을 착취하는 결과"를 낳고 있다며 건설회사들의 기존 관행을 바로잡아야 한다고 말한다. "토건개발의 종합건설제도를 없애는 대신 공정별로 전문기업이 단독계약에 따라 책임 시공을 하면, 중소기업이 발전하고 대기업의 부정부패가 방지되며 건설비도 줄일 수 있다"는 게 그의 주장이다.

정부 역시 경기부양 카드로 부동산정책을 남발하던 관행을 버릴 시점이다. 김수현 세종대 교수(부동산학)는 "이명박 정부는 부동산정책을 토지·주택의 본래 기능이 아니라 정치적 지지를 위한 수단이나 경제정책의 하위 수단으로 사용해서 부동산 정책의 일관성이나 신뢰성이 훼손될 수밖에 없다"며 "앞으로 경제회복 때 부동산가격 폭등이나 과잉 투자 등이 벌어질 경우 국가경쟁력이 저하되는 문제를 낳을 수 있다"고 말했다.

공공성의 회복, 도시의 재생

그동안 우리사회에서 '내 집' 소유가 중요한 과제였다면, 앞으로는 '어떤 도시에서 사는지'도 중요해질 것으로 전문가들은 전망한다. 아파트 일색의 주거문화는 이제 수요자들의 기호를 맞출 수 없는 한계에 이르렀다는 것이다. 이를 대신할 새로운 주거문화는 어떤 것일까. 전진삼 건축평론가는 "2020~2025년에는 인구 감소로 세대수가 줄어들고 1인 가구와 노령화가 심화되기 때문에 기존의 중대형 아파트보다는 소형·원룸주택 수요가 더 많아질 것"이라며 "기존의 주상복합이 복합체 커뮤니티로 리노베이션이 불가피해지고, 이때는 아파트나 주상복합이라는 형태보다 '공공 공간'이 넓은 집이 좋은 주거라는 인식의 전환이 이뤄질 것"이라고 말했다.

공급확대라는 '불도저'에 밀려 잊혀졌던 도시공동체, 역사, 문화를 회복하기 위한 공공의 도시계획적 접근이 필요하다는 데 이견이 없어 보인다. 변창흠 세종대 교수(행정학)는 "그간 도시개발이 위에서 아래로 일방향으로 이뤄져 왔다면 앞으로는 주민의 목소리를 함께 모아서 어떤 방향으로 도시를 만들어갈지를 정하는 방식으로 달라져야 한다"고 말한다. 10년, 20년 뒤 도시와 주거의 모습을 그려 나가는 공공 부문의 지속적인 계획과 노력이 필요하다는 얘기다.

| 참 고 문 헌 |

국정브리핑 특별기획팀, 『대한민국 부동산 40년』, 한스미디어, 2007.
김성홍, 『도시건축의 새로운 상상력』, 현암사, 2009.
김수현, 『주택정책의 원칙과 쟁점: 시장주의를 넘어』, 한울, 2008.
김철수, 『도시공간의 이해』, 기문당, 2006.
김태동·김헌동, 『문제는 부동산이야, 이 바보들아』, 궁리, 2007.
니시무라 유키오, 『도시경관과 도시설계』, 태림문화사, 2003.
박철수, 『아파트의 문화사』, 살림, 2006.
박태견, 『참여정권, 건설족 덫에 걸리다』, 뷰스, 2005.
발레리 줄레조, 『아파트 공화국』, 후마니타스, 2007.
서울역사박물관, 『가재울: 가재울 사진첩 2008년 8월~12월』, 서울역사박물관, 2009.
　　『살아온 이야기로 만나는 길음동 사람들』, 서울역사박물관, 2010.
서울특별시, 『길음 뉴타운: 뉴타운 만들기 과정의 기록』, 서울특별시, 2004.
선대인·심영철, 『부동산 대폭락 시대가 온다』, 한국경제신문, 2008.
손낙구, 『대한민국 정치사회지도』, 후마니타스, 2010.
　　『부동산 계급사회』, 후마니타스, 2008.
손정목, 『서울 도시계획 이야기』 전 5권, 한울, 2003.
이정전, 『시장은 정말 우리를 행복하게 하는가』, 한길사, 2002.
　　『토지경제학』, 박영사, 2009.
이정전·김윤상·이정우 외, 『위기의 부동산: 시장만능주의를 넘어서』, 후마니타스, 2009.
임석재, 『건축, 우리의 자화상』, 인물과사상사, 2005.
　　『교양으로 읽는 건축』, 인물과사상사, 2008.
장림종·박진희, 『대한민국 아파트 발굴사』, 효형출판, 2009.
전상인, 『아파트에 미치다: 현대 한국의 주거사회학』, 이숲, 2009.
정기용, 『사람 건축 도시』, 현실문화, 2008.

제정임·이봉수,『경제저널리즘의 종속성: 한국 신문의 재벌 보도와 광고의 관계』, 한국언론재단, 2007.
대한국토·도시학회,『도시, 인간과 공간의 커뮤니케이션』, 커뮤니케이션북스, 2009.
최민섭 외,『주거신분사회: 타워팰리스에서 공공임대주택까지』, 창비, 2010.
테오도르 폴 김,『사고와 진리에서 태어나는 도시』, 시대의창, 2009.

| 미 주 |

1) 통계청, 「2005 인구주택총조사」, 2006. 7.
2) 통계청, 「2005 인구주택총조사」, 2006. 7.
3) 국민은행, 『주택금융 수요실태조사 2008』, 국민은행연구소, 2008.
4) 국민은행, 「주택가격지수 시계열(2010. 2)」.
5) 지역별로는 서울이 15만 466 → 12만 7028가구(-15.6%), 경기도 70만 6932 → 65만 9701가구(-6.7%), 신도시 7만 6248 → 5만 5211(-27.6%) 꼴로 감소했다.
6) 통계청, 「2010년 3월 근로형태별 보고서」, 2010. 6. 전체 임금노동자 중 비정규직 비율은 33.1%로, 월 평균 임금은 정규직의 54.7% 수준이다. 그러나 민주노총 등 노동계는 비정규직의 실제 비율이 전체 노동자의 절반 가까이 된다고 주장한다.
7) 『경향신문』 2010년 8월 18일자.
8) 국민은행, 「주택가격지수 시계열(2009.9)」.
9) 손낙구, 『부동산 계급사회』, 후마니타스, 2008, 96쪽.
10) 행정안전부, 『한국도시연감 2008』, 행정안전부, 2009.
11) 통계청, 「2008년 4/4분기 및 연간 국내인구이동통계결과」 보도자료, 2009. 2. 18.
12) "조합 측은 2007년 5월 조합설립 동의서를 걷을 때 건물 신축 공사비로 6792억원을 제시했으나 약 5개월 뒤인 관리처분계획 의결 때는 7971억원으로 17.4% 증액했다. 총 사업비도 8752억원에서 1조 2124억원으로 38.5% 올렸다. 그럼에도 조합 측은 조합원 3분의 2 이상의 동의를 받지 않고 관리처분계획안을 통과시켰다. …… 앞서 1심 재판부도 "관리처분 총회를 열기 전에 조합원들에게 주된 관심사항인 종전 토지 또는 건축물의 감정평가액, 향후 입주 때 내야 하는 분담금 등을 제대로 알려주지 않았다"며 관리처분계획 취소 판결을 내렸다." (한국경제신문』 2010년 2월 16일자)
13) 전국주거대책연합, 2010년 6월 1일 성명.
14) 뉴타운 사업과 기존의 주택 재개발의 차이는 개발의 면적에 있다. 뉴타운이 열 배 정도 더 큰 대단위 재개발이다.

15) 서울역사박물관, 『2009년 서울생활문화자료조사-길음동사람들』, 서울역사박물관, 2009.
16) 서울특별시, 『뉴타운 만들기 과정의 기록-길음 뉴타운』, 서울특별시, 2004, 156쪽.
17) 서울특별시, 『뉴타운 만들기 과정의 기록-길음 뉴타운』, 서울특별시, 2004, 59쪽.
18) 한국결혼문화연구소·유성열, 「2009년 결혼비용조사 연구보고서」, 2010.
19) 한국결혼문화연구소·유성열, 「2009년 결혼비용조사 연구보고서」, 2010.
20) 부동산 정보업체 '닥터 아파트', 2010년 3월 14일 보도자료.
21) 국민은행, 『주택금융 수요실태조사 2009』, 국민은행연구소, 2009.
22) 보건복지가족부, 「2009년도 전국 결혼 및 출산동향 조사결과 발표」 보도자료, 2009. 12. 10.
23) 전상인, 『아파트에 미치다』, 이숲, 2009, 183쪽.
24) 경실련, 「인천 소래·논현 도시개발사업 〈개발 특혜〉」, 2007. 7.
25) 수도권 민간택지에 건설되는 아파트 분양가는 1998년 2월, 공공택지 내 전용면적 25.7평 초과 아파트에 대한 분양가 자율화는 같은 해 10월 이뤄졌다.
26) 경실련, 「아파트 반값의 진실 (2)(3)-동탄 신도시 건설업체 분양폭리 실태」, 2006. 11. 7.
27) 통계청, 「고용동향」, 2010. 1. 13.
28) 한국건설산업연구원, 「국내 건설 투자의 중장기 변화 추이」, 2009. 10. 14.
29) 『경향신문』 2010년 1월 7일자.
30) 통계청, 「2008년 말 국가자산통계 추계 결과」, 2009. 12.
31) 시중 6개 채권은행은 2010년 6월 25일 구조조정 대상 기업 총 65개를 확정했으며, 이 중 부실 중견건설사 7곳은 퇴출, 이외 9개 건설사에 대해서는 워크아웃을 결정했다. 하지만 정부는 '8.29 부동산 대책'을 통해 논란이 됐던 DTI 규제 완화를 결정하는 등 또다시 부동산 부양 쪽으로 정책방향을 틀었다. 이는 결국 가계대출을 통해 주택구입을 장려함으로써 건설사에게 특혜를 주는 것이라는 비판을 받았다.
32) 대한상공회의소의 「우리나라 가계의 자산보유 현황과 시사점 조사」(2006)에 따르면 우리나라 가계자산의 88%가 부동산으로 구성되어 있다. 선진국에 비해 자산 포트폴리오가 지나치게 '부동산' 중심인 셈이다.
33) 권영덕, 「초고층 주택의 보완과제와 개선방안」, 서울시정개발연구원, 2007.

34) 원미연, 「아파트 주거층수가 건강에 미치는 영향」, 국토연구원, 2001.
35) 심순희·강순주, 「초고층 아파트 거주자의 주거환경 스트레스와 건강」, 대한건축학회 논문집, 제12권 제1호, 1996. 1.
36) 『한겨레21』 제595호, 2006년 1월 25일.
37) 박태견, 『참여정권, 건설족 덫에 걸리다』, 뷰스, 2005, 168쪽.
38) 국민은행, 「주택가격지수 시계열(2010.9)」.
39) 국정브리핑 특별기획팀, 『대한민국 부동산 40년』, 한스미디어, 2007, 17, 345쪽.
40) 발레리 줄레조, 『아파트 공화국』, 후마니타스, 2007, 147쪽.
41) 전상인, 『아파트에 미치다』, 이숲, 2009, 122쪽.
42) 통계청, 『2005 인구주택총조사』, 2006. 7.
43) 레버리지 효과란 '사채나 은행 차입금 등의 부채를 이용함으로써 자기 자본의 이익률이 상승하는 효과'를 말한다. 부채에 대해서 지급하는 이자보다도 자본을 운영함으로써 거둘 수 있는 이익이 크다면 전반적으로 이익률은 높다. 하지만 과다하게 돈을 빌려서 투자하게 된다면 불황기에 금리 부담이 커지게 된다.
44) 최은영, 「주택금융의 희망찾기」, 『주거 신분사회』, 창비, 2010. 93쪽.
45) 손정목은 『서울 도시계획 이야기』 3권 153쪽에서 "우리나라 역사상 부동산 투기라는 행위는 적어도 1960년대 전반까지는 거의 없던 현상"이라며 "1966년 제3한강교 기공으로 양재역 동남쪽 이른바 말죽거리가 복덕방 집단의 발상지가 되었다"고 적었다. 1980년대 아파트 건설 열풍이 불고 강남 개발이 본격화되면서 투기는 부동산 시장을 교란시켰다.
46) 김광수경제연구소, 「경제시평」 2009년 3월 20일자.
47) 전강수, 「양극화 해소를 위한 토지정책 방향」, 토지정의시민연대 창립총회 발표문, 2005.
48) 『머니투데이』 2010년 2월 17일자.
49) 『조선일보』 2009년 9월 7일자.
50) 『문화일보』 2009년 7월 9일자.
51) 『헤럴드경제』 2010년 3월 4일자.
52) 『서울경제신문』 2010년 2월 12일자.
53) 민주언론운동연합 '왜 보수언론은 부동산정책을 흔드나' 토론회 발표자료, 2005. 8. 29.
54) 『미디어오늘』 2006년 10월 29일자.

55) 서울특별시 주택국, 「주택재개발 통계자료」, (2010년 9월 기준).
56) 서울특별시 주택국, 「주택재건축 통계자료」, (2009년 12월 기준).
57) 한국건설기술연구원, 「건설폐기물 재활용촉진을 위한 정책 및 기술개발」, 2002.
58) 국토해양부, 「골재 허가 실적 및 채취 실적」, 2010.
59) 한국환경자원공사, 「2005년도 건설폐기물 재활용통계조사보고서」, 2006.
60) 김성홍, 「2000년 이후 도시건축의 대형화와 건축사사무소의 변화에 관한 연구」, 『대한건축학회논문집』, 대한건축학회, 2009. 10.
61) http://en.wikipedia.org/wiki/list_of_metropolitan_areas_by_population
62) 서울특별시 서울통계-인구추이(추계인구). http://stat.seoul.go.kr
63) 정기용, 『사람 건축 도시』, 현실문화, 2008, 15쪽.
64) 김성홍, 「창과 문: 현대 건축의 역설」, 『건축』, 2004년 2월호.
65) 정기용, 『사람 건축 도시』, 현실문화, 2008, 225쪽.
66) 김철수, 『도시공간의 이해』, 기문당, 2001, 204쪽.
67) 조정래, 『비탈진 음지』 조정래 문학전집 4, 해냄, 1999, 112~113쪽.
68) 박철수, 『아파트의 문화사』, 살림, 2006, 31~32쪽.
69) 이순원, 『스물 셋 그리고 마흔 여섯』, 이가서, 2004, 222쪽.
70) 윤흥길, 『장마 외』 한국소설문학대계 60, 두산동아, 1995, 199~200쪽.
71) 조세희, 『난장이가 쏘아올린 공』 한국 3대 문학상 수상소설집 3, 가람기획, 1998, 77쪽.
72) 이창동, 『녹천에는 똥이 없다』, 문지, 1992, 114~115쪽.
73) 박완서, 『자전거 도둑』, 다림, 1999, 104쪽.
74) 김윤영, 「철가방추적작전」, 『루이뷔똥』 창비, 121쪽.
75) 임석재, 『건축, 우리의 자화상』, 인물과사상사, 2005, 114쪽.
76) 주택산업연구원, 「주택 브랜드전략 수립방안 연구」, 2005.
77) LG경제연구원, 「아파트 시장에서의 고객만족 전략 보고서」, 2004.
78) 진미윤, 「주거양극화와 주거복지 실현방안」, 『국회도서관보』 2008년 11월, 21~32쪽.
79) 전남일 외, 『한국 주거의 사회사』, 돌베개, 2008, 336쪽.
80) 권영길 의원실, 「2005~2009학년도 232개 시군구 학생들의 수능성적 등급별 비율」, 2009. 9.
81) 임세희·이봉주, 「최저기준 미달 주거가 아동의 학업성취에 미치는 영향」, 『사회복

지연구』제40권 제3호, 243~265쪽.
82) 고준호, 「범죄와 두려움의 공간적 특성」, 한국교원대학교 박사학위 논문, 2009.
83) 국토연구원, 「2008년 주거실태조사」, 국토해양부, 2009.
84) 대한의사협회, 「2007년 전국회원실태조사 보고서」.
85) 대한의사협회, 「2008년 전국회원실태조사 보고서」.
86) 최승철, 「반지하방 저소득층 환경불평등을 말하다」, 『함께 사는 길』 2007년 2월호, 56~59쪽.
87) 손미아 외, 「우리나라의 1995~2004년도 출생코호트에서 부모의 사회계급이 영아 사망률과 소아사망률에 미치는 영향」, 『예방의학회지』 제39권 6호, 2006년 11월.
88) 발레리 줄레조, 『한국의 아파트 연구』, 아연출판부, 2004에서 재인용, 138쪽.
89) 국민은행, 「주택가격지수 시계열(2010. 2)」.
90) 서울시, 「서울시 구별 일반예산 현황」, 2008
91) 손정목, 『서울도시계획 이야기』 3권, 한울, 2003, 164쪽.
92) 발레리 줄레조, 『한국의 아파트 연구』, 아연출판부, 2004, 155~156쪽.
93) 손정목, 『서울도시계획 이야기』 3권, 한울, 2003, 185~196쪽에는 잠실 공유수면 매립과 건설사들의 정치자금 조성에 관한 부분이 나온다. "대규모 건설회사들에게 공유수면 매립공사라는 것은 정말 땅 짚고 헤엄치는 사업이었다. …… 이렇게 조성된 땅은 국영기업체나 정부투자기관에서 일괄 매수해간다. 일괄 매수해가지 않으면 자기들이 아파트 단지를 조성해서 일반에게 분양한다. 절대로 손해를 보는 일이 없는 이권사업이었다. 이 나라 굴지의 건설회사들은 이런 장사를 되풀이 하여 정권이 바뀔 때마다 몇 십억 몇 백억원의 정치자금을 뿌리면서 비대해졌고, 그룹이 되고 재벌이 되어 마침내 국가경제 전반을 좌지우지하게 된 것이다."
94) 최민섭, 「집은 당신에게 무엇인가?」, 『주거 신분사회: 타워팰리스에서 공공임대주택까지』, 창비, 2010, 37쪽.
95) 최민섭, 「집은 당신에게 무엇인가?」, 『주거 신분사회: 타워팰리스에서 공공임대주택까지』, 창비, 2010, 27쪽.
96) 2010년 6·2 지방선거의 경우 야당후보 지지율이 크게 오르면서 이 같은 '개발=여당 지지'의 공식이 균열을 보였다. 중앙선관위의 서울시장 득표율 자료에 따르면 관악구 보라매동, 은천동, 중앙동, 청림동에서 모두 한명숙 민주당 후보의 득표율이 오세훈 한나라당 후보를 크게 앞질렀다.

97) 2010년 6·2 지방선거 서울시장 득표율을 볼 때 아파트촌인 방학 1동과 쌍문 4동에서 한나라당 오세훈 후보의 득표가 각각 35표(전체 1만 2932표), 467표(전체 9471표)씩 민주당 한명숙 후보보다 많은 것으로 집계되었다. 도봉구 전체 14개 동에서는 오 후보와 한 후보가 각각 7곳에서 득표율이 높았다.
98) iGM컨설팅, 「2010년 지방선거 정책선거 여론에 관한 동향조사」. 여론조사 전문기관인 '더 피플'에 의뢰해 전국 19세 이상 성인남녀 1700명을 대상으로 지방선거를 앞두고 실시했다.
99) 손낙구, 『대한민국 정치사회 지도』, 후마니타스, 2010, 18쪽.
100) 손낙구, 『대한민국 정치사회 지도』, 후마니타스, 2010, 32, 21쪽.
101) 실제로 2010년 6·2 지방선거에서는 개발 호재는 더 이상 선거공약으로 각광받지 못했다. 대신 '학교 무상급식' 등 복지정책의 도입이 유권자들의 관심사로 떠올랐다. 이는 경기불황에 따라 부동산 가격이 하락세로 돌아서면서 개발에 따른 시세차익을 노리기 어렵게 된 데다, 집권 3년차를 맞은 이명박 정부의 '4대강 공사', '세종시 수정안' 등 각종 현안들이 논란이 되면서 정권에 대한 중간평가 성격을 띠었기 때문이다. 당초 오세훈 한나라당 후보가 여유 있게 승리할 것이라는 여러 여론조사 기관들의 예상과 달리 개표 결과 낙선한 민주당 한명숙 후보의 지지율과 오세훈 후보의 지지율이 큰 차이를 보이지 않았다.
102) 『한겨레』 2010년 6월 18일자.
103) 「2009년 남양주시 기본 통계」. http://www.nyj.go.kr/main/nyjcl/08.jsp
104) 「2009년 남양주시 기본 통계」. http://www.nyj.go.kr/main/nyjcl/08.jsp
105) 고병권, 『추방과 탈주』, 그린비, 2009, 5~6쪽.
106) 독일 남서부 지역 중소 도시 에슬링엔 시는 행정과 주민 간 '소통 구조'에서 독일 내에서도 가장 선진적인 도시다. 주민들의 활발한 참여는 주민 대표로 구성된 '시민위원회'를 통해 이뤄진다. 에슬링엔은 12개 구별로 200~300명씩 주민대표를 뽑은 뒤 이들 주민대표가 모여 다시 15명의 시민대표를 선출하여 '시민위원회'를 구성한다. 이들은 1년에 네 번 정도 모여 각 마을 단위와 구별로 제기되는 주민들의 요구사항을 논의하고 개선이 필요한 사항은 시의회와 시청에 제안한다. 3년 임기에 무보수 자원봉사자 형태로 일하는 시정 서포터다. 결정권은 시나 시의회가 갖더라도 '시민위원회' 의견을 정책에 적극 반영하기 때문에 행정에 있어 '일방통행'은 찾아보기 어렵다.
107) 한국은행 통계자료에 따르면 독일의 1인당 국민총소득(GNI)은 2007년 현재

3만 8090달러로 우리나라(1만 9730달러)의 두 배에 달한다. 또한 독일의 지니계수(소득분배가 0에 가까울수록 공평하고 1에 가까울수록 불공평)는 2006년 현재 0.27로 우리나라의 0.31(2007년)보다 낮다. 그러나 전문가들은 우리나라의 지니계수가 부동산에 따른 소득증감분을 반영하고 있지 않는 맹점이 있다고 지적한다.

108) 당사자 사이에 특별한 합의가 없는 한 임대인은 '유사차임' 범위 안에서만 차임을 인상할 수 있다. 유사차임이란 "주택을 임대차 거래한 지역에서 그 주택과 비슷한 종류·크기·시설·위치의 주택에 대하여 지난 4년 동안 형성된 일반적인 차임"을 의미한다. 임대인이 임대료를 올리려면 당사자가 차임 인상을 하지 않기로 하는 약정을 하지 않았어야 하며 차임 인상의 청구 시점 이전 15개월 동안 차임 변동이 없었어야 한다. 두 요건이 충족되면 임대인은 차임 인상을 임차인에게 청구할 수 있지만 차임인상 청구권이 효력이 있으려면 임차인의 동의가 있어야 한다.

109) 조합 임대주택이 시작된 것은 1890년대였다. 몇몇 사람들이 모여 저렴한 집을 짓거나 임대 계약을 맺는 것으로 시작되었다. 베를린 외곽 코트부스 시에서는 1902년 철도청 인부들이 "값싼 집을 원한다"며 법인 이름으로 은행에서 돈을 빌려서 조합주택을 마련한 것이 시작이다. 당시 집세와 회비로 갚아 나가겠다고 증명하고 은행에서 대출을 받았다. 독일에서는 조합원 7명만 있으면 법인을 만들 수 있다.

110) 일본 위키피디아 '부동산 버블' 항목 참조.

111) 일본 현지 부동산 취재자료.

112) 도쿄 도 총무국, 「도쿄도 생계분석조사」. (주)부동산경제연구소, 「전국 맨션 시장 동향」, 「수도권 맨션 시장 동향」.

113) 일본 국토교통성, 「토지 동향에 관한 연차 보고서」, 2003.

114) 일본의 마치즈쿠리 활동에 관해 더 자세히 알고 싶다면 『시민이 참가하는 마치즈쿠리』 시리즈(한울아카데미)를 참고하면 된다. 이론부터 사례까지 4권에 나눠 자세히 소개하고 있다.

어디사세요?
부동산에 저당 잡힌 우리 시대 집 이야기

2010년 12월 7일 1판 1쇄
2011년 2월 10일 1판 2쇄

지은이 | 경향신문 특별취재팀

편집 | 조건형 · 박미정
표지 디자인 | 백창훈
본문 디자인 | Design co*kkiri
제작 | 박홍기
마케팅 | 이병규 · 최영미 · 양현범

출력 | 한국커뮤니케이션
인쇄 | 천일문화사
제책 | 경문제책

펴낸이 | 강맑실
펴낸곳 | (주)사계절출판사
등록 | 제406-2003-034호
주소 | (413-756) 경기도 파주시 교하읍 문발리 파주출판도시 513-3
전화 | (031) 955-8588, 8558
전송 | 마케팅부 (031) 955-8595 편집부 (031) 955-8596
홈페이지 | www.sakyejul.co.kr 전자우편 | skj@sakyejul.co.kr
독자카페 | 사계절 책향기가나는집 http://cafe.naver.com/sakyejul

ⓒ최민영 · 이주영 · 김기범 · 임아영, 2010

값은 뒤표지에 적혀 있습니다.
잘못 만든 책은 구입하신 서점에서 바꾸어드립니다.

사계절출판사는 성장의 의미를 생각합니다.
사계절출판사는 독자 여러분의 의견에 늘 귀 기울이고 있습니다.

ISBN 978-89-5828-519-9 03330

이 도서의 국립중앙도서관 출판시도서목록(CIP)은
e-CIP 홈페이지(http://www.nl.go.kr/ecip)에서 이용하실 수 있습니다.
(CIP제어번호: 2010004294)